Christina Holtz-Bacha · Nina König-Reiling (Hrsg.)

Warum nicht gleich?

Christina Holtz-Bacha
Nina König-Reiling (Hrsg.)

Warum nicht gleich?

Wie die Medien mit Frauen in der Politik umgehen

Bibliografische Information Der Deutschen Nationalbibliothek
Die Deutsche Nationalbibliothek verzeichnet diese Publikation in der
Deutschen Nationalbibliografie; detaillierte bibliografische Daten sind im Internet über
<http://dnb.d-nb.de> abrufbar.

1. Auflage Mai 2007

Alle Rechte vorbehalten
© VS Verlag für Sozialwissenschaften | GWV Fachverlage GmbH, Wiesbaden 2007

Lektorat: Barbara Emig-Roller

Der VS Verlag für Sozialwissenschaften ist ein Unternehmen von Springer Science+Business Media.
www.vs-verlag.de

 Das Werk einschließlich aller seiner Teile ist urheberrechtlich geschützt. Jede Verwertung außerhalb der engen Grenzen des Urheberrechtsgesetzes ist ohne Zustimmung des Verlags unzulässig und strafbar. Das gilt insbesondere für Vervielfältigungen, Übersetzungen, Mikroverfilmungen und die Einspeicherung und Verarbeitung in elektronischen Systemen.

Die Wiedergabe von Gebrauchsnamen, Handelsnamen, Warenbezeichnungen usw. in diesem Werk berechtigt auch ohne besondere Kennzeichnung nicht zu der Annahme, dass solche Namen im Sinne der Warenzeichen- und Markenschutz-Gesetzgebung als frei zu betrachten wären und daher von jedermann benutzt werden dürften.

Umschlaggestaltung: KünkelLopka Medienentwicklung, Heidelberg
Satz: Jacob Leidenberger, Nürnberg
Druck und buchbinderische Verarbeitung: Krips b.v., Meppel
Gedruckt auf säurefreiem und chlorfrei gebleichtem Papier

ISBN 978-3-531-15357-5

Inhalt

Vorwort der Herausgeberinnen 3

Vorwort von Heide Simonis 5

Christina Holtz-Bacha
Zur Einführung: Politikerinnen in den Medien 7

Mervi Pantti
Portraying Politics: Gender, Politik und Medien 17

Beate Hoecker
Ist die Politik (noch) ein männliches Geschäft? 52

Romy Fröhlich
Ist der Journalismus (noch) ein männliches Geschäft? 66

Christina Holtz-Bacha
Mit den Waffen einer Frau
Politikerinnen im Wahlkampf 79

Silvana Koch-Mehrin
Müssen sich Politikerinnen anders vermarkten als
ihre männlichen Kollegen? 105

Renate Schmidt
Der Fortschritt ist eine Schnecke 116

Birgitta Stauber-Klein
Politikerinnen in den Medien:
Erfahrungen aus dem Journalismus 124

Claudia Roth
"Wir sind immer noch ein Entwicklungsland":
Zur Rolle von Frauen in der Gesellschaft, in der Politik
und in den Medien 133

Thomas Koch
Immer nur die Frisur?
Angela Merkel in den Medien 146

Nancy Drinkmann & Claudio Caballero
Eine Frau ist eine Frau ist eine Frau?
Die Berichterstattung über die Kandidaten der
Bundespräsidentenwahl 2004 167

Bettina Schausten
Sind die Politikerinnen reif für die Medien – sind
die Medien reif für die Frauen? 204

Autorinnen und Autoren 213

Vorwort der Herausgeberinnen

Die Beiträge dieses Bandes gehen größtenteils auf eine Tagung zurück, die vom Lehrstuhl für Kommunikationswissenschaft an der Wirtschafts- und Sozialwissenschaftlichen Fakultät der Friedrich-Alexander-Universität Erlangen-Nürnberg organisiert wurde. Die Tagung fand am 4. Mai 2006 in Nürnberg statt und wurde finanziell unterstützt durch das 'Programm zur Förderung der Weiterentwicklung von Hochschule und Wissenschaft sowie zur Realisierung der Chancengleichheit von Frauen in Forschung und Lehre (HWP)'.

Als wir im Frühjahr 2005 die Idee für diese Veranstaltung entwickelten und den Antrag auf finanzielle Förderung stellten, war die Art und Weise, wie die Medien in Deutschland mit Politikerinnen umgehen, kaum ein Thema gewesen. Die Ankündigung der vorgezogenen Bundestagswahl verhagelte dann zwar unsere Zeitplanung, verschaffte dem Thema aber besondere Aktualität, und bis die Tagung dann stattfinden konnte, hatte Deutschland einen Wahlkampf hinter sich, in dem nicht zuletzt die Medien selbst das Verhältnis von Politikerinnen und Medien problematisierten, aber meist auf Spekulationen angewiesen waren. Dass die Bundesregierung nun von einer Frau geführt wird, sollte erst recht Anlass sein zu einer systematischen Beschäftigung mit der Art und Weise, wie die Medien über Politikerinnen berichten und wie Politikerinnen ihrerseits den Medien begegnen.

Die Veranstaltung in Nürnberg wollte die Erfahrungen, die Politikerinnen mit den Medien und die Journalistinnen mit Politikerinnen gemacht haben, sowie die bislang nicht sehr üppigen Befunde der wissenschaftlichen Forschung in diesem Themenfeld zusammentragen. Wir bedanken uns bei den Politikerinnen, Journalistinnen und Kolleginnen aus der Wissenschaft, die nach Nürnberg gekommen sind und ihre Beiträge auch für diesen Band zur Verfügung gestellt haben. Die Tagung und die Aufbereitung der Beiträge für die Publikation waren nur möglich aufgrund der Finanzierung durch das 'Programm zur Förderung der Weiterentwicklung von Hochschule und Wissenschaft'. An dem Antrag sowie den ersten Vorbereitungen für die Tagung war Ulrike Göbel beteiligt. Organisation und Logistik der Veranstaltung lagen in den Händen von Barbara Merkle, Reimar Zeh, Sandra Alilovic,

Daniel Klement und Jacob Leidenberger, die uns in großartiger Weise unterstützt haben. Stefany Jonatat hat mit Akribie die Vorträge transkribiert und so für die Veröffentlichung vorbereitet. Mit Sorgfalt und Gelassenheit hat Jacob Leidenberger das druckfertige Manuskript für dieses Buch erstellt. Allen, die so auf die eine oder andere Weise zu diesem Projekt beigetragen haben, sagen wir hiermit ein herzliches Dankeschön.

Christina Holtz-Bacha und Nina König-Reiling
Nürnberg, Anfang Januar 2007

Politikerinnen in den Medien: Vorwort von Heide Simonis

Häufig kommen Politikerinnen in den Medien dann vor, wenn sie Bundeskanzlerin sind – oder einen Fehler machen. Da ersteres bisher nur einmal vorgekommen ist, man sich letzteres nicht wünschen kann, kommen Frauen natürlich viel zu selten vor, wenn es um ihren Beitrag zur Entwicklung unserer Gesellschaft geht. Immer ist da ein gewisser Unterton: Schwächen werden mit Freude, Stärken mit Herablassung dargestellt. Immer ist da aber auch das Beiwerk, mit dem einen Politiker zu schmücken, niemand auf die Idee käme: der Rock zu kurz, die Frisur zu verwegen, die Mundwinkel nach unten gezogen, die Mundwinkel zu einem Lächeln nach oben gezogen. Kein Mensch würde behaupten, dass Altbundeskanzler Kohl auf die Liste der zehn bestgekleideten Männer käme, aber wen kümmert's? Frauen haben da viel mehr zu kämpfen: die kleine Geschichte über den Berliner Prominenten-Friseur, der frau endlich ins rechte Licht gerückt hat, ist allemal interessanter als die Beschäftigung mit dem Thema, was Politikerinnen tun, damit Frauen Familie und Beruf unter einen Hut bringen können.

Da die Zahl der weiblichen Abgeordneten dank politischer Einsicht und vereinbarten Quoten bei SPD und DIE GRÜNEN gestiegen ist, müsste nach den Gesetzen der Wahrscheinlichkeit die Berichterstattung über Politikerinnen inzwischen häufiger sein. Frauen sitzen auch nicht in uninteressanten Ausschüssen, sie tagen nicht in der Wüste oder auf einem fremden Stern: Dennoch, man muss schon doppelt und mehrfach gucken, um sie in den Medien zu finden. Jedes Sommerloch-Interview eines Jungpolitikers zieht mehr Aufmerksamkeit auf sich als der Bericht über Arbeitsmarkt-Fragen, von einer Frau vorgetragen. Das gilt übrigens nicht nur bei Politikerinnen: Es gibt eine beachtliche Zahl von Frauen, die in der Zwischenzeit in der Bundesagentur, Institut für Berufs- und Arbeitsmarktforschung, bei den wirtschaftswissenschaftlichen Weisen, in der Verwaltung, bei ganz wenigen Banken wichtige Positionen innehaben. Sie könnten allerdings genauso gut unsichtbar sein, und das liegt nicht an den Frauen, sondern an der Berichterstattung. Anderes wird dagegen mit höchster Aufmerksamkeit verfolgt: die stellvertretende DGB-Vorsitzende "nervte" nach Meinung der Männer und musste weg. Darüber gab es eine Zeitungs- und abendfüllende Berichterstattung. Ich kenne Männer, die nerven weit mehr und halten sich dennoch prächtig in ihren Ämtern.

Offensichtlich hält sich das Vorurteil, dass Politik – ebenso wie Fußball – ein ernstes Geschäft ist, das nur Männer verstehen und ausgiebig besprechen können. Dabei liegen die Problemlösungen in einer sich wandelnden Welt, angesichts von Globalisierung, IT- und Kommunikationswegen, Geburtenrückgang in den Industrienationen und hoher Geburtenraten in den Entwicklungsländern, Umweltfragen und Wasserknappheit, Klimawandel und Naturkatastrophen oft in der Geschwindigkeit, mit der diese Probleme erkannt werden und mit neuen, "intelligenten" Lösungen beantwortet werden. Hier sind nicht nur soziales "hard-ware-Verständnis", sondern vor allem soziale "soft-ware-Kenntnisse" gefragt, und davon haben Frauen jede Menge. Frauen beherrschen das Instrumentarium von Teamgeist, Kooperationsfähigkeit mit Außenstehenden, Interdisziplinarität, Geduld und Zähigkeit schon lange, es fehlt ihnen oft nur der Mut, dies auch selbstbewusst nach außen zu vertreten, auch auf die Gefahr hin, dass sie "nerven".

Natürlich haben und hatten wir auch Politikerinnen, die sich mit List und Kenntnis das Ansehen erworben haben, das es ihnen erlaubt, die Stimme zu erheben, aber es dürften gerne mehr sein. Also, nur Mut!, möchte man sagen. Nach einer EU-Untersuchung dauert es noch knapp 150 Jahre, bis eine Frauengeneration herangewachsen sein wird, die mit stolzem Selbstverständnis und ohne Krampf das bekommt, was Männer heute schon haben: Ansehen und Stimme, Einfluss und Macht, Gestaltungsmöglichkeit und Durchsetzungsfähigkeit. Prima, nur geht es nicht doch ein bisschen schneller?

Zur Einführung: Politikerinnen in den Medien

Christina Holtz-Bacha

Rückblick auf die letzten Wochen des Jahres 2001 – nicht lange, bevor im Januar 2002 das bald schon legendäre Wolfratshauser Frühstück der K-Frage ein Ende setzte. Im folgenden Herbst soll Bundestagswahl sein. Lange schon läuft die Spekulation darüber, wen die Unionsparteien ins Rennen gegen Bundeskanzler Gerhard Schröder schicken werden. Es ist bekannt, dass Edmund Stoiber Ambitionen auf die Kanzlerkandidatur hat, erklärt hat er sich noch nicht. Während seine Kompetenz außer Frage steht, wird diskutiert, ob ein Bayer bundesweit ankommen kann. Dass auch Angela Merkel die Kanzlerkandidatur ins Auge gefasst hat, ist offensichtlich. Sie hat in den letzten Wochen die Stimmung in den Ländern und nicht zuletzt bei den Unions-Ministerpräsidenten getestet. Der eine oder andere von ihnen hält sich ebenfalls für einen geeigneten Kandidaten. Für die Medien ist dieser Machtkampf in den Reihen von CDU und CSU ein gefundenes Fressen, sie sind längst auf die Diskussion möglicher Kandidaten, ihrer Stärken und Schwächen eingestiegen. Das Gerangel hat einen Namen bekommen: K-Frage. Es handelt sich offenbar um ein delikates Problem, das mit dieser Abkürzung etwas verbrämt wird. Tatsächlich sind die potenziellen Kandidaten den direkten Fragen von Seiten der Medien stets ausgewichen, keine(r) kann und will sich voreilig zur Kandidatur bekennen.

Es ist klar, dass endlich die Entscheidung fällig ist. In dieser Situation, in einem Interview mit dem *Spiegel*, das am 29. Dezember erscheint, muss sich Angela Merkel fragen lassen: "Ist die Gesellschaft reif für eine Kanzlerin?" (Entscheidungen alleine..., 2001). Warum wurde diese Frage ausgerechnet derjenigen gestellt, die sie, wenn überhaupt, nicht anders als positiv beantworten konnte? Ob die Antwort auf diese Frage – nicht die Antwort von Merkel, sondern entsprechende Zweifel in den Reihen der Union – letztlich die K-Frage entschieden hat, ist nicht zu sagen. Einen Verdacht gab es allerdings: "Gescheitert, weil sie eine Frau ist?", hieß es zum Beispiel im *Stern* (Daniels, 2002). Und schon drei Tage vor dem legendären Frühstück mutmaßte die *Frankfurter Rundschau*: "Frau Merkels Desaster ist nicht zuletzt auch ein PR-Problem, und das scheint ganz ursächlich damit zusammenzuhängen, dass sie eben eine Frau ist und von den Medien mit Erwartungen konfrontiert wird, die an Männer in vergleichbaren Positionen gar nicht gestellt werden. Stichwort: Frisur" (Brauck, 2001). Jedenfalls wird Angela Merkel 2002 nicht Kanzlerkandidatin. Sie muss Edmund Stoiber den Vortritt lassen. Sein Kompetenzprofil bietet zu diesem Zeitpunkt die größere Chance auf den Wahlsieg, lautet das Argument. Die hohen Arbeitslosenzahlen und die lahmende Wirtschaft gelten wohl eher als eine männliche Domäne.

Ohnehin kann nach der Wahl die rot-grüne Regierung weitermachen, und bald geht Kanzler Schröder daran, sich auf das Jahr 2006 vorzubereiten. In diesem Jahr sollten Fußball-WM und Bundestagswahl zusammenfallen. Gerhard Schröder – bekanntlich ein großer Fußballfan und nicht ganz zu Unrecht überzeugt vom positiven Stimmungseffekt der WM für sich und seine Regierung – hat die Chance erkannt, die die glückliche Koinzidenz zweier wichtiger Ereignisse für ihn und seine Regierung bedeutet, und so beginnt er frühzeitig, den Fußball für die Politik zu instrumentalisieren. Den Unionspolitikern wird es mulmig angesichts von Schröders Aktivitäten: Wie soll man da kontern, wenn die Union zur nächsten Wahl mit einer Frau als Spitzenkandidatin antritt? "Merkel als Frau kann da gar nicht so mitmachen, selbst wenn sie wollte" – so verlautet aus Unionskreisen (Reinsch & Schmiese, 2004). Stünde man sich da nicht besser mit einem männlichen Kanzlerkandidaten, der etwas von Fußball versteht, mit Fanschal Unterstützung demonstrieren und schließlich die Nationalmannschaft auch in der Kabine besuchen könnte?

Die Diskussion über das vermeintliche Handicap, wenn Bundestagswahl und WM in ein Jahr fallen würden, erledigt sich schneller als erwartet durch die Ankündigung der vorgezogenen Neuwahl für den Herbst 2005. Kein anderer Kandidat hat sich bis dahin in Stellung bringen können, diesmal muss die Entscheidung zugunsten von Angela Merkel ausfallen. Womöglich gilt hier wie schon bei der Übernahme des CDU-Parteivorsitzes, wie Heide Simonis nicht zuletzt aus eigener Erfahrung vermutet, dass Frauen immer dann eine Chance in der Politik bekommen, "wenn der Mann vor ihr gescheitert aus der Kurve getragen wurde und sich im Augenblick kein anderer findet, der die Sache übernehmen will" (Simonis, 2004, S. 83). Aber schon am Tag nach der Neuwahlankündigung heißt es wieder: Ist dieses Land reif für eine Kanzlerin? (so z. B. in einem *ZDF special*). Die Beharrlichkeit, mit der diese Frage gestellt wird und damit Zweifel an der 'Reife' der Wählerschaft geäußert werden, verweist womöglich auch und erst recht auf diejenigen, die sie immer wieder aufbringen: die Medien. Sie scheinen selbst unsicher zu sein, wie mit einer Kanzlerkandidatin umzugehen ist.

Wie die Medien mit Politikerinnen umgehen

Zweifel hinsichtlich der Art und Weise, wie die Medien über Politikerinnen berichten und damit auch ihre Erfolgschancen in der Politik beeinflussen, gibt es schon lange. Für Deutschland hat die Wissenschaft dazu allerdings bislang nur wenige systematische Befunde geliefert, die Anschuldigungen und Vermutungen gegenüber den Medien basierten vielmehr meist auf Untersuchungsergebnissen aus Großbritannien, den USA oder Kanada, wo die Forschungslage zu diesem Themenkomplex etwas besser aussieht. Die eigene Erfahrung lehrt allerdings, dass die deutsche Wissenschaft solche Befunde auch nicht liefern konnte, weil das Thema hierzulande schlicht nicht für ein Thema gehalten wurde, jedenfalls da, wo Nachfrage nach solcher Forschung und finanzielle Unterstützung für entsprechende Studien zu erwarten sein sollte.

Es gibt jedoch allen Grund, in dieser Sache kritisch nachzufragen: Männer handeln, Frauen kommen vor; und das erst recht in der Politik. So lautete pointiert der Befund, als zum ersten Mal die Darstellung von Frauen im deutschen Fernsehen untersucht wurde. Das war 1975 – im Jahr der Frau. Als diese Ergebnisse vorgelegt wurden, ließ sich mit Fug und Recht darauf verweisen, dass Frauen in der Politik ja auch seltener vertreten waren als Männer. Und wenn Frauen dort auftraten, dann in der Regel doch auf solchen Positionen, die nicht so wichtig waren im Sinne der großen Politik und daher auch nicht so viel Aufmerksamkeit generierten. Implizit bedeutete das: Wartet mal ab, wenn die Frauen erst mal besser in der Politik repräsentiert sind, dann finden sie auch das Interesse der Medien. Also alles nur eine Frage der Zeit?

Zweifellos hat sich seit 1975 viel verändert für die Frauen in Deutschland. Sie sind längst besser vertreten in der Politik, auch wenn dafür gelegentlich einige Nachhilfe nötig war. Wie sich die Beteiligung von Frauen am politischen Prozess in Deutschland genau entwickelt hat, ob wir damit zufrieden sein können oder ob die Politik womöglich noch immer ein männliches Geschäft ist, damit setzt sich der Beitrag von Beate Hoecker in diesem Band auseinander. Ihr Fazit ist klar: Erfolge gibt es in dem Sinne, dass der Anteil der Frauen in der Politik gewachsen ist, aber immer noch sind diejenigen, die in die Politik einsteigen und dort Karriere machen wollen, mit einem männlich geprägten Tätigkeitsfeld konfrontiert, das ihnen seine Regeln aufzwingt. Die Politikerinnen, die sich ebenfalls in diesem Band dazu äußern, tragen entsprechende Erfahrungen bei.

Trotz der mittlerweile stärkeren Repräsentanz von Frauen in der Politik sprechen auch jüngere Analysen medialer Angebote immer noch von 'Marginalisierung' und 'Trivialisierung': Marginalisierung heißt, Frauen kommen in der Berichterstattung weniger häufig vor als Männer, Trivialisierung meint, es wird anders über Frauen berichtet, und zwar tendenziell so, dass ihre politische Rolle und ihre Leistungen eher heruntergespielt und abgewertet werden. Über die Zeit hat es in dieser Hinsicht zwar einige Verbesserungen gegeben, aber Unterschiede sind immer noch da. Neuerdings können wir feststellen, dass sich nicht nur die alten Befunde weiterhin bestätigen, sondern auch dass die Medien in ihrem Umgang mit den Geschlechtern mittlerweile durchaus etwas subtiler geworden sind.

Als 1975 im Rahmen der später so genannten Küchenhoff-Studie zum ersten Mal das Frauenbild des deutschen Fernsehens untersucht wurde, lautete der pauschale Befund, das Fernsehen sei ein Medium des Mannes; Frauen wären in den Informationssendungen eindeutig unterrepräsentiert. Und weiter hieß es da: "Als Politikerinnen, Expertinnen oder Funktionärinnen, also in Funktionen, in denen Sachverstand, Kompetenz und Wissen vielfach als notwendige Voraussetzungen angesehen werden, kamen Frauen nur in verschwindend geringem Maße zu Wort" (Bundesministerium für Jugend, Familie und Gesundheit, 1975, S. 200-201). Hier bestätigte sich die Verdrängung von Frauen und Frauenthemen, wie sie sich auch in anderen Ländern zeigte: Frauen kommen seltener vor als Männer, sie werden seltener in handlungstragenden Rollen präsentiert, ihre Darstellung erfolgt oft bezogen auf den Mann. Politik spielt bei der Konstruktion des Frauenbildes selten eine Rolle, den Frauen wichtige Themen werden vernachlässigt. (Vgl. u. a. Velte, 1995; Schmerl, 2002)

15 Jahre später legte Monika Weiderer (1995) eine Nachfolguntersuchung zur Küchenhoff-Studie vor. Sie konnte nun auch schon das privatkommerzielle Fernsehen einbeziehen und kam zu dem Schluss, dass die gesellschaftlichen Veränderungen, die sich für die Frauen unterdessen erge-

ben hatten, nur wenig Niederschlag im Fernsehen fanden. Eine Analyse von Fernsehnachrichten aus der Mitte der achtziger Jahre bestätigte ebenfalls die früheren Ergebnisse: Frauen kommen kaum vor, bei ARD und ZDF sogar noch weniger als bei den kommerziellen Anbietern. Wo Frauen Berücksichtigung fanden, erfolgte bei ihnen deutlich häufiger eine Vermischung von beruflicher und privater Rolle als bei Männern, die fast ausschließlich in ihrer Berufsrolle auftraten. Allerdings zeigte diese Studie auch noch etwas anderes: Frauen tauchten nun häufiger in solchen Präsentationsformen auf, die Raum für eine öffentlichkeitswirksame Selbstdarstellung geben, das heißt: als Interviewpartnerin oder als Studiogast. Das schien darauf hinzudeuten, dass sich die Lage zugunsten von Frauen verbessert hatte, sie nicht einfach nur mehr 'vorkamen', sondern auch handelten. Da Frauen aber weiterhin quantitativ benachteiligt waren, stellte sich die Frage, ob diese 'Bevorzugung' hinsichtlich der Präsentation Ausdruck einer quasi kompensatorischen Behandlung war und daher eine gewisse Alibifunktion haben könnte.

Bei den Printmedien sieht es keineswegs besser aus als beim Fernsehen. Für die siebziger und achtziger Jahre lautete auch hier der Befund: Marginalisierung und Trivialisierung (vgl. dazu und im folgenden Schmerl, 1989; 2002). Wenn über Frauen berichtet wird, geschieht das am häufigsten und in dieser Reihenfolge mit Bezug zu den Themenbereichen 'Kultur und Unterhaltung', 'Prominenz und Klatsch' sowie 'Kriminalität'. An vierter Stelle erst folgt die Berichterstattung im Kontext 'Politik', der bei Männern an vorderster Stelle steht. Für die neunziger Jahre immer noch ganz ähnliche Befunde. Nach wie vor gilt in den Printmedien eine erhebliche Unterrepräsentanz von Frauen. Wo Frauen vorkommen, schlagen sich ihre politischen Belange sowie die gesellschaftlichen und wirtschaftlichen Leistungen von Frauen kaum nieder. Vielmehr erhalten in der Frauenberichterstattung solche Themen Priorität, die Unterhaltungswert aufweisen. Die weitgehende Ausblendung von Frauen im Bereich der *hard news* sowie die Berichterstattung in anderen Themenkontexten "heißt natürlich auch, dass in diesen 'anderen' Genres auch oft 'anders' über sie berichtet wird: Mit einem *anderen* Blick auf sie (Körper, Alter, Kleidung), mit einem *anderen* Interesse an ihnen (Privates, Emotionales, Sexuelles) und mit *anderen* Zuschreibungen (Motive, Kompetenzen, Leistungen)" (Schmerl, 2002, S. 409; Hervorhebungen im Original). Die neueste Presseanalyse, die von Anfang 2006 datiert, bestätigt noch einmal die geringe Berücksichtigung von Frauen und ihre Benachteiligung vor allem im Kontext der Themenfelder Wirtschaft, Politik und Sport; die Weltpolitik wird in diesem Zusammenhang gar als "frauenfrei" bezeichnet (Röser, 2006). Die jüngsten Ergebnisse über die Präsenz von Frauen in der Nachrichtenberichterstattung verschiedener Medien (Hesse & Röser, 2006) bestätigen wiederum die schwache Repräsentanz von Politikerinnen. Im Fernsehen und in Tageszeitungen macht ihr Anteil jeweils 19 Prozent aus, im Radio sind sie mit 23 Prozent nur unwesentlich besser vertreten. Die Rede ist in diesem Zusammenhang nun sogar von einem "Nachrichtenfaktor Geschlecht" (Röser, 2006). Das soll heißen, das Geschlecht von Akteuren stellt ein – nicht notwendigerweise bewusstes – journalistisches Auswahlkriterium dar, das zu einer systematischen Bevorzugung männlicher Akteure in der Berichterstattung führt.

Studien, in denen es speziell um die Berichterstattung über Politikerinnen ging, haben außerdem die subtileren Mittel der Andersbehandlung aufgedeckt. Dazu gehören unter anderem die geschlechtsspezifische Bewertung politischer Ämter, die Verwendung der Ansprache "Frau" als permanente Verweisung auf das Geschlecht sowie die Abwertung ihrer politischen Leistungen (Pfannes, 2004; Sterr, 1997; Wille, 2001).

Was ist also zu sagen in Anbetracht von Befunden, die die Andersbehandlung von Frauen und eben auch Politikerinnen immer noch wieder bestätigen? War wirklich alles nur eine Frage der Zeit, eben bis Frauen in der Politik besser repräsentiert sind, wie es früher so gerne beschwichtigend hieß? Offenbar nicht. Es scheint wohl doch noch andere Faktoren zu geben, die hier wirksam werden.

Es gab da aber auch noch ein anderes Argument, das in gleicher Weise der Beruhigung der Gemüter dienen sollte: Es ließ sich nämlich darauf verweisen, dass der Journalismus schließlich ein Männerberuf war, und die männlichen Journalisten tun sich eben etwas schwer in dieser Sache. Man konnte also Hoffnung haben, dass sich die Darstellung von Frauen verändern würde, wenn erstmal mehr Frauen im Journalismus tätig wären. Der Anteil der Frauen im Journalismus hat sich mittlerweile erhöht. Aber auch das hat offenbar nicht den Effekt gehabt, den mancher prophezeit hatte. Ist also womöglich auch der Journalismus immer noch ein männliches Geschäft? Der Beitrag von Romy Fröhlich in diesem Band setzt sich mit dieser Frage auseinander. Ebenso wie für die Politik ist auch hier der Befund klar: "Der Journalismus in Deutschland ist nach wie vor ein Männerberuf".

Wenn das so ist, müssen wir also weiterhin darauf warten, bis wir wissen, ob an dem oben genannten Argument etwas dran ist.
Warum ist das alles eigentlich wichtig? Warum stellen wir überhaupt die Frage nach dem Umgang der Medien mit Frauen? Die Repräsentanz der Geschlechter in den Medien und die Art und Weise, wie Frauen und Männer, Politikerinnen und Politiker dargestellt werden, bezieht ihre Relevanz aus der sehr einfachen, aber eben doch komplexen Tatsache, dass die Medien Weltbildapparate sind, wie es Winfried Schulz in Anlehnung an Konrad Lorenz ausgedrückt hat: Die Medien beeinflussen die individuelle Konstruktion von Wirklichkeit, sie prägen unser Wissen und unser Verständnis dessen, was in der Welt geschieht. Und dabei übermitteln sie uns zugleich eine Vorstellung davon, was und wer wichtig ist in dieser Welt. Wenn also Frauen nicht oder nur zu einem geringen Teil in den Medien vorkommen, dann sind sie offenbar auch nicht so wichtig; was sie tun, scheint keinen Nachrichtenwert zu haben. Und das ist längst nicht alles. Die Medien geben uns Rahmen bzw. Schemata, um nicht zu sagen: Stereotype, vor, die wir zur Bewertung von Ereignissen und Personen, die Gegenstand der Berichterstattung sind, heranziehen. Das wiederum bedeutet, die Art und Weise, wie Frauen in den Medien dargestellt werden, was also über Frauen gesagt wird oder wie sie im Bild gezeigt werden, das alles liefert Vorgaben für die Beurteilung von Frauen und ihrer Rolle in der Gesellschaft.

Fit für die Medien?

Was ergibt sich daraus speziell für Politikerinnen? Mitte der neunziger Jahre war in einer Zusammenfassung der amerikanischen Forschung zu diesem Thema die Rede von den "political consequences of being a woman" (Kahn, 1996). Damit war gemeint, dass die Medien einen erheblichen Einfluss darauf haben, ob und wie Frauen in der Politik Karriere machen, wie ihre Rolle in der Politik wahrgenommen und wie sie bewertet wird. Und das sind wahrlich politische Konsequenzen.
Umgekehrt stellt sich nun aber auch die Frage, wie Frauen, wie Politikerinnen mit den Medien umgehen, wie sie sich auf die Medien und deren Logik einstellen. Sind die Politikerinnen reif für die Medien, oder gibt es da Defizite, die unweigerlich ihren Niederschlag in den Medien finden müssen? Müssen sich Frauen gegenüber den Medien anders 'verkaufen' als ihre

männlichen Kollegen? Wie lässt sich den Erwartungen der Medien und denjenigen des Medienpublikums begegnen? Auch wenn Frauen längst und mittlerweile auch in größerer Zahl Einzug gehalten haben in die deutsche Politik, so wissen wir doch in Deutschland bislang nicht allzu viel darüber, wie sich die Politikerinnen auf die Medien einstellen und diese womöglich auch gezielt für ihr politisches Marketing einplanen (vgl. dazu Holtz-Bacha, Mit den Waffen..., in diesem Band)

Die Journalistinnen Bettina Schausten und Birgitta Stauber-Klein lassen in ihren Beiträgen in diesem Band keinerlei Zweifel daran aufkommen, dass die deutschen Politikerinnen fit sind für den Umgang mit den Medien. Wie sich bei Angela Merkel gezeigt hat, gilt das sogar beim Fußball (Angela Merkel..., 2006). Wenn das so ist, kann den Politikerinnen nicht nachgesagt werden, sie hätten Mitschuld an der Art und Weise, wie über Frauen in der Politik berichtet wird. Das aber bedeutet, die Medien tragen eine hohe Verantwortung dafür, ob und wie Frauen politische Karriere machen können und ob der Maßstab in der Politik immer die Männer sein müssen.

Politikerinnen – das machen Renate Schmidt und Claudia Roth hier deutlich, aber das lässt sich ebenso aus den Beiträgen von Beate Hoecker und Romy Fröhlich schließen – müssen, wenn sie in der Politik bestehen und Karriere machen wollen, an zwei Fronten kämpfen, gegenüber der Männerwelt der Politik und der des Journalismus. Und auch zwischen beiden gibt es enge Verbindungen und Netzwerke, die nicht so einfach zu überwinden sind. Angela Merkel hat es trotzdem geschafft, gegen die Ministerpräsidenten, denen es schwerfiel, die Reihen hinter ihr zu schließen, und einen, der ihr sogar die Richtlinienkompetenz absprechen wollte; gegen die Medien, die, kaum dass sie Kanzlerkandidatin war, umschwenkten auf die Frage "Kann die das?"; und mit einem Wahlkampf, der als kalt und unweiblich verurteilt wurde. Einmal Kanzlerin, spielen die journalistischen Selektionskriterien für sie: Was der Kanzler tut, ist immer wichtig für die Berichterstattung, auch wenn es eine Kanzlerin ist. Das heißt aber noch lange nicht, dass die Beschäftigung mit ihrem Äußeren ein Ende gefunden hätte. Warum trägt sie keine Handtasche – und stört damit die Parallelen, die so gern zwischen ihr und der 'Eisernen Lady' Maggie Thatcher gezogen wurden? Aber: "Was die Handtasche für Mrs. Thatcher war, ist die Halskette für Frau Merkel" und sie qualifiziert sich damit als "Doris Day der deutschen Politik: ordentlich angezogen, toupierte Ballonfrisur, immer lieb lächelnd und gnadenlos unterschätzt, bis sie unerwartet zuschlägt" (Resch, 2007).

Literatur

Angela Merkel im Fußball-Interview: Topfit zum entscheidenden Zeitpunkt – dann ist alles drin. (2006, 1. Januar). Abgerufen am 19. Januar 2006 von www.bundesregierung.de/ Reden-Interviews-,12405.941221/interview/Angela-Merkel-im-Fussball-Inte.htm

Brauck, M. (2001, 7. Januar). Was hat sie nicht, was er hat? Spin-Doctoring für Angela Merkel: Die CDU-Parteivorsitzende steckt in einem tiefgreifenden PR-Dilemma. *Frankfurter Rundschau*. Abgerufen am 11. November 2001 von wysiwyg://Body.128/http:// www.frankfurterrundschau.de/fr/280/t280019.htm

Bundesministerium für Jugend, Familie und Gesundheit. (Hrsg.) (1975). *Die Darstellung der Frau und die Behandlung von Frauenfragen im Fernsehen. Empirische Untersuchung einer Forschungsgruppe der Universität Münster unter Leitung von Professor Dr. Erich Küchenhoff*. Stuttgart: W. Kohlhammer.

Daniels, A. (2002, 17. Januar). Gescheitert, weil sie eine Frau ist? *Stern*, S. 28-30.

"Entscheidungen alleine treffen". (2001, 29. Dezember). *Der Spiegel*, S. 57-59.

Hesse, M., & Röser, J. (2006). Mehr Präsenz von Frauen in den Hauptnachrichten deutscher Medien. In *Präsenz von Frauen in den Nachrichten. Medienbeobachtungen 2005* (S. 12-17). Bonn: Journalistinnenbund.

Kahn, K. F. (1996). *The political consequences of being a woman. How stereotypes influence the conduct and consequences of political campaigns*. New York: Columbia University Press.

Pfannes, P. (2004). *'Powerfrau', 'Quotenfrau', 'Ausnahmefrau'...? Die Darstellung von Politikerinnen in der deutschen Tagespresse*. Marburg: Tectum Verlag.

Reinsch, M., & Schmiese, W. (2004, 19. Dezember). Schröder am Entmüdungsbecken. *Frankfurter Allgemeine Sonntagszeitung*, S. 4.

Resch, S. (2007, 5./6./7. Januar). Unbeschreiblich weiblich. *Süddeutsche Zeitung*, S. V.

Röser, J. (2006). Der Pressejournalismus als Konstrukteur männlicher Dominanz. Geschlechterverhältnisse auf den Hauptnachrichtenseiten deutscher Tageszeitungen – eine Zwölf-Wochen-Analyse. In *Präsenz von Frauen in den Nachrichten. Medienbeobachtungen 2005* (S. 27-36). Bonn: Journalistinnenbund.

Schmerl, C. (1989). Die öffentliche Inszenierung der Geschlechtscharaktere – Berichterstattung über Frauen und Männer in der deutschen Presse. In C. Schmerl (Hrsg.), *In die Presse geraten. Darstellung von Frauen in der Presse und Frauenarbeit in den Medien* (2. Auflage; S. 7-52). Köln: Böhlau.

Schmerl, C. (2002). "Tais-toi et sois belle!" 20 Jahre Geschlechterinszenierung in fünf westdeutschen Printmedien. *Publizistik, 47*, 388-411.

Simonis, H. (2004). *Unter Männern. Mein Leben in der Politik*. München: Deutscher Taschenbuch Verlag.

Sterr, L. (1997). *Frauen und Männer auf der Titelseite. Strukturen und Muster der Berichterstattung am Beispiel einer Tageszeitung*. Pfaffenweiler: Centaurus.

Velte, J. (1995). Die Darstellung von Frauen in den Medien. In R. Fröhlich & C. Holtz-Bacha, *Frauen und Medien* (S. 181-253). Opladen: Westdeutscher Verlag.

Weiderer, M. (1995). *Das Frauen- und Männerbild im deutschen Fernsehen: Eine inhaltsanalytische Untersuchung der Programme ARD, ZDF und RTL plus*. Regensburg: S. Roderer.

Wille, F. (2001). *Die Darstellung von Angela Merkel in der Frankfurter Allgemeinen Zeitung und in der Süddeutschen Zeitung.* Nürnberg: Wirtschafts- und Sozialwissenschaftliche Fakultät, Friedrich-Alexander-Universität (unveröffentl. Diplomarbeit).

Portraying Politics: Gender, Politik und Medien

Mervi Pantti

Dieser Beitrag[1] untersucht die Bedeutung der Geschlechterrollen bei der Darstellung von Politiker/innen in den Medien und gibt einen Überblick über die aktuellen Studien zur Darstellung von Politikerinnen und Politikern. Dabei wird unter anderem folgenden Fragen nachgegangen: Werden Politikerinnen und Politiker von den Medien gleich behandelt? Verhalten sich Presse und Fernsehen in der Darstellung von Politikerinnen und Politikern bezogen auf ihr Geschlecht neutral oder verbreiten sie geschlechterbezogene Klischees? In welchem Verhältnis steht die Darstellung von Politikerinnen und Politikern zur Frage der journalistischen Qualität? Qualität im Zusammenhang mit geschlechterbezogener Darstellung kann dabei zunächst so definiert werden, dass sie die Reflektion unterschiedlicher sozialer Realitäten im Programm zum Ziel hat (Cuilenburg, 1998, S. 41) und damit einen Beitrag zu einer besseren Welt leistet (Mulgan, 1990, S. 28-29). Denn die Medien gehören zu den Institutionen, wenn sie nicht sogar die wichtigste überhaupt sind, die die Einstellungen zu den Geschlechterrollen beeinflussen und ein Bewusstsein für die Geschlechterfrage schaffen können. Zudem konstituieren heutzutage die Presse – und besonders das Fernsehen – jenen realen öffentlichen Raum, den die Bürgerinnen und Bürger als die "Politik" ansehen (z. B. Corner & Pels, 2003). Wenn die Medien über politisches Geschehen berichten, sind die Art der Darstellung von Frauen und Männern, ihr Zugang zu den Medien und ihre Sichtbarkeit in den Medien von ausschlaggebender Bedeutung.

Die Medien können nicht nur als ein möglicher Hebel gegen die Ungleichheit der Geschlechter in Gesellschaft und Politik angesehen werden, sondern auch als eine Quelle des Übels. So ist die geringe Zahl von Frauen in Entscheidungspositionen zum Beispiel eng gekoppelt an die geringe Zahl von Frauen, insbesondere von Politikerinnen, über die in den Medien be-

---

[1] Diese Studie wurde erstellt im Rahmen eines von der EU geförderten Projekts, das unter der Leitung von IFJ, EJC, RNTC, BBC, NRK, ARD und ZDF stand.

richtet wird. (Gallagher, 2001). Deshalb wurden 1995 auf der *Vierten Weltkonferenz der Frauen* in Peking die Medien aufgefordert, Strategien gegen die stereotype Darstellung von Frauen zu entwickeln und den Frauen den gleichen Zugang zu den Medien zu ermöglichen wie den Männern, um eine höhere Beteiligung von Frauen an Entscheidungsprozessen zu erreichen. Das war auch das Anliegen des europäischen Projektes *Screening Gender* 1997-2001, das von fünf europäischen öffentlich-rechtlichen Rundfunkanstalten (NOS, NRK, SVT, YLE, ZDF) entwickelt und von der EU-Kommission im Rahmen des Vierten Aktionsprogramms zur Chancengleichheit von Frauen und Männern gefördert wurde.[2]

Die Medien, insbesondere das Fernsehen, prägen als wichtigste Informationsquelle die Vorstellungen der Menschen von sich selbst, ihren Mitmenschen und der Welt im Allgemeinen. Andererseits sind Medienerzeugnisse wie Nachrichten kulturelle Produkte, das heißt, sie stehen in engem Zusammenhang mit kulturellen, gesellschaftlichen und ökonomischen Strukturen. Journalist/innen und andere Medienexpert/innen sind sich nicht unbedingt der Verwendung dominanter geschlechtsbezogener Muster (d. h. gewohnheitsmäßiger Muster wie solche der Wahrnehmung, Interpretation und Präsentation, der Auswahl, Betonung und des Ausschlusses) bewusst, durch den die "Anwender von Symbolen routinemäßig ihren Diskurs (verbal oder visuell) organisieren" (Gitlin, 1979, S. 12). Eine gängige Zuordnung, die den Unterschied der Geschlechter produziert und interpretiert, ist die Trennung von Öffentlichkeit und Privatsphäre, wobei die Frau der Sphäre der Familie zugeordnet und der Mann als politisch Handelnder im sozialen Umfeld gesehen wird (Sreberny & van Zoonen, 2000, S. 17). Wer von diesen Rollenmustern abweicht, dem kann es passieren, stigmatisiert oder ausgegrenzt zu werden, oder seine Handlungen werden einfach ignoriert. Soll diese Zuordnung der Geschlechter zum Privaten und zum Öffentlichen verändert werden, müssen sich auch die Definitionen der Medien ändern, die Männer ins Zentrum politischer Aktivitäten rücken und die Perspektiven und Prioritäten von Frauen marginalisieren (Gallagher, 2001, S. 83-85).

---

[2] Vgl. http://www.yle.fi/gender

Eine veränderte Gesellschaft: Politische Repräsentanz von Frauen

Das Konzept der "symbolischen Verleugnung" (bezogen auf die Missachtung, Trivialisierung und Ausgrenzung von Frauen durch die Medien) wurde 1978 von Gaye Tuchman eingeführt gemacht. Laut Tuchman würden Veränderungen der Gesellschaft trotz einer gewissen Periode "kultureller Verzögerung" früher oder später zu einer vermehrten und besseren Repräsentanz von Frauen führen. Seit Tuchmans Publikationen hat sich der Einfluss der Frauen auf die Politik in den westeuropäischen Ländern erheblich verstärkt. Schweden, Dänemark, Finnland, Norwegen, Island, die Niederlande und Deutschland haben zum Beispiel das 1995 in Peking auf der Weltkonferenz für Frauen proklamierte Ziel erreicht, wonach bis zum Ende des Jahres 2002 mindestens 30 Prozent aller parlamentarischen Sitze von Frauen besetzt sein sollten.

Es gibt jedoch noch viele Länder mit einem sehr niedrigen Anteil von Frauen in den nationalen Parlamenten. Das gilt insbesondere für die meisten südamerikanischen Länder und die ehemaligen kommunistischen Staaten Zentral- und Osteuropas, die am 1. Mai 2004 der Europäischen Union beigetreten sind. Auch Italien ist ein Land mit wenigen weiblichen Volksvertretern auf nationaler Ebene, obwohl es auf der regionalen Ebene dort ebenso viele Politikerinnen gibt wie im nördlichen Europa (Italy, 2004). Nach dem Zusammenbruch des Kommunismus in Zentral- und Osteuropa fiel die Zahl weiblicher Volksvertreter von etwa 30 Prozent auf ein dramatisches Niveau von nur zehn Prozent (Sloat, 2005). Erst in jüngster Zeit hat die politische Landschaft Osteuropas begonnen, sich zu verändern. Die Länder des Baltikums haben mittlerweile fast das Niveau weiblicher Repräsentanz in Westeuropa erreicht. Die Abbildung zeigt das Verhältnis männlicher und weiblicher Abgeordneter in den nationalen Parlamenten der EU-Staaten.

Es gilt nicht mehr als außergewöhnlich, wenn sich Frauen für hohe öffentliche Ämter bewerben und sie hin und wieder auch erhalten. Dennoch gibt es bis dato nur in Finnland, Irland, und Lettland Präsidentinnen und zu Anfang des Jahres 2005 gab es keine einzige Regierungschefin in den EU-Ländern. Die Zahl der Minister in den nationalen Parlamenten spiegelt die Zahl der Mitglieder der nationalen Parlamente wider: In den skandinavischen und in einigen westlichen Ländern (Österreich, Deutschland, die Niederlande und Spanien) sind Frauen ziemlich gut vertreten, aber in den östlichen und den südlichen Ländern (außer Spanien) sind Frauen noch immer

Abbildung 1: Verhältnis männlicher und weiblicher Abgeordneter in den nationalen Parlamenten der EU-Staaten, in Prozent

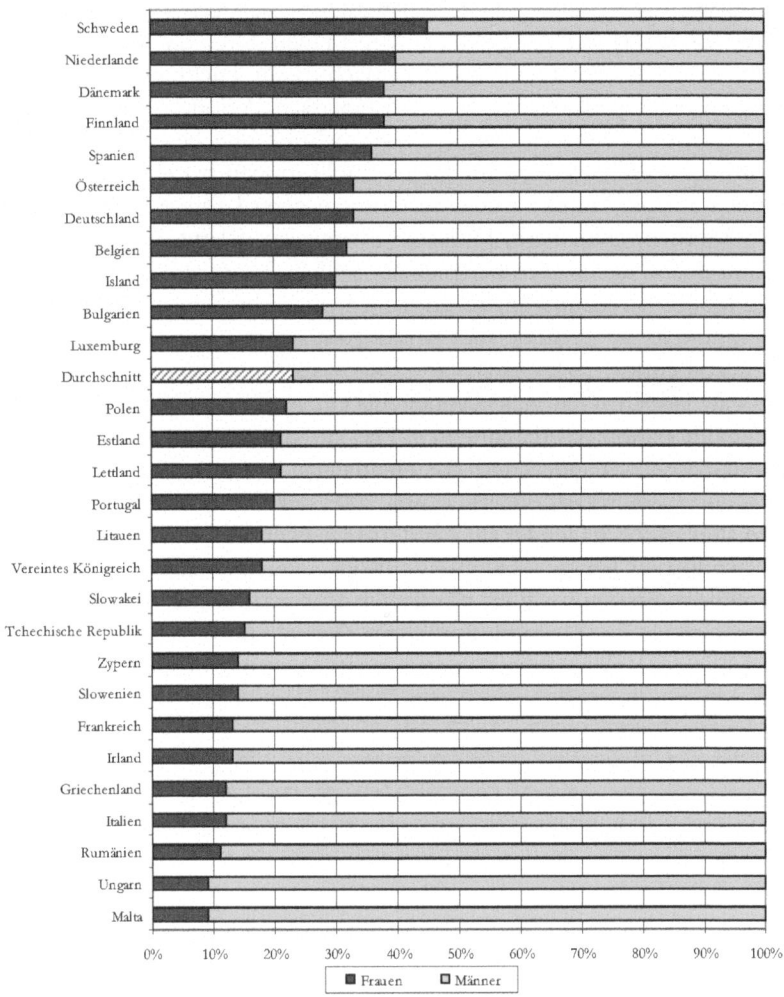

Quelle: European Commission, 2005, Database on women and men in decision-making

Tabelle 1: Frauen und Männer in den nationalen Parlamenten der EU-Staaten

	Präsident	Ministerinnen und Minister				
		Regierungs-oberhaupt	Frauen (%)	Männer (%)	Frauen (n)	Männer (n)
Österreich	M	M	55	45	6	5
Schweden		M	52	48	11	10
Spanien		M	50	50	7	7
Finnland	F	M	47	53	8	9
Deutschland	M	M	46	54	6	7
Niederlande		M	33	67	5	10
Dänemark		M	28	72	5	13
Island	M	M	27	73	3	8
Vereintes Königreich		M	27	73	6	16
Bulgarien	M	M	25	75	5	15
Lettland	F	M	24	76	4	13
DURCHSCHNITT			23	77		
Frankreich	M	M	18	82	3	14
Luxemburg		M	17	83	2	10
Portugal	M	M	17	83	3	15
Rumänien	M	M	17	83	3	15
Litauen	M	M	15	85	2	11
Malta	M	M	15	85	2	11
Irland	F	M	14	86	2	12
Tschechien	M	M	12	88	2	15
Ungarn	M	M	12	88	2	15
Italien	M	M	9	91	2	21
Estland	M	M	8	92	1	12
Slowenien	M	M	7	93	1	14
Griechenland	M	M	6	94	1	16
Polen	M	M	6	94	1	15
Zypern	M		0	100	0	11
Slowakei	M	M	0	100	0	15

Quelle: European Commission, 2005, Database on women and men in decision-making

unterrepräsentiert. In den EU-Staaten ist die Zahl der Ministerinnen innerhalb des Jahrzehnts nach dem Übergang zur Demokratie langsam angestiegen (Sloat, 2005). Tabelle 1 zeigt die Repräsentanz von Frauen und Männern in den nationalen Parlamenten (Stand März 2005).
Die Europäische Kommission besteht aus 7 Frauen und 17 Männern einschließlich des männlichen Kommissionspräsidenten. 222 Frauen (30%) und 510 Männer (70%) haben einen Sitz im Europäischen Parlament. Der Präsident des Europäischen Parlaments ist ein Mann. In den Komitees der Regionen sind 50 Frauen (16%) im Vergleich zu 257 Männern (84%) einschließlich des männlichen Präsidenten vertreten (EU, 2005.)

Von Medien verbreitete einseitige Geschlechterdarstellungen sind deshalb von Bedeutung, weil sie Auswirkungen auf das Verhalten der Wähler/innen haben können. In einer Zeit, in der Politik vor allem medial vermittelt wird, beurteilen die Wähler/innen die Kandidat/innen zunehmend anhand der Informations- und Unterhaltungsprogramme der Massenmedien. John Corner (2003, 75) wies darauf hin, dass sich die Medien zu einem öffentlichen Raum entwickelt haben, in dem die Identität eines Politikers oder einer Politikerin als "Person mit Eigenschaften" konstruiert wird. Die Macht dieser mediendefinierten Kriterien kann dazu führen, bestimmte Kandidat/innen generell als öffentliche politische Person oder zumindest als ungeeignet für ein hohes Amt zu disqualifizieren.

Verschiedene amerikanische Studien haben gezeigt, dass die Wahrnehmung weiblicher und männlicher Kandidaten durch unterschiedliche Geschlechterdarstellung in den Medien beeinflusst wird, was signifikante Nachteile für die Kandidatinnen zur Folge hatte (Kahn, 1994). Diese Nachteile können damit zusammenhängen, dass der schließlich erfolgreiche Kandidat von den Wähler/innen als diejenige Person identifiziert wird, die gute Chance auf den Gewinn der Wahl hat und folglich auch von den Medien entsprechend präsentiert wird (Ilitchon, Chang & Harris, 1997). Dementsprechend reagieren die Wähler/innen auch negativ auf Spekulationen über mögliche Schwierigkeiten eines/einer Kandidat/in, die Wahl zu gewinnen (Kahn & Goldenberg, 1991; Kahn, 1994). Deshalb bleibt es auch nicht folgenlos, dass die Berichterstattung über weibliche Kandidaten sich mehr darauf konzentriert, wie ihre Umfrageergebnisse lauten und wie sie ihre Wahlkampagnen gestalten (Kahn & Goldenberg, 1991).

Untersuchungen zu den Auswirkungen der Berichterstattung legen nahe, dass die Wählerschaft meist positiv auf Kandidat/innen reagiert, die jene

Art von Berichterstattung erhalten, die üblicherweise männlichen Kandidaten gewährt wird. (Kahn 1992). Dies beinhaltet typischerweise eine ausführliche Berichterstattung über ihre "harten" oder "männlichen" Standpunkte zu Themen wie Verbrechensbekämpfung oder Landesverteidigung. Darüber hinaus sind "weibliche" Charaktereigenschaften wie Wärme und Einfühlsamkeit bei politischen Kandidat/innen weniger wichtig als die traditionellen männlichen Eigenschaften wie zum Beispiel Aggression (Kahn & Goldenberg 1991; Kahn, 1994.)

Die Darstellung von Frauen und Männern hat sich verändert – aber nicht genug…

> Was passiert, wenn sie den Knopf für den Abschuss der Raketen drücken soll, und sie kann es nicht, weil ihre Fingernägel frisch maniküRt sind? (*Denver Post's* Kolumnist Woodrow Paige über Geraldine Ferraro, die U.S.-Kandidatin für den Vize Präsidentenposten in 1984, zitiert in Aday & Devitt, 2000)

> Süß und engagiert – aber auch etwas naiv (...) Henriette Kjær besitzt Mut, aber ohne Zweifel versagt sie, wenn es darum geht, in der Praxis Erfolge umzusetzen. Ein süßes Lächeln der Ministerin während der besten Sendezeit hilft den Außenseitern der Gesellschaft und den Arbeitslosen nicht. (*Politiken* über die dänische Ministerin Henriette Kjær im Jahr 2003, zitiert in Moustgaard, 2004)

Hat der wachsende politische Einfluss von Frauen den Umgang der Medien mit Politikerinnen verändert? Weil es nirgendwo quantitative Langzeitstudien dazu gibt, lassen sich Veränderungen in der Darstellung der Geschlechter nicht leicht feststellen (Gallagher, 2001, S. 5). Die meisten in diesem Bericht erwähnten Studien sind qualitativer Natur. Manchmal widersprechen sich die Ergebnisse sogar. Untersuchungen über die Berichterstattung zu den Wahlen 1990 in den USA (u. a. B. Smith 1997; Devitt 1999; Bystrom, Robertson & Banwart 2001) konstatierten zwar keine signifikanten Unterschiede in Bezug auf die Quantität der Berichterstattung, fanden aber heraus, dass Kandidatinnen nach qualitativen Kriterien gemessen keine gleichwertige Berichterstattung erhielten: Die Berichterstattung über Frauen bezog sich mehr auf deren Rolle als Mutter und ihre Familienverhältnisse als auf ihre politischen Standpunkte, was natürlich Auswirkungen auf die Wähler/innen hatte. Andere Studien aus den USA (Aday & Devitt, 2001; Heldman, Carroll & Olson, 2000) untersuchten die Berichterstattung der Zeitungen über die Präsidentschaftskandidatin Barbara Dole und kamen zu dem Ergebnis, dass über sie ungleichwertig im Vergleich zu ihren männlichen Gegenspielern berichtet wurde – sowohl nach qualitativen als auch (und im Gegensatz zu den vorhergenannten Studien) ganz besonders nach quantitativen Kriterien (einschließlich der Kandidaten, die zur damaligen Zeit in den Umfragen sogar schlechter platziert waren).

Unterschiede in der Darstellung von Politikerinnen und Politikern bestehen nach wie vor (Norris, 1997; Smith, 1997), auch wenn Journalist/innen nur selten die groben Klischees benutzen, die in der Darstellung weiblicher und männlicher Politiker in früheren Jahrzehnten typisch waren. Das bedeutet jedoch nicht, dass sexistische Darstellungen von Frauen wie die oben erwähnte Herabsetzung der dänischen Ministerin Kjaer (in Moustgaard, 2004) ausgestorben sind. Nicht alle Politiker/innen haben denselben Zugang zu den Medien oder genießen denselben Grad oder Umfang des Interesses und der Unterstützung der Medien. Dies hat mit Faktoren wie Geschlecht, Alter (besonders wenn es sich um Frauen handelt) und ethnischer Herkunft zu tun. Trotz der wachsenden Zahl von Politikerinnen und Expertinnen prägen nach wie vor vornehmlich männliche Quellen die Einstellungen von Journalist/innen (van Zoonen, 1998).

Eine 1997/1998 in Dänemark, Finnland, Deutschland, den Niederlanden, Norwegen und Schweden durchgeführte europäische Vergleichsstudie über Männer und Frauen in Fernsehprogrammen fand klare Hinweise einer ungleichen und stereotypen Geschlechterdarstellung. Erstens waren Männer in den Fernsehgenres besser vertreten als Frauen. Zweitens wurde der höchste Frauenanteil in Programmen gefunden, in denen "weiche" Themen wie menschliche Beziehungen, Familie sowie Soziales und Gesundheitsfragen behandelt wurden. Am wenigsten vertreten waren Frauen in Sendungen, in denen es um "harte" Themen wie Verbrechen, Technologie/Wissenschaft und Sport ging. Drittens wurden Frauen öfters in Rollen mit niedrigem Status gezeigt: häufiger als gewöhnliche Frauen (47%) und Opfer (37%), seltener als Politikerinnen (28%) oder Expertinnen (20%). Obwohl die Beteiligung der Frauen am öffentlichen Leben in diesen Ländern traditionsgemäß hoch ist, stellen Männer immer noch die Mehrzahl Politiker (72%) und Experten (80%) (Eie, 1998.) Diese Untersuchung zeigt, dass die Veränderungen in der Gesellschaft, einschließlich des steigenden Anteils von Frauen in Entscheidungspositionen, sich im Fernsehen nicht widerspiegeln. Ein Mitglied des *Screening Gender*-Projektes schreibt: "Im Großen und Ganzen werden in den Medien noch immer die stereotypen Rollen der Geschlechter dargestellt. Ein Politiker wird zuerst einmal nur als Politiker wahrgenommen. Eine Politikerin wird jedoch erst einmal als Frau, Ehefrau und Mutter gesehen. Selten findet eine Trennung ihres Berufes von ihrem Geschlecht statt. Diese Annäherung an eine Politikerin als Frau, Mutter oder Ehefrau läuft darauf hinaus, ihren gesellschaftlichen Status herabzusetzen" (van Dijck, 2002).

Eine andere europäische Untersuchung unter dem Titel "The Role of the Mass Media in the (Re)Distribution of Power" (2004) wurde in den kulturell und politisch sehr unterschiedlichen Ländern Dänemark, Estland, Litauen, Lettland und Italien durchgeführt. Diese hauptsächlich qualitative Studie bestätigt, dass in der Darstellung von politisch aktiven Frauen und Männern durch die Medien die Geschlechterrolle immer noch von Bedeutung ist. Erstens zeigen die Untersuchungen, dass die Medien und die Journalist/innen, anstatt über die vielfältigen Rollen der Frau in der Politik zu berichten, fleißig die herkömmlichen Klischees über Frauen in Umlauf bringen (z. B. dass Frauen dazu bestimmt sind, Mütter und Ehefrauen zu sein). Zweitens wurde in allen Studien hervorgehoben, dass Politikerinnen dann in den Medien vorkommen, wenn über "weiche" Themen wie Bildung und Kultur berichtet wird, während männliche Politiker dann zum Zuge kommen , wenn es um "harte" Fragen wie Volkswirtschaft, Außenpolitik sowie Themen der EU und NATO geht. Drittens zeigten die Studien ein quantitatives Ungleichgewicht in der Berichterstattung über Politikerinnen und Politiker (Brikse, 2004, S. 25.)

Aber auch der Hinweis darauf ist wichtig, dass Politikerinnen nach deren eigener Überzeugung von den Medien nicht die gleiche Behandlung erfahren wie ihre männlichen Kollegen (Moustgaard, 2004; Norris, 1997; Ross & Sreberny-Mohammadi, 1997). Zum Beispiel glaubten 75 Prozent der befragten dänischen Politikerinnen, dass sie von den Medien nicht in gleicher Weise behandelt würden wie ihre männlichen Kollegen. Weiterhin glaubte die Hälfte, dass Männer und Frauen in den Medien zwar dieselbe Redezeit erhalten, dass jedoch dabei über ganz verschiedene Themen gesprochen wird (Moustgaard, 2004, S. 24.). Ross und Sreberny-Mohammadi (1997) führten Interviews mit weiblichen Mitgliedern des Britischen Parlaments. Danach waren die meisten Politikerinnen der Meinung, dass die Medien mehr auf ihr Äußeres als auf das ihrer männlichen Kollegen achten. Sie würden über andere Themen befragt und man konzentriere sich mehr auf ihr Aussehen und ihr Familienleben, insbesondere ihre Mutterschaft. Frauen haben darüber hinaus noch das Gefühl, dass sie sich mehr "beweisen" müssen als Männer, dass sie, wenn sie Erfolg haben wollen, härter arbeiten müssen als ihr männlicher Gegenpart und sich viel mehr anstrengen müssen, wenn sie von den Medien Anerkennung für ihre politische Arbeit wollen.

Die Medien haben sich verändert – manche sagen, zum Schlechteren...

Der beträchtliche Zuwachs an Frauen in der politischen Arena und ihr Zugang zu den politischen Entscheidungsebenen sowie die dynamischen Veränderungen der Medienlandschaft gingen einher mit der so genannten Boulevardisierung der Medien. Die Boulevardpresse und der Boulevardjournalismus werden im Allgemeinen als Synonym für schlechte Presse und schlechten Journalismus angesehen. Der Boulevardisierungsprozess wird für gewöhnlich in Bezug zum Journalismus diskutiert, und die Hauptsorge geht dahin, dass der Sensationsjournalismus den ernsthaften Journalismus verdrängen könnte. Die Boulevardisierung erfasst jedoch nicht nur die kommerziellen, sondern auch die öffentlich-rechtlichen Medien, die mit diesen im Wettbewerb um Zuschauerquoten stehen.

Zweifellos gibt es unterschiedliche Ansichten über die Merkmale, Ursachen und Auswirkungen der Boulevardisierung. Medienfachleute sind sich jedoch über einige Charakteristika der Boulevardisierung einig: Der Boulevardjournalismus lebt und gedeiht von Sensationen und Skandalen, er personalisiert, vereinfacht und ignoriert öffentliche Themen zugunsten der privaten und zieht Effekthascherei einer seriösen Analyse vor. Unterschiedliche Vorstellungen von Boulevardisierung sind zum Teil darauf zurückzuführen, dass die Veränderungen im Journalismus und in den Medien im allgemeinen je nach sozio-kulturellem Zusammenhang unterschiedlich verlaufen. Bei Untersuchungen zur Boulevardisierung müssen deshalb auch die Eigenarten der nationalen Medienkultur, die journalistischen Traditionen sowie die Charakteristika des politischen, kulturellen und gesellschaftlichen Lebens des jeweiligen Landes berücksichtigt werden. So hat sich beispielsweise in den deutschen Medien die Boulevardisierung nicht als ernsthafte Bedrohung für die "seriösen" Nachrichten und die traditionellen Nachrichtenwerte erwiesen (u. a. Esser, 1999; Schönbach, 2000).

Desgleichen gibt es verschiedene Ansichten zu den Auswirkungen der Boulevardisierung. Da die Massenmedien einer der Hauptfaktoren für die Bildung der politischen, öffentlichen Meinung sind und eine gesunde Demokratie informierte Bürgerinnen und Bürger braucht, gibt es eine weit verbreitete Sorge ob der Gefahr, die der Boulevardjournalismus für eine rationale Debatte und für die Bürgerbeteiligung darstellt (z. B. Sparks, 2000). Für die französischen Medienkritiker Bourdieu (1996) und Ramonet (2001) besteht das Problem des Boulevardjournalismus darin, dass er sich auf den niedrigsten Nenner des öffentlichen Geschmacks begibt und auf diese Art eine Art von "ignoranter Kultur" zelebriert (Abstimmung mit dem Daumen). Einige Forscher sind andererseits der Meinung, dass der Boulevardjournalismus Zugang zu Gruppen und Themen geschaffen hat, die ehemals aus der öffentlichen Sphäre ausgeschlossen waren. Glynn (2000, S. 228; auch Tomlinson 1997, S. 37) zeigt zum Beispiel, dass der Boulevardjournalismus eine Alternative zum traditionellen Journalismus darstellt, der von Eliten und deren kulturell-politischer Vormachtstellung dominiert sei. Darüber hinaus wurde argumentiert, der Boulevardjournalismus besitze die Fähigkeit, gesellschaftliche Veränderungen zu beschleunigen, indem er neue gesellschaftliche Strömungen und Themen identifiziert und früher versäumte Themen, zu denen Diskussionsbedarf besteht, neu definiert. Der im Boulevardjournalismus vorherrschende und häufig kritisierte Appell an die Emotionen wird auch als Stimulierung zugunsten einer Teilnahme am politischen Geschehen verstanden. Langer (1998) zum Beispiel deutet an, dass im Gegensatz zu den "nüchternen Nachrichten", die keinen Bezug zu den täglichen Erfahrungen der einfachen Menschen haben, diese "anderen Nachrichten" einen Anreiz zu Identifikation und zu Engagement bieten.

Das Problem vieler Untersuchungen zur Boulevardisierung (Amerikanisierung, Popularisierung, Vermarktung oder Kommerzialisierung) liegt in ihrer Tendenz, das Phänomen entweder als eine negative oder als eine positive Entwicklung zu sehen. Für diese Wissenschaftler/innen beschäftigt sich der qualitative Journalismus mit öffentlichen Angelegenheiten und verwendet eine rational-kritische Sprache, während der volkstümliche oder "schlechte" Journalismus sich auf private und emotionale Angelegenheiten konzentriert. Diese Auslegung der Qualität scheint eng verbunden zu sein mit der Trennung zwischen der privaten, häuslichen und weiblichen Welt der Emotionen und der öffentlichen, maskulinen, rationalen Welt der Männer (Aldridge, 2001; Macdonald, 2000; Meijer, 2001). Wie Irene Costera

Meijer (2001) gezeigt hat, gibt es aber einen alternativen Weg für die Qualitätsdebatte im Journalismus. Sie schlägt vor, dass sich die Journalist/innen von den binären Gegensätzen seriös/populär, hart/weich, sachlich/persönlich, rational/emotional usw. verabschieden und in der Berichterstattung über das öffentliche Leben facettenreichere und phantasievolle Methoden anwenden sollten. Das bedeutet, dass die Herangehensweise des "Human Interest" und die herkömmliche "seriöse" Herangehensweise nicht notwendigerweise in Opposition zueinander stehen müssen, sondern sich ergänzen können. Elizabeth Bird (2000) deutet an, dass Menschen den Berichten über öffentliche Themen mehr Beachtung schenken würden, wenn diese in einer einnehmenderen Weise präsentiert werden.

In diesem Zusammenhang ist die Feststellung wichtig, dass weder "Human-Interest" noch die "persönliche Herangehensweise" für Nachrichten und Sendungen über aktuelle Ereignisse den Ausschluss von gesellschaftlichen und politischen Themen bedeuten müssen oder dass Emotionen die Analyse ausschließen (Macdonald, 2000; Sparks, 2000, S. 26). Fernsehnachrichten können zum Beispiel persönliche Aspekte in den Berichten einsetzen, damit sich die Menschen für ernsthafte Themen interessieren, und außerdem durch ihre emotionale Qualität Verständnis erzeugen (Macdonald, 2000). Myra Macdonald (2000, S. 265) sieht die Gefahr darin, dass es kostenbewussten Programmgestaltern immer schwerer fallen wird, der Versuchung zu widerstehen, eine gründliche, offene und genaue Untersuchung gegen den billigen und leichten Ersatz durch Personalisierung einzutauschen.

Die Politik hat sich verändert – der neue Stil ist männlich und persönlich

Eine der Haupttendenzen in der gegenwärtigen mediatisierten Politik ist die Personalisierung. Sie hat zur Folge, dass Auftreten und individuelle Fähigkeiten von Politikerinnen und Politikern in den Vordergrund treten – auf Kosten von Inhalten und der Debatte über politische Themen (van Zoonen, 2005, S. 70). Die symbiotische Beziehung zwischen den Medien, insbesondere dem Fernsehen, und der Politik hat einen neuen Politikertyp hervorgebracht, der die Medien eher als Bühne für die Bildung seines Images als für politische Inhalte nutzt. Eine entscheidende Frage ist dann, ob ein gewisser Typ von Darsteller anderen vorgezogen wird. Laut Liesbet van Zoonen (2005, S. 75) steht das "kulturelle Modell eines Politikers den Vorstellungen von Männlichkeit näher als denen von Weiblichkeit, was den Frauen eine erfolgreiche Darstellung natürlich erschwert". Ross und Sreberny (2000, S. 93) kommen zu dem Schluss, dass dieses kulturelle Modell einer politischen Person als Mann und von Politik als (im Wesentlichen) Männersache die Art und Weise der Berichterstattung über Politik beeinflusst. Sie meinen damit, dass das Image und die Sprache medienvermittelter Politik den Status quo (männlich ist die Norm) unterstützen und Politikerinnen als Novum oder als die "Anderen" darstellen. Die Welt der Politik wurde schon immer geprägt von rationalem, aggressivem und individualistischem Verhalten – im Unterschied zur emotional engagierten, bescheidenen, kooperativen (klischeehaft weiblichen) Art, Politik zu gestalten. Die Nachrichten konstruieren normalerweise die gesamte Politik aus typisch männlichen Begriffen, so als wäre sie eine Schlacht oder ein sportlicher Wettkampf. Wenn die Medien Macho-Metaphern verwenden, dann gereicht das Politikerinnen zum Nachteil. Wenn Reporter/innen, zum Beispiel, die Sprache des Krieges, des Eishockeys oder des Boxkampfes benutzen, um eine Story zu erzählen, dann verwundert es nicht, wenn sie dabei kaum die Leistungen von Frauen kommentieren. Der Einsatz typischer männlicher Metaphorik verstärkt den Eindruck, dass Frauen nicht wirklich in die Politik gehören oder nicht fit dafür sind.

Eine maskuline Prägung der Nachrichten führt dazu, Frauen, die sich nicht so kämpferisch verhalten wie ihre männlichen Gegenparts, zu marginalisieren (Gidengil & Everitt 2003; Latvia, 2004, 42). Um dieser Tendenz entgegen zu wirken und um zu zeigen, dass sie in diese traditionell männliche politische Welt gehören, sind Frauen, die sich für ein öffentliches Amt bewerben, versucht, diese stereotypen, männlichen Eigenschaften zu demonstrieren, indem sie zu politischen Themen einen harten Standpunkt einnehmen und ihre Härte demonstrieren. Untersuchungen haben jedoch ergeben, dass Frauen selbst dann, wenn sie eher maskuline Eigenschaften annehmen, keine größeren Chancen haben, eine Wahl zu gewinnen, als ihre weiblichen Gegenspieler, die sich mit eher traditionellen weiblichen Charakteristika profilieren (Hitchon, Chang & Harris, 1997). Was hier ins Spiel kommt, ist das berüchtigte "Double Bind", gegensätzliche Erwartungen, die von vielen feministischen Medienkritikerinnen aufgezeigt wurden: Kämpferische Kandidatinnen erscheinen unweiblich und sind deshalb inakzeptabel, während weiblich auftretende Frauen als unfähig betrachtet werden. Andererseits haben Frauen auch ihren "Geschlechtertrumpf" auf vielfältige Weise eingesetzt. Ihr Anspruch auf die Rolle einer Mutter verleiht ihnen die in der Politik so sehr benötigte Humanität und Moralität (Ross & Sreberny, 2000). Ein Kommentar Henrik Qvortrups, Chefredakteur der dänischen Wochenzeitschrift *Se & Hor*, macht deutlich, wie kompliziert die Frage der Geschlechterrollen in der Politik noch ist (zit. in Moustgaard, 2004, S. 30): "Ich glaube Männer sind erschreckt, wenn Frauen fast den Eindruck maskuliner Lesben erwecken. Es ist so, als ob das Festhalten an deiner Weiblichkeit die Haltung der Menschen in Einklang mit deiner Autorität bringt. Ich glaube, dass Macht kombiniert mit Weiblichkeit leichter akzeptiert wird." Es erübrigt sich zu sagen, dass Macht kombiniert mit Männlichkeit weder in der Politik noch in den Medien jemals ein Diskussionsthema war.

In Bezug auf die Geschlechterrolle stellt sich die Frage, wie die Boulevardisierung die Art und Weise beeinflusst, in der die Medien des Mainstream über Politik berichten. Bedeutet Boulevardisierung (als Mittel, Zuschauer/innen zu gewinnen), dass wir Zeugen der Auflösung der Grenzen zwischen der öffentlichen, rationalen Welt des Mannes und der privaten, häuslichen, emotionalen Welt der Frau werden? Mit dem Aufweichen dieser Grenzen zwischen Öffentlichem und Privatem und dem wachsenden Interesse an Human-Interest-Stories sind weitere Veränderungen in der Darstellung der Geschlechter zu erwarten. Einige Wissenschaftler/innen gehen davon aus, dass der gegenwärtige Trend zum Intimen in Nachrichtensendungen (einschließlich der wachsenden Bedeutung von Berichten über allgemein Menschliches sowie der zunehmenden Personalisierung) Frauen, die sich in der politischen Arena bewegen und den "Frauenfragen" in der Öffentlichkeit mehr Beachtung und Anerkennung verschaffen könnten (Sreberny & van Zoonen, 2000; van Zoonen, 2005). Andererseits hat sich das Etikett "Außenseiterin" in der neuen Politik des Persönlichen nicht geändert: Politikerinnen können noch immer nicht als politische Person auftreten, deren privates und öffentliches Leben eine nicht in Frage gestellte Einheit darstellt (van Zoonen, 2005).

Ein wichtiger Aspekt der neuen personalisierten Politik ist, sich menschlich zu präsentieren, zum Beispiel Emotionen zu zeigen und Persönliches zu offenbaren. Emotionalität ist eines der Hauptmerkmale für die unterschiedliche Konstruktion der Rollen der Geschlechter in der Politik und in der Gesellschaft generell. Seit kurzem interessieren sich Forscher/innen für die "Feminisierung" maskuliner Emotionalität (u. a. Lupton, 1998; Furedi, 2004). Die mediale Präsentation maskuliner Emotionalität (z. B. Männer, die in Nachrichtensendungen mit den Tränen kämpfen oder in Talk-Shows über ihr Intimleben berichten) scheint mehr und mehr üblich. Traditionell wurde es in westlichen Gesellschaften als unpassend empfunden, wenn Männer, besonders in einem professionellen Kontext, Emotionen zeigten (außer "kraftvollen" Emotionen wie Zorn). Aber Maurizia Boscagli (1992/1993) hat festgestellt, dass Männer in Machtpositionen, die sich in der Öffentlichkeit emotional ergriffen zeigen, nicht länger als weich und weiblich stigmatisiert, sondern eher als menschlich und sensibel angesehen werden. Präsident Bill Clinton war ein Spezialist darin, der Welt seine Gefühle mitzuteilen, und zeigte seine innere Verletzbarkeit als "missbrauchtes" Kind. Während der Präsidentschaftswahlen im Jahr 2000 demonstrierte Präsident George W. Bush seine Menschlichkeit durch einen Tränenausbruch in der Oprah Winfrey Show. Die Festung leidenschaftsloser Macht scheint zu bröckeln: So zeigte man vor einiger Zeit die menschliche Seite des deutschen Bundeskanzlers Gerhard Schröder, der während einer Talk-Show erzählte, welche Bedeutung für ihn seine Adoption eines russischen Kindes habe. Die Medien ermuntern die Politiker zur Enthüllung ihres persönlichen Ichs und solche Politiker werden von einer Wählerschaft, die der traditionellen Politik gleichgültig gegenübersteht, als offen und zugänglich angesehen. (Furedi, 2004, S. 57).

Auch hier stellt sich die Frage, ob diese neue Art der Mobilisierung öffentlicher Zustimmung für Frauen genauso funktioniert wie für Männer. Sind weinende Politikerinnen auch menschlicher? Einige Autoren/innen sind vorsichtig mit der Schlussfolgerung, die "Feminisierung" maskuliner Emotionalität führe zu einer größeren Chancengleichheit der Geschlechter. Im Gegenteil: Maskuline Emotionalität gilt als eine allgemeine menschliche Qualität, während die Emotionalität der Frauen und anderer untergeordneter Gruppen noch immer stigmatisiert wird. Maurizia Boscagli (1992/3, S. 75) schreibt: "Wenn ein Mann weint, dann ist er menschlich, und wenn eine Frau weint, dann ist sie eben eine Frau. Wenn sie weint, verliert sie das Menschliche und wird wieder geschlechtlich orientiert und als 'besonders' betrachtet". Das bedeutet, dass die öffentliche Wahrnehmung männlicher und weiblicher Emotionen nicht unbedingt denselben symbolischen Wert hat: Während die Tränen mächtiger Männer ein Zeichen von Sensibilität und Stärke darstellen, werden sie bei den Frauen immer noch als Zeichen der Schwäche gedeutet. Während der Berichterstattung über die Ermordung der schwedischen Außenministerin Anna Lindh beschrieben zum Beispiel finnische Zeitungen Politiker (hauptsächlich Premierminister Göran Persson) immer als "bewegt", "schockiert" oder "mit den Tränen kämpfend", aber niemals als weinend. Frauen dagegen können sich nicht zurückhalten. Nalin Pekgulin, die Vorsitzende der Women's League of the Social Democratic Party zum Beispiel, wird als "in Tränen ausbrechend" beschrieben, als sie sich erinnerte, wie Lindh sich nach der Geburt ihres Kindes sorgte, wie sie mit allem fertig werden würde (Pantti, 2005).

Geschlechterbezogene Vermittlung von Politikern und Politikerinnen

Feministische Textanalysen befassen sich schon lange mit der Darstellung von Frauen in den Medien. Tuchmans "symbolische Verleugnung" bezieht sich auf die Gewohnheit der Medien, die Erfahrungen von Frauen immer wieder zu ignorieren, zu trivialisieren und zu marginalisieren. Aspekte dieser symbolischen Verneinung sind auch weiterhin Hauptthemen zeitgenössischer Untersuchungen über Frauen, Medien und Politik. Wissenschaftlerinnen haben die Marginalisierung und Trivialisierung in Bezug auf Quantität und Qualität näher untersucht. Gidengil and Everitt (1999, S. 49) sehen drei Stufen in der wissenschaftlichen Auseinandersetzung mit dem Thema Frauen, Politik und Medien. Sie beginnen mit der Frage nach der Sichtbarkeit/Unsichtbarkeit, untersuchen dann das Bild der Politikerinnen und schauen schließlich auf die "geschlechterbezogene Vermittlung". Dabei liegt ihr Schwerpunkt auf der "subtileren, aber wohl auch wirkungsvolleren Form der Vorurteile, die entstehen, wenn konventionelle politische Vorstellungen auf Politikerinnen angewendet werden". In der dritten Phase haben die Forscherinnen vor allem die Theorie des "Framing" angewandt, um zu untersuchen, wie über Frauen und Männer berichtet wird.

Wenn angesichts des modernen Trends zu einem größeren politischen Engagement von Frauen traditionelle, von männlicher Dominanz geprägte Stereotype bei der Berichterstattung über Frauen verwendet werden, dann ist das von Belang. Dies würde es den Frauen erschweren, anders denn als "Außenseiter" dargestellt zu werden. Der neue Persönlichkeitskult in der Politik scheint für Frauen keine entsprechenden Attribute zu bieten. Laut van Zoonen (2005, S. 95) funktioniert dieser Persönlichkeitskult bei Politikerinnen eher "als ein fortdauernder Hinweis auf ihre merkwürdigen Vorlieben als Frauen und ihre eigenartigen Positionen in der Politik". Die einzige unproblematische Position, die Frauen in der politischen Arena gewährt würde, sei die einer Unterstützerin, wenn nämlich eine Frau ihren in der Politik tätigen Mann oder wenn eine Kollegin den männlichen Spitzenpolitiker unterstützt (van Zoonen, 1998).

Einige Wissenschaftlerinnen haben auf einen neuen Trend der symbolischen Verleugnung hingewiesen, nämlich die Tendenz von Frauen, selbst zu ihrer Trivialisierung in den Medien beizutragen (z. B. Aslama & Jääsaari, 2004). Susan Fountaine und Judy McGregor (2002) untersuchten die Wahlen in Neuseeland im Jahre 2001 und fanden einige Beispiele dieser "Selbst-Trivialsierung": Im kommunalen Wahlkampf für einen Posten im Stadtrat zog eine Kandidatin sich aus und stellte sich auf ihren Wahlkampfpostkarten als "die nackte Politikerin" vor, was natürlich ein intensives Interesse der Medien hervorrief (in einem Europa, in dem die auch als "Cicciolina" bekannte frühere Pornodarstellerin Ilona Staller 1987 mit blanken Brüsten einen erfolgreichen Wahlkampf um einen Sitz im nationalen Parlament führte, ist so etwas nichts Neues). Ein weiteres Beispiel ist Premierministerin Jenny Shipley, die eine Frage nach der Bedeutung des Geschlechts mit der Antwort abtat, für sie bestünde der einzige Unterschied darin, dass es mit hochhackigen Schuhen schwieriger sei über Fernsehkabel zu steigen. Wenn Frauen Kapital aus Geschlechterstereotypen schlagen, wenn Politikerinnen zum Beispiel das 'Dummchen' geben, dann ist die Konsequenz ein beträchtlicher Nachteil für den Fortschritt hin zu einer gleichberechtigten Darstellung in den Medien.

Der folgende und letzte Teil dieses Überblicks befasst sich detaillierter mit der geschlechterorientierten Medienvermittlung, indem er die Ergebnisse jüngster Forschungen zur geschlechterorientierten Vermittlung von Politiker/innen zusammenfasst. Der erste Punkt, den es dabei zu beleuchten gilt, ist die Frage der Sichtbarkeit/Unsichtbarkeit (1): Wie oft erscheinen weibliche und männliche Politiker in den Medien? Die nächste Frage ist die, wie politisch engagierte Frauen und Männer dargestellt werden (2-6)? Dieses Thema wird unter fünf verschiedenen Gesichtspunkten der geschlechterorientierten Vermittlung angegangen, die in den Studien besonders untersucht wurden. Breite Übereinstimmung besteht darin, dass Frauen im Allgemeinen und Politikerinnen im Besonderen in den Medien stereotypisiert und mit Hilfe konventioneller Zuschreibungen und Attribute charakterisiert bzw. in eine Schublade gesteckt werden (Framing). Das kann auf unterschiedliche Weise erfolgen. Zum Beispiel so, dass Frauen, wenn sie die selben Resultate wie Männer erreichen als, "einzigartig" dargestellt werden. Wenn beispielsweise eine Frau Premierministerin wird, dann stellt man ihr vermutlich Fragen, die ihren männlichen Gegenspielern ansonsten kaum gestellt würden: zum Beispiel wie sie ihre anspruchsvolle Arbeit als Premierministerin mit ihrem Ehemann und ihren Kindern in Einklang bringt. Andere geschlechtsgebundene Vorgehensweisen der Medien sind die unterschiedliche Wiedergabe männlicher und weiblicher Äußerungen und Reden oder die Stereotypisierung von Politikerinnen durch geschlechterorientierte Begriffe (z. B. werden Alter, Erscheinung, und Familienstand viel öfter betont als bei männlichen Politikern) oder die deutliche Betonung des Geschlechts, wenn es sich bei der Person, über die berichtet wird, um eine Frau handelt.

Unsichtbare Frauen

Die Darstellung von Politiker/innen in den Medien scheint die generelle Mediendarstellung von Männern und von Frauen widerzuspiegeln. Die wichtigsten Ergebnisse der in 1995 durchgeführten Untersuchungen des Global Media Monitoring Project (GMMP) zeigten, dass an einem ausgewählten Tag nur zu 17 Prozent Frauen, aber zu 83 Prozent Männer als handelnde Personen in den Nachrichten von Radio, Fernsehen und Tageszeitungen vorkamen. Fünf Jahre später, im Jahr 2000, hatte sich daran kaum etwas geändert: An einem ausgewählten Tag fand man nur 18 Prozent Frauen, aber 82 Prozent Männer, die es wert waren, in den Nachrichten vorzukommen. Wie Margaret Gallagher (2001, S. 83) feststellt, besteht ein Teil des Kampfes gegen die geschlechtsgebundene Trennung von "Öffentlichem" und "Privatem" darin, die Einstellung der Medien dazu, wann eine Politikerin in Nachrichten erwähnenswert ist, zu verändern.

- Kim Fridkin Kahn (1991, 1992, 1994, Kahn & Goldenberg, 1991) belegte in vielen Untersuchungen zur Berichterstattung verschiedener amerikanischer Zeitungen über weibliche Kandidaten, die sich während der Wahlen in den 80er Jahren (US-Senatswahlen und die Gouverneurswahlen zwischen 1982-1988) um ein Regierungsamt bewarben, dass die Nachrichtenmedien Frauen mit weniger themenbezogenen Reportagen bedachten als die Männer, die für ein öffentliches Amt kandidierten. Kahn fand weiterhin heraus, dass die Presse Kandidatinnen stereotyp darstellte, indem sie nicht nur ihre Weiblichkeit und ihre "weiblichen Themen" hervorhoben, sondern auch ihre Eignung als Kandidatinnen in Frage stellten.

- In ihren Studien über internationale weibliche Spitzenpolitiker kam Norris (1997) zu der Schlussfolgerung, dass – auch wenn der Unterschied nicht sehr groß ausfiel – über Frauen von Weltrang weniger in den Nachrichten berichtet wurde als über ihre männlichen Pendants.
- Ein lettischer Bericht (Latvia, 2004, S. 40, 45) über die Darstellung von Politikerinnen während der Parlamentswahlen in 2002 kam zu dem Ergebnis, dass Frauen in der lettischen Presse gewöhnlich nicht als Vermittlerinnen parteipolitischer Positionen gezeigt werden: Die Beschreibungen der Politikerinnen bezogen sich mehr auf ihre persönlichen Merkmale als auf ihre fachlichen Erfahrungen. Politiker dominierten die Wahlberichterstattung in Radio- und Fernsehprogrammen. Einige Untersuchungen zeigten auch, dass Kandidatinnen öfter als Kandidaten – entgegen dem Trend zur personalisierten Politik – statt mit ihren individuellen Eigenschaften und persönlichen Überzeugungen durch kollektive Identitätsmerkmale (Parteizugehörigkeit) charakterisiert wurden (Estonia, 2004; Italy, 2004).
- Die italienische Untersuchung "Donne Lavoro e TV – La rappresentazione femminile nei programmi televisivi" (CNEL, 2003, S. 226) zur Darstellung von Frauen in fiktionalen und Infotainment-Programmen in drei italienischen Sendern (Rai, Mediaset and La7) während einer Stichproben-Woche im Jahr 2001 (162 Programme; inländische Programme 22.8%, USA 64.8%, andere 12.3%) kam zu dem Ergebnis, dass Frauen sowohl unterrepräsentiert waren (quantitative Analyse) als auch im Vergleich mit Männern in der Kategorie "potenti" (die Mächtigen), die sich auf Politiker/innen sowie auf politische und geistige Führung bezog, an den Rand gedrängt wurden (qualitative Analyse). In drei anderen Kategorien, "berühmte Menschen", "Fachleute" (außer Sportler/innen) und "normale Leute", war die Repräsentanz von Frauen und Männern ausgewogen.

- Ein italienischer Bericht untersuchte Stereotype der Geschlechterrollen in italienischen Infotainment-Talkshows während des Europa-Wahlkampfes 2004 und kam zu dem Ergebnis, dass die Anwesenheit von Frauen dort hauptsächlich repräsentative Gründe hatte (z. B. fünf oder sechs Männer gegenüber einer Frau in einer Talk-Show) (Italy, 2004, S. 77).
- Eine Untersuchung zur Berichterstattung (Zeitungen, Zeitschriften, und Fernsehen) im Vorfeld (1.7.2003-15.4.2004) der Bundespräsidentenwahl in Deutschland im Mai 2004 zeigte, dass Horst Köhler, der Kandidat von CDU und FDP, deutlich mehr Medienbeachtung erhielt (70%) als seine Gegenkandidatin Gesine Schwan (30%), die Kandidatin von SPD, Grünen und PDS. Die Beschreibungen Köhlers durch die Medien fielen jedoch negativer aus als die von Schwan: Nur 30 Prozent der Berichte über Köhler waren positiv, 20 Prozent dagegen negativ. Andererseits waren 45 Prozent der Berichte über Schwan positiv, während nur 3,5 Prozent negativ waren (Rettich, 2004).
- Das Vorkommen von Politikerinnen und Politikern bei zwei der größten italienischen Sendeanstalten, RAI und Mediaset (mit insgesamt sechs TV-Kanälen), zeigt ein signifikantes Missverhältnis. Im Jahr 2002 bedachten die sechs Fernsehkanäle Politikerinnen mit 79 Stunden Sendezeit (7,5%), verglichen mit 999 Stunden Sendezeit (92,5%) für Politiker. Zwischen den öffentlich-rechtlichen und den kommerziellen Sendern gab es keinen wesentlichen Unterschied. Silvio Berlusconi, der prominenteste der männlichen italienischen Politiker, erhielt eine Gesamtsendezeit von 10.331 Minuten. Das ist mehr als das Doppelte der Zeit (4.751 Minuten), die allen zehn prominentesten Politikerinnen zusammen gewährt wurde. Die erste davon, Letizia Moratti, erhielt 406 Minuten Sendezeit. Interessanterweise zeigt die Studie auch, dass Frauen öfter in Programmen vorkamen, die sich nicht hauptsächlich mit Politik befassten: Am wenigsten traten Frauen in den Nachrichtensendungen auf (1,5% Fernsehzeit) und am meisten in Unterhaltungsprogrammen (18%). (Osservatorio di Pavia, 2005)
- Eine holländische Untersuchung zur Fernsehberichterstattung (Nachrichten und Aktuelles) über Politikerinnen und Politiker auf führenden Listenplätzen ihrer Parteien für die Parlamentswahlen im Jahr 2003 zeigt, dass die Kandidaten der Parteien mehr als doppelt so viel Sendezeit erhielten wie die Kandidatinnen in derselben Position (ein Grund

dafür könnte, neben dem Geschlecht, auch sein, dass diese Kandidaten aus den größeren Parteien stammten). Die am meisten gezeigte Spitzen-Kandidatin einer Partei war Femke Halsema mit 9,5 Prozent, während die Politiker auf Spitzenplätzen Wouter Bos 20 Prozent und Jan Peter Balkenende sowie Gerrit Zalm beide 15 Prozent Sendezeit erhielten (Wierstra, 2003).

Gesundheit und Bildung sind "Frauen-Themen"

Eine der am meisten diskutierten Fragen ist die Themenauswahl bei den Nachrichten, die Auswahl der Inhalte, über die berichtet wird. Dabei wird gewöhnlich zwischen harten und weichen Nachrichten unterschieden. Weiche oder "weibliche" Nachrichten sind soziale Themen, Verbraucherfragen, Gesundheit, Bildung, Kinderbetreuung und die Umwelt. Harte oder "männliche" Nachrichten beziehen sich auf Politik, Wirtschaft, Militär, Technologie, Wissenschaft und Verbrechen. Seit der Boulevardisierung oder Popularisierung der Nachrichten in den 90er Jahren genießen die weichen Nachrichten höhere Priorität (aber auch Sport, Unfälle, und Verbrechen). Wenn man sich heute die Schlagzeilen oder die Reihenfolge der Themen in Nachrichtensendungen betrachtet, dann haben immer noch die "männlichen" Nachrichten einen höheren Stellenwert als die "weiblichen" Nachrichten. Die "weichen" Themen werden als frauenaffiner angesehen als die "harten" Themen (Spears & Seydegart, 2000). Genauso wie Frauen eher über "weiche" Themen berichten, so kommen sie auch im Zusammenhang mit Themen wie Gesundheit (29%), Bildung (29%) sowie Kunst und Unterhaltung (35%) öfter als Interviewte oder handelnde Person vor. Bei Berichten über internationale Krisen (11%), Krieg (11%), Politik und Regierung (12%), Sport (12%) sowie Wirtschaft und Unternehmen (17%) sind sie weniger vertreten.

Norris (1997) führt diese qualitativen Unterschiede in der Berichterstattung über Frauen und Männer zurück auf die verbreitete Annahme, Männer könnten in den "harten" Themenfeldern wie Wirtschaft und Außenpolitik besser agieren, während Frauen besser abschneiden bei innenpolitischen Themen wie Bildung und Soziales, die ein gewisses Maß an Mitgefühl erfordern. Ähnliche Auffassungen spiegeln sich in Berichten wieder, in denen Reporter/innen Männer als stark und Frauen als sensibel darstellen.

- Mehrere Untersuchungen zur Berichterstattung von Zeitungen über Kandidatinnen während der Wahlen für den US-Senat und die Gouverneurswahlen in den 80er und 90er Jahren zeigen, dass über die Kandidatinnen weniger themenbezogen berichtet wurde. Im Gegensatz zu Kandidaten wird in den Nachrichtenmedien über die politischen Positionen und Erfolge von Kandidatinnen weniger berichtet (Devitt, 1999; Kahn, 1994; Kahn, 1996). Dies geschieht trotz der Tatsache, dass im Gegensatz zu Kandidaten gerade Kandidatinnen in ihren Kampagnen schwerpunktmäßig auf Themen setzen (Kahn, 1994). Wenn aber über sachbezogene Positionen von Kandidatinnen berichtet wurde, dann waren dies eher Themen wie Bildung als Fragen der Wirtschaft und Außenpolitik.
- Carroll und Schreiber (1997) ermittelten eine positive Grundeinstellung mit wenigen Anhaltspunkten für Vorurteile und Trivialisierungen. Dennoch vermittelt nach ihrer Beobachtung die allgemeine Berichterstattung den Eindruck, Frauen seien in der Legislative ausschließlich in Bereichen wie Gesundheit und Abtreibung aktiv. Ihre Beiträge in anderen Sachgebieten würden dagegen nicht erwähnt.
- Eine europäische Vergleichsstudie in den Ländern Dänemark, Estland, Italien und Lettland unterstrich, dass in der Presse und im Fernsehen die traditionelle Aufteilung nach Frauen- und Männer-Themen immer noch gilt. Den Frauen werden Themen wie menschliche Beziehungen, Gesundheit und soziale Fragen sowie Familie zugeordnet, während den Männern Inhalte aus Politik, Wirtschaft usw. zugewiesen werden (dazu Brikse, 2004).
- Als sich Hillary Clinton während ihres Wahlkampfes für einen Sitz im US-Senat traditionsgerecht als Unterstützerin und in einer an "weichen Nachrichten" orientierten Rolle präsentierte – sich demnach dem "korrekten" weiblichen Verhalten anpasste – wurde sie mit positiver Berichterstattung belohnt. Die Berichte, in denen Clinton politisch handelnd vorkam, und die Berichte, deren Augenmerk dem Rennen um den Einzug in den Senat galt, enthielten sowohl eine größere Anzahl negativer Aussagen als auch einen negativeren Grundtenor (Scharrer, 2002).
- Eine quantitative Studie über die politischen Fernsehnachrichten in Italien (RAI and Mediaset) in 2002 zeigte, dass sich Politikerinnen am meisten mit Bildung befassten (31,1%). Andere, typisch für oder aus-

schließlich den weiblichen Kandidaten zugeordnete politische Themen waren künstliche Befruchtung, Kinderbetreuung und Frauenfragen. Umgekehrt wurden Politikerinnen selten über die mehr "klassischen" politischen Themen wie die Entwicklung der Parteien, internationale Krisen oder die Wirtschaft befragt oder interviewt (Osservatorio di Pavia, 2005).

- Eine quantitative Studie zur Berichterstattung über die Parlamentswahlen in der Schweiz in 2003 zeigte, dass Kandidatinnen in den Gebieten Bildung, Kultur und Geschlechterfragen deutlich und in Fragen der Sozialpolitik etwas überrepräsentiert waren. Andererseits waren die Schweizer Politikerinnen in den Sachgebieten der EU- und der Außenpolitik sowie der Landwirtschaft deutlich und in der Sicherheitspolitik leicht unterrepräsentiert (Hardmeier & Klöti, 2004).

Ehefrau und Mutter

"Nie war es richtig. Wenn du verheiratet warst, dann hast du ihn vernachlässigt. Wenn du verwitwet warst, dann hast du ihn umgebracht. Wenn du geschieden warst, dann hast du ihn nicht halten können. Und wenn du ledig warst, dann konntest du gar keinen Mann abkriegen."
(US-Senatorin Barbara Mikulski, zitiert in Lawrence, 2002)

"Politikerinnen werden nach ganz anderen Dinge gefragt. Ich habe noch nie eine Titelseite gesehen, auf der Brian Mikkelsen seinen Alltag meistert. Und er ist im Folketing derjenige mit den meisten Kindern."
(Dänische Politikerin, interviewt in Moustgaard, 2004, S. 20)

Die GMMP-Resultate bestätigen die Neigung der Medien, Frauen in Bezug auf ihren Ehestand oder ihren Familienstatus und Männer viel öfter in Bezug auf ihren Beruf oder ihre gesellschaftliche Stellung zu beschreiben. Im Jahr 2000 wurde bei 21 Prozent der Frauen und 4 Prozent der Männer auf ihren Ehe- oder Familienstand hingewiesen. In Politik und Regierungen wurden 17 Prozent der Frauen und 1 Prozent der Männer mit ihrem Familienstand identifiziert. Nur in einer Kategorie, als Hausfrau und Elternteil, stellten Frauen die Mehrheit: 81 Prozent der befragten Frauen gaben als ihren Beruf Hausfrau/Elternteil an. Als interviewte Politikerin (10%), Wissenschaftlerin (12%) oder Sportlerin (9%) kamen sie seltener vor. 44 Prozent derer, die keinen Beruf angaben, waren Frauen (Spears & Seydegart, 2000). Die Tatsache, dass Journalist/innen dazu neigen, sich bei Politikerinnen mehr auf das Privatleben zu konzentrieren, wird breit diskutiert. Die vorwiegende Beschäftigung mit der Mutterschaft oder dem Familienstand von Politikerinnen führt zur Trivialisierung und "Verdammung", wenn die gleichen Kriterien bei der Beurteilung männlichen Kollegen nicht angewendet werden (Fountaine & McGregor, 2002). So spiegelt die Aufmerksamkeit der Medien hinsichtlich des Familienstands von Politikerinnen das in der Gesellschaft noch immer vorhandene zweierlei Maß wider, wenn es um die Beurteilung ihrer Fähigkeit geht, die berufliche und private Rolle in Einklang zu bringen (Bystrom, Robertson & Banwart, 2001). Dies wird bei den vielen Gelegenheiten offensichtlich, bei denen Journalist/innen darüber lamentieren, dass Politikerinnen ihre Kinder "vernachlässigen" (Brikse, 2004, S. 26; van Zoonen, 1998; 2005).

Für Politiker/innen ist es nichts Außergewöhnliches, ihren Wahlkampf mit Familienwerten zu führen. Es ist aber auch nicht ungewöhnlich, dass diese Strategie fehlschlagen kann. Während der finnischen Präsidentschaftswahlen in 2000 wurde der Ex-Premierminister und Präsidentschaftskandidat Esko Aho (verheiratet und vier Kinder) von den finnischen Medien als der "mobile Papa" verspottet, weil er in seinem Wahlkampf zwar konservative Familienwerte hochhielt, seinen eigenen väterlichen Pflichten aber nur mit dem Mobiltelefon nachkam. Seine einzige ernsthafte Herausforderin, die schließlich die Wahl gewann, war Tarja Halonen, die wegen ihres Status als alleinerziehende Mutter nicht angegriffen wurde.

- In einigen Ländern gibt die Mutterschaft politisch engagierten Frauen die Legitimation, ihre Meinungen zu äußern, da sie der Gesellschaft ja schon "ihren traditionellen Tribut geleistet" haben. Lemish und Tidhar (1999) haben zum Beispiel herausgefunden, dass alle Parteien in ihren im israelischen Fernsehen ausgestrahlten Kampagnen für die nationalen Wahlen in 1996 "Frauen als Mütter" als tonangebende Botschaft verwendeten: Es wurden Frauen mit Kleinkindern auf dem Arm gezeigt und Mütter, die über ihre eigenen Kinder und über Kinder im Allgemeinen sprachen. Die Frauen sprachen in der Rolle als Mutter über Frieden, Bildung, Gleichberechtigung, Zukunft, Militärdienst, Armut und Religion.

- "Familie" als Etikett bzw. "Schublade" hat in der politischen Berichterstattung für Politikerinnen und Politiker unterschiedliche Auswirkungen. In der Regenbogenpresse sind die Hauptthemen in Bezug auf Politiker wie für Politikerinnen deren Familienleben und Liebesaffären. Bei Politikerinnen stellt die Regenbogenpresse die Familienrolle als problematisch dar: Die Familien von Politikerinnen leiden unter deren Ehrgeiz. Im Vergleich dazu sehen die Familien der Politiker diese zwar auch wenig, aber ihre Treue wird als heroisch und als Unterstützungsleistung für die politische Karriere des Mannes gedeutet. Die Berichterstattung über die holländische Politikerin und Ministerin Neelie Smit-Kroes konzentrierte sich zum Beispiel auf ihre Abweichung vom "normalen" Familienleben. Als sie aus dem politischen Leben ausschied, wurde ihr 19jähriger Sohn von einem Regenbogenblatt interviewt und wie folgt zitiert: "Endlich habe ich meine Mutter wieder", was zeigt, dass das Alter der Kinder, die für eine politische Karriere geopfert wurden, nicht unbedingt wichtig ist (van Zoonen, 2005).
- Im Rennen um die Wahlen zum amerikanischen Senat und Repräsentantenhaus im Jahr 2000 enthielten die Berichte während der Vorwahlen wie des eigentlichen Wahlkampfes bei den Kandidatinnen deutlich mehr Hinweise zum Geschlecht, zu Kindern und zum Ehestand als bei deren männlichen Gegenspielern. Wurden diese Themen während des Vorwahlkampfs mit Kandidaten verbunden, was selten der Fall war, so spielte das während des allgemeinen Wahlkampfes fast keine Rolle mehr (Banwart, Bystrom & Robertson, 2003).
- Ein estländischer Bericht (Estonia, 2004) über die Darstellung von Politikerinnen in der nationalen Presse stellt fest, dass die Medien dazu neigen, Mutterschaft und politische Karriere als sich gegenseitig ausschließend darzustellen, zum Beispiel indem sie Fälle von "vernachlässigten" Kleinkindern hervorheben.
- Die Kandidatin für das Amt des Ministerpräsidenten in Baden-Württemberg 2004, Annette Schavan, erhielt negative Presseberichte, weil sie unverheiratet ist. Es wurde ihr auch unterstellt, sie sei lesbisch (was sie bestritt). Sie unterlag dem männlichen Kandidaten (Schwarzer, 2005).
- Geschlechtsgebundene Unterschiede in der Berichterstattung über Politiker/innen ziehen sich bis hinein in "Nachrufe". In den finnischen Medien wurde die ermordete schwedische Außenministerin Anna

Lindh hauptsächlich als fürsorgliche Mutter dargestellt, deren Kinder trotz ihrer brillanten Karriere immer zuerst kamen (Pantti, 2005).

Stil vor Substanz

Für gewöhnlich sieht sie großartig aus. Wenn Gitte Seeberg im gelben Blazer und kurzen Rock mit hohen Schuhen und dem blonden Ponyhaarschnitt durch die Korridore Christiansborgs gleitet, dann gehen überall die Lichter an. An diesem Nachmittag, im Garten des Gl. Holte, ist der Stil jedoch ein völlig anderer. Die hochhackigen Schuhe wurden gegen ein Paar Kunststoffsandalen, der Rock gegen Shorts und der Blazer gegen ein T-Shirt getauscht.

Dies ist die Einleitung zu einem Artikel über die konservative Politikerin Gitte Seeberg in der dänischen Zeitung *Aktuelt* (22. Juli 1999), und laut Ulrikke Moustgaard (2004, S. 31) ist das keine Ausnahme. Ganz im Gegenteil: Dänische Zeitungen verwenden oft Beschreibungen über das Äußere von Politikerinnen – Kleidung, Blick, Frisur etc. – um der Öffentlichkeit etwas über die Arbeit von Politikerinnen zu vermitteln. Untersuchungen haben ergeben, dass die Medien bei Politikerinnen mehr als bei Politikern zu einer geschlechterbezogenen Beurteilung des Stils und des Äußeren neigen (u. a. Ross, 2000). Das geschieht auf Kosten dessen, was sie eigentlich zu sagen haben: Solche Zuordnungen führen dazu, dass Frauen und ihre Leistungen trivialisiert werden. Während des ersten Staatsbesuches der finnischen Präsidentin Tarja Halonen in Schweden waren die Medien zum Beispiel mehr interessiert an ihrem schlichten Aussehen und an ihrem angeblich schlechten modischen Geschmack, insbesondere an ihrer großen Handtasche (die den Spitznamen "muuminmamma" ([Moomin-Mom]) erhielt), als an der Substanz, den eigentlichen Themen ihres Besuches.

- Ross (2000) untersuchte die Erfahrungen britischer, australischer und südafrikanischer Politikerinnen mit den Medien und fand heraus, dass die Politikerinnen überzeugt davon sind, ihr Aussehen sei der von der Presse am meisten beleuchtete Aspekt ihres Lebens und dass das mehr auf Politikerinnen zutrifft als auf deren männliche Kollegen: "Ich weiß nicht, ob es Absicht oder so tief verwurzelt ist, aber das Aussehen einer Frau wird immer kommentiert, ihr Alter wird kommentiert, ihr Kleidungsstil wird kommentiert. So etwas passiert männlichen Politikern

nie, es sei denn, sie beabsichtigen ihren Stil besonders herauszustreichen. Doch dann werden sie als extreme Ausnahmen dargestellt, welche wiederum die Regel bestätigen." (MP in der Studie von Ross).
- Devitt (1999) fand bei einer Untersuchung der Presseberichte während des US-Gouverneurswahlkampfes heraus, dass die Presse den persönlichen Attributen der Kandidatinnen mehr Beachtung schenkte als bei den Kandidaten (zum Beispiel: "Eine großmütterlich aussehende Rothaarige in einem feinen Anzug steigt aus dem Fond eines Autos und schlendert ins Hotel. Falls jemand die Gouverneurin Jane Hull erkannt hat, so lässt er sich nichts anmerken." [*Arizona Republic*, November 1, 1998]). Im Gegensatz dazu konzentrierte sich die Berichterstattung über Männer auf die professionellen Aspekte. Das heißt, ihre Erfahrungen, Leistungen und Standpunkte in Bezug auf das jeweilige Thema wurden herausgestrichen. Devitts zufolge wird die Öffentlichkeit, der nur die Kleidung der Kandidatin beschrieben wird, wenige Vorstellungen von den Positionen der Kandidatin zu politischen Themen haben. Kandidatinnen seien durch diese Berichterstattung gegenüber den männlichen Kandidaten benachteiligt, weil bei diesen ihre Eignung für das Amt und ihre politischen Ansichten eine größere Rolle spielen.
- Piper-Aiken (1999) entdeckte, wie die Presse den Kleidungsstil von US-Außenministerin Madeleine Albright kommentierte, ähnliche Beschreibungen ihrer männlichen Gegenparts aber generell unterließ.

Geschlechtsorientierte Sprache: Männer sprechen, Frauen plärren

Wissenschaftler haben Unterschiede herausgefunden in der Art und Weise, wie über Statements und Reden von Politikerinnen und Politikern berichtet wird und wie sie in den Medien zitiert werden. Das ist deswegen von Bedeutung, weil eine nicht-neutrale Rede, genau wie bei der Fokussierung auf Kleidung und Frisur, die Aufmerksamkeit von dem "was gesagt wurde" zu dem "wie es gesagt wurde" verschiebt, was für einen negativen Effekt sorgt, und zwar besonders bei Wählerinnen (Gidengil & Everett, 2003).

- Gidengil and Everitt (2000) kamen zu dem Schluss, dass in der Fernsehberichterstattung über weibliche kanadische Spitzenkräfte deren State-

ments häufiger "gefiltert" wurden: Das heißt, dass ihre Aussagen häufiger paraphrasiert und indirekt wiedergegeben wurden als die der Männer.
- Ein weiterer Befund ist, dass die Reden von Politikerinnen in einem negativeren und aggressiveren Ton kommentiert werden als die Reden ihrer männlichen Kollegen. Bei der Übertragung von Fernsehdebatten kanadischer Führungspersönlichkeiten (1993, 1997, 2000) wurden die Frauen nicht nur häufiger als angriffslustig dargestellt als ihre Gegenüber, sondern auch häufiger, als es ihrem tatsächlichen Verhalten in der Debatte entsprach (Gidengil & Everett, 2000; 2003; ebenso Ross & Sreberny, 2000, S. 90).
- In der Fernsehberichterstattung zu den kanadischen Wahlen von 1993 und 1997 wurden die Reden von Politikerinnen mit weniger neutralen Verben (sagen, erzählen, sprechen) bedacht als die ihrer männlichen Gegenspieler. Verben, die nur in den Berichten über die Reden von Frauen, aber nie in den Berichten über Reden von Männern vorkamen, waren unter anderen: vernichten, zuschlagen, angreifen und beschuldigen (Gidengil & Everett, 2003).
- Zitate von Bewerberinnen um US-Gouverneursposten wurden 1998 viel weniger von Belegen oder Argumenten unterstützt als die ihrer männlichen Gegenkandidaten. Zeitungsreporter/innen zitierten Kandidatinnen in geringerem Maß als Kandidaten und verringerten somit ihre Chancen, die Wählerschaft direkt zu erreichen. Weil die Kandidaten mit ihren Forderungen öfter als die Kandidatinnen mit ihren Forderungen zitiert wurden, hätten sie informierter und auch qualifizierter gewirkt (Devitt, 1999).
- Präsidentschaftskandidatin Elizabeth Dole wurde in der Presse anders zitiert als ihre männlichen Rivalen der Republikaner. Ihre öffentlichen Äußerungen wurden viel weniger zitiert und ihre Aussagen wurden viel öfter paraphrasiert als die Aussagen anderer. Dole wurde zum Beispiel zu 44,5 Prozent direkt zitiert im Vergleich zu 56 Prozent bei Bush, 63 Prozent bei McCain und 67 Prozent bei Forbes (Aday & Devitt, 2001).

Negative geschlechtsgebundene Unterscheidungen, Etikettierungen/Frames und Metaphern

Untersuchungen zur politischen Berichterstattung zeigen, dass Frauen viel öfter als Männer einer geschlechtsgebundenen Etikettierung unterliegen.

Eine geschlechtsgebundene Unterscheidung ist dann negativ, wenn das Geschlecht als Hindernis beschrieben wird. Im Gegensatz dazu werden Männer öfter als Frauen mit geschlechtsneutralen Begriffen beschrieben, bei denen das Geschlecht der Person für die Darstellung irrelevant ist (z. B. Jamieson, 1995). Pippa Norris (1997) hat nachgewiesen, dass bei Politikerinnen stets das Geschlecht das primäre Beschreibungsmerkmal ist. Danach belegen die Medien Spitzenpolitikerinnen gleichermaßen mit dem Etikett der Außenseiterin wie mit der Rolle derjenigen, die zuständig für Veränderungen sind (die, die in der schmutzigen Politik aufräumen). Im Mittelpunkt vieler dieser Berichte stand der politische Durchbruch von Frauen. Dabei wurde oft der vermeintlichen Mangel herkömmlicher Qualifikation und politischer Erfahrung hervorgehoben. Auch wurden die Fähigkeiten und Erfahrungen weiblicher Führungspersonen unterbewertet, wobei das, was als Qualifikationsmerkmal angesehen wurde, sich an denen Merkmalen ehemaliger männlicher Spitzenpolitiker orientierte.

Männliche Stereotypen dominieren die politische Metaphorik. In einer Kolumne der *New York Times* (31. März 1999, zitiert in Aday & Devitt) wurde zum Beispiel Elizabeth Doles Fähigkeit in Frage gestellt, Oberster Kommandeur der Streitkräfte zu sein, weil "sie die Farbe ihrer Schuhe gerne mit der Farbe des Teppichs auf dem Podium abstimmt". Gidengil und Everitt (1999) betrachten die Anwendung konventioneller politischer Etikettierungen bzw. Frames wie die Metaphern aus der Kriegsführung und dem Sport auf Frauen als eine subtilere, aber wirkungsvollere Form des Vorurteils als die Beschäftigung mit "weiblichen" Charakteristika. In ihrer Analyse der Streitgespräche kanadischer Spitzenpolitiker/innen im Jahr 1993 kamen sie zu dem Schluss, dass "was bei Männern als kämpferisch und positiv bewertet wird bei Frauen als aggressiv angesehen und somit negativ bewertet wird" (S. 62). Dies ist nur ein Beispiel für die widersprüchlichen Erwartungen, die von so vielen Medienkritikerinnen festgestellt werden: Kämpferisch auftretende Kandidatinnen erscheinen unweiblich und deshalb inakzeptabel, feminine Frauen dagegen gelten als ungeeignet.

Um dem entgegen zu wirken und um zu beweisen, dass sie doch in die traditionell maskuline Welt der Politik gehören, versuchten einige Frauen, die sich um ein öffentliches Amt bewarben, stereotype männliche Eigenschaften heraus zu stellen und bezogen besonders harte Positionen, um ihre Stärke zu demonstrieren. Diese Strategie des "harten Argumentierens" kann jedoch fehlschlagen, wenn die Medien sich auf dieses so anti-stereotype

Verhalten "einschießen". Wenn Frauen konform mit diesen dominanten konfliktträchtigen Verhaltensmustern agieren, konzentrieren sich die Medienberichte unverhältnismäßig stark auf ihr konfliktorientiertes (unweibliches) Verhalten. Wenn sie sich aber nicht diesen Normen anpassen, dann erlahmt die Aufmerksamkeit der Medien (Gidengil & Everitt, 1999; 2000; 2003). Das Resultat ist ein Dilemma: Die Medien marginalisieren Frauen, wenn diese einen konfrontationsfreien Stil anwenden, überbetonen aber ihr nicht-stereotypes Verhalten, wenn sie einen kämpferischen Ton anschlagen (Gidengil & Everitt, 2000). Wenn Politikerinnen ein aggressiveres Verhalten an den Tag legen, dann verstoßen sie gegen tief verwurzelte Vorstellungen davon, wie Frauen sich zu verhalten haben.

- Die Beschreibung von Politikerinnen greift oft auf geschlechtsgebundene Klischees zurück: die alte Jungfer, die Powerfrau, die Frau, die ihren Mann steht, die Hexe und das Aschenputtel (Norris, 1997; Ross & Sreberny, 2000, S. 90).
- Die italienische Untersuchung "Donne Lavoro e TV – La rappresentazione femminile nei programmi televisivi" (CNEL, 2003) über den Anteil von Frauen in fiktionalen und Infotainment-Programmen der drei italienischen Medienanstalten (Rai, Mediaset und La7) im Jahr 2001 wies nach, dass arbeitende Frauen tendenziell weniger positiv dargestellt wurden als Frauen, die nicht arbeiten (bei Männern findet genau das Gegenteil statt). Insbesondere berufstätige Frauen in hohen Positionen werden mit negativen Attributen wie Selbstsucht, Zynismus, Unfreundlichkeit und Unredlichkeit charakterisiert.
- In der estländischen Presse werden Kandidatinnen als emotionaler, labiler und empfindlicher als Männer dargestellt (Estonia, 2004).
- Auf Frauen, die schon lange in der Politik sind oder einen hohen politischen Status erreicht haben, werden diese traditionellen Klischees eher weniger angewendet (Brikse, 2004; Latvia, 2004).
- Brikse (2004) kommt in einer Vergleichsstudie zu den Ländern Dänemark, Estland, Italien und Lettland zu dem Schluss: Von Politikerinnen wird erwartet, dass sie "außergewöhnlich" sind, nicht "eine von uns", sondern "eine unserer Besten". Laut Brikse kann diese geschlechtsgebundene Erwartung zu einer Kluft zwischen Politikerinnen und normal Sterblichen führen: Durch das kritische Infragestellen und Beurteilen von Politikerinnen werde immer wieder demonstriert, wie exzellent die

Politikerinnen als Person sind. Ebenso sieht Norris (1997) eine Gefahr, wenn Politikerinnen sozusagen mit Heiligenschein dargestellt werden, da solche hochgeputschten Erwartungen höchstwahrscheinlich zu Enttäuschungen führen.

- Eine dänische Untersuchung (Moustgaard, 2004) zur Zeitungsberichterstattung über Politikerinnen fand ein großes Repertoire von archetypischen oder stereotypen Frauenbildern (die Mutter, die Blonde, die Lehrerin, die Eiserne Lady, die Hexe, die Eiskönigin, die Verführerin, die alte Schachtel). An der äußeren Erscheinung machen sich typischerweise solche Klischees fest. Hier ein Beispiel zur Lehrerin: "In ihrer Wortwahl ist sie staubtrocken. Sie kennt die Kontoführung, das kulturelle Leben, Umweltthemen und den DAU-Ausgleich in- und auswendig. Sie ist die strenge Lehrerin, die den Kindern der Blumenkinder in der Schule gefehlt hat. Aber es ist eine merkwürdige Welt; jetzt können diese sie wählen. Es gibt keinen Grund anzunehmen, dass Marianne Jelved schlauer ist als irgendein anderer Spitzenpolitiker, aber wenn man sie im Fernsehen sieht, dann wird man das Gefühl nicht los, dass sie es tatsächlich ist. Denn eine Frau, die in einer so offensichtlich leidenschaftslosen Art argumentieren kann, muss durch andere Dinge motiviert sein – und man ist geneigt zu glauben, dass es ihr Intellekt ist." (Portrait Marianne Jelved in *Berlingske Tidende*, 5. September 2003)

Literatur

Aday, S., & Devitt, J. (2000). *Style over substance. Newspaper coverage of female candidates: Spotlight on Elizabeth Dole.* http://www.thewhitehouseproject.org/research/Style-substance_Dole_report.pdf

Aldridge, M. (2001). Confessional culture, masculinity and emotional work. *Journalism, 28,* 91-108.

Aslama, M., & Jääsaari, J. (2004). Sillä silmällä. Naiset, populaari politiikka ja mediajulkisuus [Women, Popular Politics and Media Publicity]. *Naistutkimus-Kvinnoforskning,* (4).

Banwart, M. C., Bystrom, D. G., & Robertson, T. (2003). From the primary to the general election. A comparative analysis of candidate media coverage in mixed-gender 2000 races for Governor and U.S. Senate. *American Behavioral Scientist, 46,* 658-676.

Bird, E. (2000). Audience demands in a murderous market: tabloidization in U.S. television news. In C. Sparks & J. Tulloch (Hrsg.), *Tabloid tales. Global debates over media standards* (S. 213-228). Lanham, MD: Rowman & Littlefield.

Boscagli, M. (1992/1993). A moving story: Masculine tears and the humanity of televised emotions. *Discourse, 15*(2), 64-79.

Bourdieu, P. (1998). *On television and journalism.* London: Pluto Press.

Braden, M. (1996). *Women politicians and the media.* Lexington, KY: The University of Kentucky Press.

Brikse, I. (2004). *The role of the mass media in the (re)distribution of power. A comparative report.* Report for the project "Mass media in the (re)distribution of power" funded by the European Union in terms of the Community Framework Strategy on Gender Equality (2001-2005).

Bystrom, D. G., Robertson, T. A., & Banwart, M. C. (2001). Framing the fight: An analysis of media coverage of female and male candidates in primary races for Governor and U.S. Senate in 2000. *American Behavioral Scientist, 44,* 1999-2013.

Carroll S. J., & Schreiber, R. (1997). Media coverage of women in the 103rd Congress. In P. Norris (Hrsg.), *Women, media and politics* (S. 131-148). New York: Oxford University Press.

CNEL. (2003). *Donne Lavoro e TV – La rappresentazione femminile nei programmi televisivi.* CNEL (Consiglio Nazionale dell'Economia e Lavoro). Observatory of Pavia. http://81.208. 28.44/ Portale/ Docmenti.nsf/vwPerChiave/C1256BB30040CDD7C1256BE60031A F2A/$FILE/DONNE%20LAVORO%20TV.pdf

Corner, J. (2003). Mediated persona and political culture. In J. Corner & D. Pels (Hrsg.), *Media and the restyling of politics* (S. 67-84). London: Sage.

Corner, J., & Pels, D. (Hrsg.) (2003). *Media and the restyling of politics.* London: Sage.

Devitt, J. (1999). *Framing gender on the campaign trail women's executive leadership and the Press.* http://www.annenbergpublicpolicycenter.org/04_info_society/women_leadership/ca mpaigntrail/wlfstudy.pdf

Eie, B. (1998). Who speaks in television? A comparative study of female participation in television programmes. *Oslo: NRK.*

Esser, F. (1999). 'Tabloidisation' of news. A comparative analysis of Anglo-American and German press journalism. *European Journal of Communication, 14,* 291-325.

Estonia. (2004). Mass media in (re)distribution of power. Ministry of Social Affairs of the Republic of Estonia. Report for the project "Mass media in the (re)distribution of power" funded by the EU in terms of the Community Framework Strategy on Gender Equality (2001-2005). http://www.medijuprojekts.lv/uploaded_files/5_Estonia_Res Report_media_ENG.pdf

EU. (2005). *Database on women and men in decision-making.* http://europa.eu.int/comm/employment _social/women_men_stats/measures_in41_en.htm

Fountaine, S., & McGregor, J. (2002). Reconstructing gender for the 21st century: News media framing of political. In M. R. Power (Hrsg.), *ANZCA 2002: Australian & New Zealand Communication Association 23rd Annual Conference,* July 10-12, Coolangatta, Queensland. http://www.bond.edu.au/hss/communication/ANZCA/papers/JMcGregorS-FountainePaper.pdf

Furedi, F. (2004). *Therapy culture: Cultivating vulnerability in an uncertain age.* London: Routledge.

Gallagher, M. (2001). *Gender setting: New agendas for media monitoring and advocacy.* London: Zed Books.

Gidengil, E., & Everitt, J. (1999). Metaphors and misrepresentation: Gendered mediation in news coverage of the 1993 Canadian leaders' debates. *Harvard International Journal of Press/Politics, 4*(1), 48-65.

Gidengil, E., & Everitt, J. (2000). Filtering the female: Television news coverage of the 1993 Canadian leaders' debates. *Canadian Journal of Political Science, 36*(3), 105-131.

Gidengil, E., & Everitt, J. (2003). Talking tough: Gender and reported speech in campaign news coverage. *Political Communication, 20,* 209-232.

Gitlin, T. (1979). Prime time ideology: The hegemonic process in television entertainment. *Social Problems, 26,* 251-266.

Glynn, K. (2000). *Tabloid culture. Trash taste, popular power, and the transformation of American television.* Durham, NC: Duke University Press.

Hardmeier, S., & Klöti, A. (2004). Doing gender in der Wahlkampfkommunikation. *Frauenfragen,* (2). http://www.frauenkommission.ch/pdf/33_hardmeier_kurz_d.pdf

Heldman, C., Carroll, S., & Olson, S. (2000). Gender differences in print media coverage of presidential candidates: Elizabeth Dole's bid for the Republican nomination. http://www.cawp.rutgers.edu/Research/Reports/dole.pdf

Hitchon, J., Chang, C., & Harris, R. (1997). Should women emote? Perceptual bias and opinion change in response to political ads for candidates of different genders. *Political Communication, 14,* 49-69.

Italy. (2004). *Mass media and the redistribution of power.* Fondazione Giacomo Brodolini. Report for the project "Mass media in the (re)distribution of power" funded by the European Union in terms of the Community Framework Strategy on Gender Equality (2001-2005). http://www.medijuprojekts.lv/uploaded_files/2_Italy_ResReport_ENG.pdf

Jamieson, K. (1995). *Beyond the double bind: Women and leadership.* New York: Oxford University Press.

Kahn, K. (1992). Does being male help? An investigation of the effects of candidate gender and campaign coverage on evaluations of U.S. Senate candidates. *The Journal of Politics, 54,* 497-517.

Kahn, K. F. (1994). The distorted mirror: Press coverage of women candidates for statewide office. *Journal of Politics, 56,* 154-173.

Kahn, K. F., & Goldenberg, E. N. (1991) Women candidates in the news: An examination of gender differences in U.S. Senate campaign coverage. *Public Opinion Quarterly, 55,* 180-199.

Kahn, K. F., & Gordon, A. (1997). How women campaign for the U.S. Senate: substance and strategy. In P. Norris (Hrsg.), *Women, media and politics* (S. 59-76). Oxford: Oxford University Press.

Langer, J. (1998). *Tabloid television. Popular journalism and the "other news".* London: Routledge.

Latvia. (2004). The role of mass media in the (re)distribution of power. Center for Gender Studies, University of Latvia. Report for the project "Mass media in the (re)distribution of power" funded by the European Union in terms of the Community Framework Strategy on Gender Equality (2001-2005). http://www.medijuprojekts.lv/uploaded_files/7_Latvia_ResRep_media_ENG.pdf

Lawrence, C. (2002). Women and influence. *The Age.* http://www.theage.com.au/articles/2002/07/29/1027818505828.html

Lemish, D., & Tidhar, C. E. (1999). Still marginal: Women in Israel's 1996 television election campaign. *Sex Roles, 41,* 389-412.

Lupton, D. (1998). *The emotional self. A sociocultural exploration.* London: Sage.

Macdonald, M. (2000). Rethinking personalization in current affairs journalism. In C. Sparks & J. Tulloch (Hrsg.), *Tabloid tales. Global debates over media standards* (S. 251-266). Lanham, MD: Rowman & Littlefield.

Meijer Costera, I. (2001) The public quality of popular journalism: Developing a normative framework. *Journalism Studies, 2,* 189-205.

Moustgaard, U. (2004). *The handbag, the witch and the blue-eyed blondes: Mass media in (re)distribution of power.* Report for the project "Mass media in the (re)distribution of power" funded by the EU in terms of the Community Framework Strategy on Gender Equality (2001-2005).http://www.medijuprojekts.lv/uploaded_files/1_Denmark_ResReport_ENG.pdf

Mulgan, G. (1990). *The question of quality.* London: BFI.

Norris, P. (1997). Women leaders worldwide: A splash of color in the photo op. In P. Norris (Hrsg.), *Women, media and politics* (pp. 146-165). Oxford: Oxford University Press.

Osservatorio di Pavia. (2005). *La donna invisibile della politica.* http://www.osservatorio.it/cares_visual1.php?ID=0000000028&pos=10&visual=ok&num=3&pub=archivi

Pantti, M. (2005). Masculine tears, feminine tears – and crocodile tears: Mourning Olof Palme and Anna Lindh in Finnish newspapers. *Journalism, 6,* 357-377.

Ramonet, I. (2001). *La tyrannie de la communication.* Paris: Éditions Galilée.

Rettich, M. (2004, Mai). Medienanalyse der Präsidentensuche: Casting Show mit "Horst Wer" und "Gesine Unbekannt". *Politik & Kommunikation,* 48-49.

Ross, K. (2000). *Women behaving badly? Framing gender in political communication.* Paper for the Political Studies Association – UK 50th Annual conference, 10-13 April 2000, London.

Ross, K., & Sreberny, A. (2000). Women in the house: Media representation of British politicians. In A. Sreberny & L. van Zoonen (Hrsg.), *Gender, politics and communication* (S. 79-99). Cresskill, NJ: Hampton Press.

Ross, K., & Sreberny-Mohammadi, A. (1997). Playing house. Gender, politics and the news media in Britain. *Media, Culture and Society, 19,* 101-109.

Ross, K. (2002). *Women, politics, media. Uneasy relations in comparative perspective.* Cresskill, NJ: Hampton Press.

Scharrer, E. (2002). An "improbable leap": A content analysis of newspaper coverage of Hillary Clinton's transition from first lady to Senate candidate. *Journalism Studies, 3,* 393-406.

Sloat, A. (2005). Fixing an old divide: The political participation of women in an enlarged Europe. http://unpan1.un.org/intradoc/groups/public/documents/nispacee/unpan018 544.pdf

Smith, K. B. (1997). When all's fair: Signs of parity in media coverage of female candidates. *Political Communication, 14,* 71-82.

Schwarzer, A. (2005). Die Chronik einer Kampagne. *EMMA,* http://www.emma.de /05_1_ schavan_chronik.html

Schönbach, K. (2000). Does tabloidization make German local newspapers successful? In C. Sparks & J. Tulloch (Hrsg.), *Tabloid tales. Global debates over media standards* (S. 63-74). Lanham, MD: Rowman & Littlefield.

Sparks, C. (2000). The panic over tabloid news. In C. Sparks & J. Tulloch (Hrsg.), *Tabloid tales. Global debates over media standards* (S. 1-40). Lanham, MD: Rowman & Littlefield.

Spears, G., & Seydegart, K., with Gallagher, Margaret (2000). *Who makes the news? Global Media Monitoring Project 2000.* London: World Association for Christian Communication.

Sreberny, A., & Van Zoonen, L. (Hrsg.) (2000). *Gender, politics and communication.* Cresskill, NJ: Hampton Press.

Tomlinson, J. (1997). And besides, the wench is dead: Media scandals and the globalization of communication. In J. Lull, J. & S. Hinerma (Hrsg.), *Media scandals: Morality and desire in the popular culture marketplace* (S. 65-83). London: Polity Press.

Tuchman, G. (1978). The symbolic annihilation of women by the mass media. In G. Tuchman, A. C. Daniels & J. Benét (Hrsg.), *Hearth and home: Images of women in the media* (S. 3-38). New York: Oxford University Press.

Van Cuilenburg, J. (1998). Diversity revisited: Towards a critical rational model of media diversity. In K. Brants, J. Hermes & L. van Zoonen (Hrsg.), *The Media in question: Popular cultures and public interests* (S. 38-49). London: Sage.

Van Dijck, B. (2002). Screening gender: Gender portrayal and programme making routines. United Nations, Division for the Advancement of Women (DAW), Expert Group Meeting on "Participation and access of women to the media, and the impact of media on, and its use as an instrument for the advancement and empowerment of women", Beirut, Lebanon, 12-15 November 2002. http://www.un.org/womenwatch/daw/egm /media2002/reports/EP2VanDijck.PDF

Van Zoonen, L. (1998). A day at the zoo: Politicians, pigs and popular culture. *Media, Culture and Society, 20,* 183-200.

Van Zoonen, L. (2005). *Entertaining the citizen. When politics and popular culture converge.* Lanham, MD: Rowman & Littlefield.

Wierstra, R. (2003). Borsten, Billen, Balkenende. [Breasts, Butts, Balkanende]. *Bureau Beeldvorming en Diversiteit.* http://pics.portal.omroep.nl/upnos/ZqqyscbHC_Borsten_ billen_Balkenende.pdf

Ist die Politik (noch) ein männliches Geschäft?

Beate Hoecker

Die vorgezogene Bundestagswahl vom September 2005 war zweifellos von besonderer Bedeutung, denn erstmals in der Geschichte der Bundesrepublik Deutschland kandidierte mit der Christdemokratin Angela Merkel nicht nur eine Frau für das Kanzleramt, sondern schaffte zugleich den Sprung an die Spitze der Bundesregierung. Dieses durchaus historische Ereignis gibt Anlass zu der Frage, wie es zu Beginn des 21. Jahrhunderts insgesamt um die Verwirklichung der politischen Gleichberechtigung von Frauen in der Bundesrepublik Deutschland steht. Markiert die Wahl von Angela Merkel zur Bundeskanzlerin hier eine Trendwende? Haben Frauen inzwischen in der Tat die gleichen Chancen wie Männer zur Übernahme politischer Ämter und Führungspositionen? Oder ist Politik doch nach wie vor eine männliche Domäne, die eher zufällig bzw. den besonderen politischen wie innerparteilichen Umständen geschuldet eine Kanzlerin hervorgebracht hat?

Um diese Fragen zu beantworten, soll zunächst ein Blick auf die Entwicklung und den aktuellen Stand der institutionellen politischen Beteiligung von Frauen geworfen werden.

1 Bestandsaufnahme: Die institutionelle politische Beteiligung von Frauen

1.1 Frauen als Parteimitglieder

Wer Politik in verantwortlichen Positionen mitgestalten will, kommt an den Parteien nicht vorbei, denn hier beginnt jede politische Karriere. Die Aufgabe, politisches Personal auszubilden und sich durch Aufstellung von Kandidaten/Kandidatinnen an den Wahlen zu beteiligen, fällt nahezu ausschließlich in den Kompetenzbereich der Parteien. Für Frauen allerdings besitzen die Parteien nach wie vor eine nur geringe Attraktivität. Unter den insgesamt

Ist die Politik (noch) ein männliches Geschäft? 53

1,5 Millionen Parteimitgliedern finden sich derzeit (2004) lediglich rund 420.000 Frauen. Damit stellen sie gut ein Viertel aller Parteimitglieder. In den einzelnen Parteien fällt der Frauenanteil allerdings recht unterschiedlich aus, wobei die kleineren Parteien führend sind. Spitzenreiter ist hier die Linkspartei PDS mit einem Frauenanteil von immerhin 45 Prozent. Auch die Bündnisgrünen finden mit rund 37 Prozent unter Frauen hohen Zuspruch. Mit einigem Abstand dann folgen die SPD (30%), die CDU (25%) sowie die FDP (23%). Das Schlusslicht bildet die auf Bayern beschränkte CSU mit einem Frauenanteil von lediglich knapp 18 Prozent (vgl. Tabelle 1). Im Vergleich zu den 1980er Jahren ist der Frauenanteil damit in allen Parteien zwar gestiegen (Ausnahme: FDP), aber seit Mitte der 1990er Jahre bewegt er sich kaum noch nach oben. Insofern hat sich an der innerparteilichen Minderheitenposition von Frauen grundsätzlich nichts geändert.

Tabelle 1: Weibliche Parteimitglieder 1970-2004

			Frauenanteil in Prozent		
Partei	**1970**	**1980**	**1991**	**2000**	**2004**
SPD	17,4	23,1	27,4	29,4	30,2
CDU	13,6	21,0	25,6	25,2	25,2
CSU	10,5	13,2	15,4	17,4	17,9
FDP	17,2	24,6	27,3	24,4	23,3
B90/Grüne	-	ca. 33	ca. 33	37,3	36,7
PDS	-	-	43,9	45,6	45,6

Quelle: Zusammengestellt nach Angaben der Parteigeschäftsstellen

1.2 Frauen als Abgeordnete in den Parlamenten

Jahrzehntelang waren Frauen in allen Parlamenten auf Bundes-, Landes- und Kommunalebene eklatant unterrepräsentiert, und zwar sowohl in Relation zu ihrem Anteil unter den Parteimitgliedern als auch im Vergleich zur weiblichen Bevölkerung. Inzwischen sind Frauen in den Parlamenten jedoch im Durchschnitt besser vertreten als unter den Parteimitgliedern.

Diese Entwicklung ist in erster Linie auf die Umsetzung entsprechender Quotierungsregelungen zurückzuführen. So hat die SPD seit 1990 stufenweise eine Quote für alle Kandidaturen um öffentliche Ämter eingeführt, und heute (seit 1998) muss ein Frauenanteil von 40 Prozent auf den Listen gewährleistet sein. In der CDU beträgt das 1996 beschlossene Quorum ein Drittel. Allein bei den Grünen sowie der PDS ist ein Frauenanteil von 50 Prozent festgeschrieben. FDP und CSU dagegen konnten sich bislang nicht zu einer solchen verbindlichen Frauenförderung durchringen; sie setzen stattdessen auf rhetorische Frauenförderung, wobei substanzielle Erfolge bisher allerdings ausgeblieben sind (vgl. Fuchs, 2006, S. 247; Hoecker, 1998a, S. 125ff).

1.2.1 Kommunalparlamente

Die Kommunalpolitik stellt in Deutschland in der Regel die erste Stufe dar, auf der politisch Aktive außerhalb von Parteien tätig werden; sich hier zu bewähren, ist zudem für einen weiteren Aufstieg eine wichtige Bedingung.

Die Zahl der Frauen in den Kommunalparlamenten hat seit den 1970er Jahren kontinuierlich zugenommen. Lag der durchschnittliche Frauenanteil damals noch bei lediglich 8 Prozent, kletterte er inzwischen auf knapp 25 Prozent. Jeder vierte der insgesamt 46.000 Ratssitze in Gemeinden mit 10.000 und mehr Einwohnern wird somit heute von einer Frau eingenommen (www.städtetag.de, 22.11.2006). Die Statistiken zeigen, dass die kommunale Vertretung von Frauen zugleich abhängig ist von der Gemeindegröße ist: Mit zunehmender Einwohnerzahl steigt auch der Anteil der weiblichen Ratsmitglieder. Dieser Trend wird im Allgemeinen mit einem für Frauen günstigeren politischen Klima in Groß- und insbesondere in Universitätsstädten erklärt (Hoecker, 2002, S. 157).

1.2.2 Länderparlamente

Auf der Länderebene konnten Frauen in den letzten Jahren ihre parlamentarische Repräsentanz erkennbar verbessern. Nach Angaben des Statistischen Bundesamtes betrug der durchschnittliche Frauenanteil in den Länderparlamenten Ende September 2005 insgesamt 31 Prozent (Statistisches Bun-

Ist die Politik (noch) ein männliches Geschäft?

desamt, 2006, S. 76). Zwischen den einzelnen Bundesländern bestehen gleichwohl nach wie vor zum Teil markante Unterschiede (vgl. Abbildung 1). Aktuell finden sich die höchsten Frauenanteile in Bremen (41%) und Schleswig-Holstein (39%), die niedrigsten in Baden-Württemberg (23%) und Bayern (27%).

Abbildung 1: Frauenanteile in den Länderparlamenten 2006 in Prozent

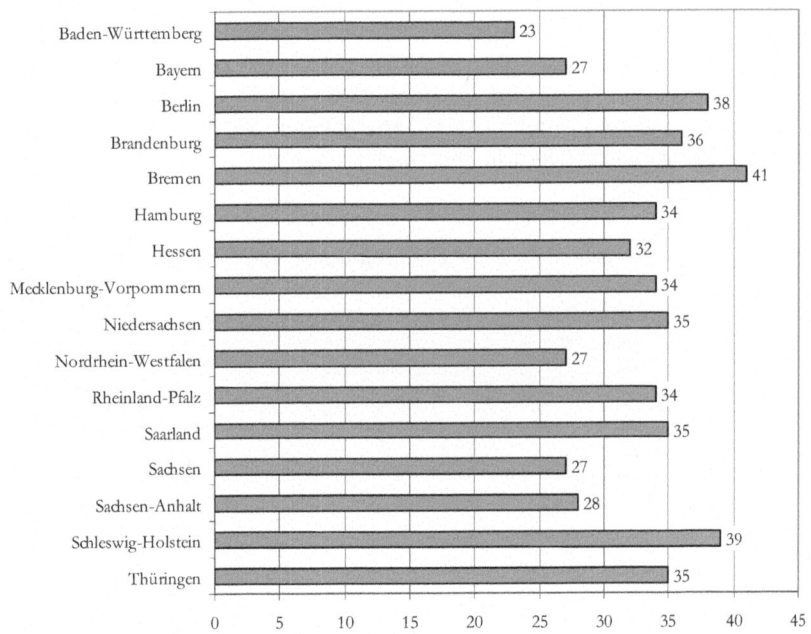

Quelle: Internetseiten der Landesparlamente, Stand 11/06

Differenziert man nach Parteizugehörigkeit, dann zeigt sich, dass SPD, Bündnisgrüne und PDS ihren weiblichen Mitgliedern bei der Mandatsvergabe auf Länderebene offensichtlich größere Karrierechancen bieten als die Union und die FDP. Die Erklärung hierfür liegt vorrangig in der weitgehenden Umsetzung der innerparteilichen Quotierungsregelungen.

1.2.3 Deutscher Bundestag

Der Deutsche Bundestag als das nationale Parlament schließlich ist dem Anspruch, Vertretung des *ganzen* Volkes zu sein, bis heute in keiner Weise gerecht geworden. Von Beginn an war er ein Männerparlament, in das sich nur wenige Frauen "verirrten". Bis weit in die 1980er Jahre bestand der Bundestag zu über 90 Prozent aus Männern; erst die Wahl zum 11. Bundestag 1987 brachte hier eine Wende, denn erstmals gelang es, den Frauenanteil im höchsten bundesdeutschen Parlament auf 15 Prozent zu steigern. Bei den darauf folgenden Wahlen setzte sich dieser positive Trend weiter fort, und der bisherige Höhepunkt der parlamentarischen Vertretung von Frauen, und zwar absolut wie prozentual, wurde 2002 erreicht mit einem Frauenanteil von rund einem Drittel (32,8%). Im jetzigen 16. Bundestag liegt der Anteil der weiblichen Abgeordneten wieder leicht darunter und beträgt rund 32% (vgl. Abbildung 2).

Abbildung 2: Frauenanteil im Deutschen Bundestag 1949-2005 in Prozent

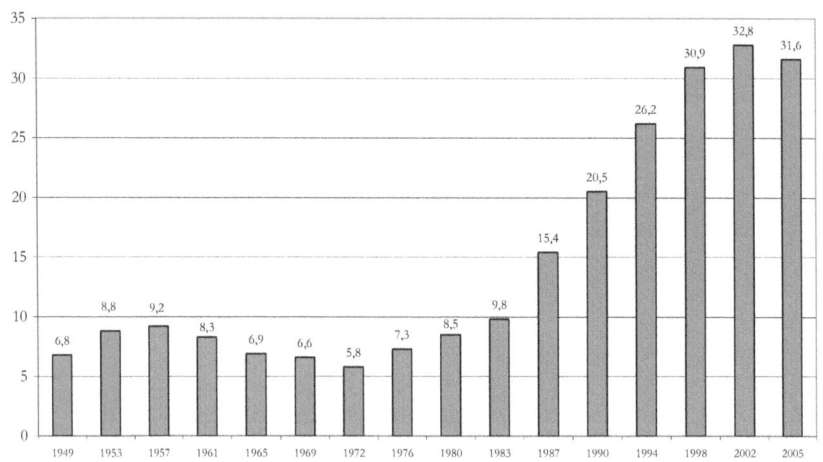

Quelle: Schindler, 1999, S. 635 sowie www.bundestag.de

Die verbesserte Repräsentanz von Frauen im Deutschen Bundestag lässt sich eindeutig auf die SPD, die Grünen sowie – seit der deutschen Vereinigung 1990 – auch die PDS zurückführen, während sich dagegen die Uni-

Ist die Politik (noch) ein männliches Geschäft? 57

onsparteien sowie die FDP auch auf dieser parlamentarischen Ebene deutlich weniger frauenfreundlich zeigen. Das Quorum der CDU wurde 2005 erneut verfehlt, und in der Unionsfraktion sind Frauen aktuell nur zu 20 Prozent vertreten. Aber auch die SPD konnte mit rund 36 Prozent ihre Quote von 40 Prozent nicht vollständig realisieren; demgegenüber stellen Frauen in der Fraktion der Bündnisgrünen weit mehr als die Hälfte der Abgeordneten, in der Fraktion der PDS bzw. Linkspartei immerhin 46 Prozent (vgl. Tabelle 2).

Tabelle 2: Frauen und Männer in den Fraktionen des Deutschen Bundestages (16. WP, 2005)

Fraktion	Frauen	Männer	Gesamt	Frauenanteil in %
SPD	80	142	222	36,0
CDU/CSU	45	181	226	19,9
Grüne	29	22	51	56,9
FDP	15	46	61	24,6
Die Linke	25	29	54	46,3
Gesamt	194	420	614	31,6

Quelle: www.bundestag.de/mdb/mdb-zahlen/frauen.html (13. April 2006)

Im Vergleich der EU-Mitgliedstaaten liegt Deutschland mit seinem nationalen parlamentarischen Frauenanteil derzeit deutlich über dem Durchschnitt von gut einem Fünftel und nimmt damit Platz 7 (von 25) ein (Europäische Kommission, 2006).

1.3 Frauen in den Regierungen

Erstmals zog 1961 eine Frau in das Bundeskabinett ein. Bis Mitte der 80er Jahre dann dominierte das "Gruppenbild mit Dame", das heißt, in der Regel erfolgte die Berufung einer Frau als Ministerin eines zumeist "frauentypischen" Ressorts (z. B. Gesundheit, Jugend, Familie, Bildung). Ab 1987 waren Frauen nicht länger vereinzelt in der Kanzlerriege, sondern es saßen immerhin drei bzw. vier Frauen mit am Kabinettstisch (Hoecker, 1998a, S. 171f). Die bislang höchste Repräsentanz von Frauen ist für das zweite rot-grüne Kabinett von Kanzler Gerhard Schröder (2002-2005) zu verzeichnen, nämlich sechs Ministerinnen und sieben Minister; das entspricht 46 Prozent. In der heutigen schwarz-roten Bundesregierung unter Kanzlerin Merkel dagegen sind Frauen nur noch zu einem Drittel vertreten (5 Frauen/10 Männer).

Der Einflussbereich von Frauen auf Bundesebene hat sich im Zeitverlauf teilweise auch auf neue Politikfelder erstreckt, wie zum Beispiel die Bereiche Finanzen, Bauwesen und Justiz. Auf der Länderebene setzte dieser Trend schon früher und deutlicher ein. Zudem gab es bereits mehrmals paritätisch besetzte Landesregierungen, wobei es sich zumeist um rot-grüne Koalitionen handelte. Aktuell besteht allerdings in keiner Landesregierung Geschlechterparität, und auch eine Ministerpräsidentin gibt es derzeit nicht. Die bislang einzige Ministerpräsidentin war die Sozialdemokratin Heide Simonis, die zwölf Jahre in Schleswig-Holstein regierte. Das höchste Amt des Staates, nämlich das des Bundespräsidenten, wurde noch nie von einer Frau ausgeübt.

Als Resümee der statistischen Bestandsaufnahme kann festgehalten werden: Die Vertretung von Frauen in politischen Ämtern hat sich in den vergangenen zwei Jahrzehnten ohne Zweifel deutlich erhöht, und ihr Anspruch auf Politikformulierung wie -gestaltung ist heute nicht mehr ohne weiteres zur Seite zu schieben. Gleichwohl liegt eine Geschlechterparität in der Politik nach wie vor in weiter Ferne, und aktuell lässt sich zudem in einigen Bereichen Stagnation bzw. sogar Rückschritt beobachten.

2 Die Gründe der Unterrepräsentation von Frauen in der Politik

Bei der Suche nach den Gründen der Unterrepräsentation von Frauen in der Politik sind zwei Fragen zu unterscheiden. *Erstens:* Warum treten weniger Frauen als Männer einer Partei bei? Und *zweitens:* Wie erklärt sich die insgesamt noch immer nur geringe Vertretung der weiblichen Parteimitglieder in politischen Ämtern und Mandaten?

Die wichtige Frage, worauf die Distanz von Frauen gegenüber den Parteien beruht, wurde wissenschaftlich bislang nicht umfassend untersucht.

Die scheinbar nahe liegende Erklärung, nämlich dass sich Frauen für Politik nicht interessieren und eine aktive politische Partizipation generell ablehnen, ist allerdings unzutreffend, denn im so genannten unkonventionellen Bereich, also bei den Aktionsformen der neuen sozialen Bewegungen (z. B. Demonstrationen, Mitarbeit in einer Bürgerinitiative oder das Sammeln von Unterschriften), beteiligen sich Frauen in nahezu gleicher Weise wie die Männer (Geißel, 2006, S. 163).

Zu vermuten ist vielmehr, dass die institutionalisierte Politik Frauen kaum geeignete Voraussetzungen für ihr politisches Engagement bietet. Nach wie vor sind die Formen der politischen Arbeit, also die Organisationsstrukturen sowie die Versammlungs- und Kommunikationsstile, männlich geprägt, und auch über die Definition politischer Probleme bestimmen vorrangig Männer. Wenn Frauen sich in diesem Politikfeld engagieren, dann müssen sie sich folglich nach Regeln richten, die ihnen weitgehend fremd sind und die mit ihrer Lebenswirklichkeit nur wenig zu tun haben (Geißel, 1998; Schöler-Macher, 1994). Die Parteien stehen hier zweifellos vor der Aufgabe, Frauen – und gerade auch *junge* Frauen – für ein politisches Engagement zu motivieren und ihren jeweiligen Partizipationswünschen organisatorisch wie inhaltlich entgegenzukommen. Angesichts der Tatsache, dass zudem in allen Parteien der politische Nachwuchs nahezu völlig fehlt (Wiesendahl, 2006, S. 93ff), ist diese Aufgabe umso dringlicher.

Die zweite Frage, nämlich die nach den Gründen der Unterrepräsentation der weiblichen Parteimitglieder in öffentlichen Ämtern, lässt sich mit Blick auf die vorherrschenden politischen Karrieremuster klar beantworten, denn diese sind offenkundig an der männlichen Biographie orientiert. Betrachtet man hier zunächst die kommunale Ebene, dann stehen bei der Entscheidung, wer für ein politisches Mandat aufgestellt wird, insbesondere drei Kriterien im Vordergrund:

- ein hoher lokaler Bekanntheitsgrad
- zeitliche Abkömmlichkeit
- Sachkompetenz

Das mit Abstand wichtigste Auswahlkriterium auf dieser Ebene ist ohne Zweifel der individuelle Bekanntheitsgrad, denn trotz aller Unterschiede in den einzelnen Bundesländern stellen die kommunalen Wahlsysteme in Deutschland überwiegend eine Personenwahl dar; insofern sind alle Parteien bestrebt, die bekanntesten Bürger und Bürgerinnen einer Gemeinde als Kandidaten/Kandidatinnen zu gewinnen. Daneben muss aber auch die zeitliche Abkömmlichkeit der Kandidierenden gewährleistet sein; zwar handelt es sich bei der kommunalen Ratsarbeit um eine ehrenamtliche "Feierabendtätigkeit", gleichwohl erfordern Fraktions-, Ausschuss- sowie Ratssitzungen einen erheblichen Zeitaufwand. Und schließlich ist Sachkompetenz, in der Regel vermittelt über den Beruf, für die Nominierung mit ausschlaggebend (Hoecker, 2001).

Angesichts dieser Anforderungen kann die geringe Vertretung von Frauen in der Kommunalpolitik nicht erstaunen, denn in erster Linie entsprechen Männer dem skizzierten Profil. Frauen verfügen häufig über einen nur geringen lokalen Bekanntheitsgrad, denn zum einen liegt die Führung eines Vereins, sei es der lokale Sport-, Schützen- oder Feuerwehrverein, noch immer fest in Männerhand, zum anderen begünstigt das Popularitätskriterium die bisherigen Amtsträger, die wegen ihrer oftmals langjährigen Tätigkeit bereits vielen Wählern und Wählerinnen bekannt sind. Aber auch das erforderliche Zeitbudget bedeutet für viele Frauen eine Barriere. Familie, Beruf und Politik miteinander zu vereinbaren, ist für Frauen – und insbesondere für junge Frauen mit Kindern – nach wie vor ungleich schwieriger als für Männer (Geißel, 1999, S. 173ff).

Die politischen Karriereanforderungen auf Bundesebene setzen demgegenüber etwas andere Akzente. So spielt der Beruf des Parteimitglieds hier eine bedeutend größere Rolle, denn Fachwissen aufgrund der beruflichen Position sowie einflussreiche Kontakte begünstigen die Aufstiegschancen des Mitglieds. Die weitgehende Akademisierung des Bundestages weist zudem darauf hin, dass ohne ein Studium heute kaum noch eine politische Karriere erfolgt (Rudzio, 2003, S. 528). Während Frauen beim Studium inzwischen nahezu gleichgezogen haben mit den Männern, sind sie dagegen in einflussreichen beruflichen Positionen insbesondere der Privatwirtschaft weit seltener zu finden (Bothfeld et al., 2005, S. 425ff). Insofern stellt diese Anforderung für viele Frauen zweifellos eine Barriere dar.

Von zentraler Bedeutung für ein Bundestagsmandat ist gleichfalls die zeitliche Abkömmlichkeit, und sie bereitet Frauen auch auf dieser Ebene größere Probleme als Männern. Familienpflichten lassen sich bekanntlich nur schwer mit einer politischen Karriere verbinden und der Anforderung, immer präsent, flexibel und verfügbar zu sein. Folglich war es lange Zeit typisch für Frauen, dass sie später als Männer in die Politik gingen, also erst

Ist die Politik (noch) ein männliches Geschäft? 61

dann, wenn die Kinder aus dem "Gröbsten" heraus waren. Zudem war –
und ist – der Anteil allein stehender Frauen im Bundestag weit überdurchschnittlich (Hoecker, 2000, S. 161). Nur durch Verzicht auf eine eigene Familie können somit viele Parlamentarierinnen das hohe wöchentliche Arbeitspensum bewältigen; für männliche Abgeordnete dagegen ist es normal, verheiratet zu sein und Kinder zu haben. Sie können sich in der Regel auf eine Ehefrau oder Partnerin verlassen, die ihnen den Rücken für die politische Arbeit freihält.

Zusammenfassend kann somit festgehalten werden, dass die politischen Karrieremuster weitgehend der männlichen Lebenssituation entsprechen. Frauen dagegen haben aufgrund der geschlechtsspezifischen Arbeitsteilung von Anfang an erschwerte Startbedingungen. Ihre gesellschaftliche Ungleichheit setzt sich in den Parteien fort und mindert ihre Aufstiegschancen.

Aber es gibt noch weitere, unsichtbare Hürden für Frauen in der Politik. So ist die Einbindung in *informelle* Entscheidungs- und Machtstrukturen für die Karriere von entscheidender Bedeutung. Gerade Frauen aber sind von diesen informellen Kreisen, sei es in Parteien oder Parlamenten, oftmals ausgeschlossen. Hier üben Männer den Schulterschluss gegenüber den Ansprüchen ihrer Parteikolleginnen und verweigern eine angemessene Unterstützung. Dabei bedient man(n) sich häufig subtiler Formen der Diskriminierung. Parteifunktionäre halten beispielsweise an ihrem gewohnten Abstimmungs- und Nominierungsverhalten zugunsten von Männern fest; zudem werden an die politischen Qualifikationen von Frauen und Männern oftmals unterschiedliche Maßstäbe angelegt. Insbesondere Frauen in politischen Spitzenpositionen sehen sich häufig einer härteren Kritik ausgesetzt als ihre männlichen Kollegen. Nur Mittelmaß zu sein, wird Frauen nach wie vor weniger "verziehen" als Männern (Hoecker, 2001, S. 162; Illner, 2005).

Umgekehrt ist die Anerkennung ihrer Leistungen als Politikerinnen nicht selten von männlicher Herablassung geprägt. Und schließlich spielen auch die Medien eine wichtige Rolle, nämlich ob und wie sie über Politikerinnen berichten. Eine Untersuchung über den Berliner Frauensenat hat beispielsweise gezeigt, dass die Senatorinnen in den Medien eine wesentlich geringere Beachtung fanden als ihre Kollegen. Zudem wurde ihre politische Kompetenz eher in Frage gestellt (Schaeffer-Hegel, 1993; siehe auch Holtz-Bacha, 2003). Nicht allein individuelle Eigenschaften und Qualifikationen entscheiden somit über eine politische Karriere, vielmehr spielen Machtverhältnisse, Interessenshierarchien und Ausgrenzungsmechanismen gleichfalls eine wichtige Rolle und beeinflussen das Ausmaß einer möglichen Beteiligung von Frauen.

"Integrierte Außenseiterin", mit diesem Begriff lassen sich nach Barbara Holland-Cunz Politikerinnen in Deutschland charakterisieren (Holland-Cunz, 2004, S. 139), denn: "Konventionelle Arenen nötigen Frauen ... auf, sich dem vorgegebenen Habitus anzugleichen; konventionelle politische Partizipation ist bis heute eine anstrengende Gratwanderung zwischen demokratischen Idealen und der fragwürdigen Realität nicht selbstverständlicher Anerkennung und politischer Marginalisierung geblieben." (Holland-Cunz, 2004, S. 139)

Vergleichende Untersuchungen zur politischen Beteiligung von Frauen in Europa bestätigen diesen Zusammenhang. Als ein bedeutsamer Einflussfaktor für die politischen Partizipationschancen von Frauen hat sich danach die nationale *politische Kultur* erwiesen, also im politikwissenschaftlichen Verständnis die Einstellungen in der Bevölkerung gegenüber der Rolle von Frauen in Gesellschaft und Politik. Eine hohe politische Repräsentanz von Frauen ist folglich vor allem in den Staaten zu finden, die sich durch *egalitäre* Einstellungen auszeichnen, und das sind insbesondere die nordischen Staaten. Deutlich niedriger fällt dagegen die politische Beteiligung von Frauen in den europäischen Staaten aus, in denen eher *patriarchale* Einstellungen vorherrschen, und dazu gehört unter anderem auch Deutschland (Hoecker, 1998b; Hoecker & Fuchs, 2005).

3 Perspektiven

Diese Ausführungen haben gezeigt, dass die Unterrepräsentation von Frauen in der Politik eng verzahnt ist mit ihrer gesellschaftlichen Ungleichheit, die wiederum auf der geschlechtsspezifischen Arbeitsteilung sowie den damit verbundenen traditionellen Rollenvorstellungen beruht. Da Frauen noch immer vorrangig für den so genannten privaten Bereich zuständig sind, haben sie im Vergleich zu den Männern nicht nur schlechtere berufliche Einstiegs-, Aufstiegs- und Verdienstchancen, sondern zugleich auch schlechtere Chancen zur Übernahme politischer wie gesellschaftlicher Machtpositionen. Die fehlende Entscheidungsmacht wiederum verhindert die Durchsetzung wirksamer Strukturveränderungen in Richtung Gleichstellung.

Soll unsere Demokratie nicht "eine Demokratie am Anfang" (Helge Pross) bleiben, dann stellt eine konsequente Politik der Geschlechtergleichheit auf allen Ebenen des gesellschaftlichen und politischen Systems auch für das 21. Jahrhundert mit die vornehmlichste Aufgabe dar. Die Parteien wären somit gut beraten, Frauen nicht nur in Wahlkampfzeiten als relevante Zielgruppe zu umwerben, sondern ihren Lebenslagen und Interessen in der politischen Praxis permanent Rechnung zu tragen.

Darüber hinaus mag es sich als hilfreich erweisen, Frauen verstärkt für die Politik zu professionalisieren und ihre Durchsetzungskraft im politischen Entscheidungsprozess zu stärken. Grundlage dieser Strategie bildet eine umfassende Untersuchung über Politikerinnen in Deutschland (Weber, Esch & Schaeffer-Hegel 1998 sowie Foster, Lukoschat & Schaeffer-Hegel, 1998). Im Rahmen dieser breit angelegten empirischen Studie wurden die Frauen ausführlich nach ihren Erfahrungen im politischen Alltag befragt. Wie fanden sich die Parlamentarierinnen in ihrem Amt zurecht, und auf welche unterstützenden Maßnahmen bzw. Bildungsangebote konnten sie zurückgreifen?

Die Antworten der Politikerinnen waren eindeutig: Obwohl sie in der Regel über ein hohes Ausbildungsniveau sowie politische Vorerfahrungen verfügten, fühlten sich die Frauen nicht hinreichend auf die Anforderungen ihrer politischen Tätigkeit vorbereitet. Insbesondere vermissten die Politikerinnen bei ihrem Karrierestart "Weiterbildungsangebote ihrer Parteien oder von deren Stiftungen, die auf ihre Bedürfnisse zugeschnitten wären und die ihnen das für die Politik notwendige institutionenkundliche und verfahrenstechnische Wissen sowie Kenntnisse über die formellen und vor allem über die informellen Kommunikationsformen und Strukturen des politischen Apparats vermittelt hätten" (Weber; Esch & Schaeffer-Hegel, 1998, S. 7). Aber auch in den Bereichen Karriereplanung, Arbeitsorganisation und Zeitmanagement, Konfliktbewältigung sowie Medienkompetenz wünschten sich viele Politikerinnen erheblich mehr qualifizierte Unterstützung. Nach Darstellung der Autorinnen weisen die Untersuchungsergebnisse somit "nachdrücklich auf den Bedarf an persönlichkeitsstärkenden Bildungsangeboten und an handlungsorientiertem Training zur Stärkung der Durchsetzungskompetenz von Frauen in der Politik hin" (Weber; Esch & Schaeffer-Hegel, 1998, S. 10). Die Europäische Akademie für Frauen in Politik und Wirtschaft (EAF) kommt diesen Wünschen inzwischen entgegen und unterstützt Politik-Einsteigerinnen und Politikerinnen bei ihrer politischen Karriereplanung (www.eaf-berlin.de).

Mit schnellen Erfolgen dürfte allerdings insgesamt kaum zu rechnen sein, denn eine grundlegende Veränderung geschlechtsspezifischer Machtstrukturen braucht Zeit – und gerade das männliche Widerstandspotenzial ist nicht zu unterschätzen, wie die Erfahrung zeigt. Angela Merkel als erste Bundeskanzlerin kann als Vorbild für andere Frauen wirken; die politische Gleichstellung ist damit aber noch nicht verwirklicht.

Literatur

Bothfeld, S., Klammer, U., Klenner, C., Leiber, S., Thiel, A., & Ziegler, A. (2005). *WSI-FrauenDatenReport 2005*. Berlin: edition sigma.

Europäische Kommmission. (2006). *Frauen und Männer in Entscheidungsprozessen*. Abgerufen am 22. November 2006 von http://ec.europa.eu/employment_social/women_men_stats/out/measures_out416_de.htm

Foster, H., Lukoschat, H., & Schaeffer-Hegel, B. (Hrsg.) (1998). *Die ganze Demokratie. Zur Professionalisierung von Frauen für die Politik*. Pfaffenweiler: Centaurus Verlag.

Fuchs, G. (2006). Politische Partizipation von Frauen. In B. Hoecker (Hrsg.), *Politische Partizipation zwischen Konvention und Protest* (S. 235-260). Opladen: Barbara Budrich.

Geißel, B. (1999). *Politikerinnen. Politisierung und Partizipation auf kommunaler Ebene*. Opladen: Leske + Budrich.

Geißel, B. (2006). Partizipation in Neuen Sozialen Bewegungen. In B. Hoecker (Hrsg.), *Politische Partizipation zwischen Konvention und Protest* (S. 159-183). Opladen: Barbara Budrich.

Hoecker, B. (1998a). *Frauen, Männer und die Politik*. Ein Lern- und Arbeitsbuch. Bonn: J.H.W. Dietz.

Hoecker, B. (1998b). Politische Partizipation und Repräsentation von Frauen im europäischen Vergleich. In B. Hoecker (Hrsg.), *Politische Partizipation von Frauen in Europa*. Band I, Die Mitgliedstaaten (S. 379-398). Opladen: Leske + Budrich.

Hoecker, B. (2000). Politische Partizipation von Frauen. In M. Oechsle & K. Wetterau (Hrsg.), *Politische Bildung und Geschlechterverhältnis*. (S. 151-172). Opladen: Leske + Budrich.

Hoecker, B. (2001). Politische Karriere schwer gemacht. *Demokratische Gemeinde*, (9), 8-9.

Hoecker, B., & Fuchs, G. (Hrsg.) (2005). *Politische Partizipation von Frauen in Europa*. Band II, Die Beitrittsstaaten. Wiesbaden: VS Verlag für Sozialwissenschaften.

Holland-Cunz, B. (2004). Demokratie – Staatsbürgerschaft – Partizipation. In S. K. Rosenberger & B. Sauer (Hrsg.), *Politikwissenschaft und Geschlecht* (S. 127-148). Wien: WUV Facultas.

Holtz-Bacha, C. (2003). Die Darstellung von Politikerinnen in den Medien. Über das Zusammenspiel von Politik, Medien und Publikum. In *Frauenfragen*, (1), 47-49.

Illner, M. (Hrsg.) (2005). *Frauen an der Macht. 21 einflussreiche Frauen berichten aus der Wirklichkeit*. Kreuzlingen: Heinrich Hugendubel.

Rudzio, W. (2003): *Das politische System der Bundesrepublik Deutschland.* Opladen: Leske + Budrich.
Schaeffer-Hegel, B. (1993). Ist Politik noch Männersache? Ergebnisse einer Untersuchung über den Berliner Frauensenat von 1989 bis 1990. *Aus Politik und Zeitgeschichte,* (B 45), 3-13.
Schöler-Macher, B. (1994). *Die Fremdheit der Politik. Erfahrungen von Frauen in Parteien und Parlamenten.* Weinheim: Deutscher Studien Verlag.
Statistisches Bundesamt. (2006). *Im Blickpunkt: Frauen in Deutschland 2006.* Wiesbaden.
Weber, U., Esch, M., & Schaeffer-Hegel, B. (1998). Politikerin als Beruf. Ergebnisse einer Untersuchung zur politischen Bildung und Professionalisierung von Frauen für die Politik. In *Aus Politik und Zeitgeschichte,* (B 22-23), 3-11.
Wiesendahl, E. (2006). Partizipation in Parteien: Ein Auslaufmodell? In B. Hoecker (Hrsg.), *Politische Partizipation zwischen Konvention und Protest* (S. 74-99). Opladen: Barbara Budrich.

Ist der Journalismus (noch) ein männliches Geschäft?

Romy Fröhlich

Um es gleich vorweg zu nehmen: Der Journalismus in Deutschland ist nach wie vor ein Männerberuf. Die Zahlen sprechen hier eine deutliche Sprache, wie noch zu zeigen sein wird. Vor allem das Fernsehpublikum nimmt dies zuweilen anders wahr: In den letzten Jahren hat eine wachsende Zahl von Frontfrauen als Ankerwomen und Moderatorinnen die Mattscheibe erobert – auch im ausgesprochenen Männerressort "Politik/Nachrichten". Anne Will, Marietta Slomka oder Maybritt Illner sind Fernsehfrauen, die allesamt gerade (auch) im Bereich Politik steile Karriere gemacht haben, ganz zu schweigen von den zahlreichen Vorgängerinnen, deren Auftritt als Nachrichtensprecherinnen im Fernsehen einst für Furore sorgte. Wiebke Bruhns war 1971 beim ZDF die erste und Dagmar Berghof bei der ARD, wo sie 1976 mit 33 Jahren die bis dahin jüngste Nachrichtensprecherin war. Sie hat es unter ihren weiblichen TV-Kolleginnen bisher auch am längsten durchgehalten und verließ das Studio erst mit 52 Jahren. Barbara Dickmann war es dann, die 1979 als erste Frau einen Nachrichten*moderatoren*posten übernahm (ARD-Tagesthemen). Heute lassen Sabine Christiansen oder Sandra Maischberger und Co. den Eindruck entstehen, dieses Business sei mittlerweile fest in Frauenhand. Dieser Eindruck gehört allerdings mehr in das Reich der Mythen als der Fakten. Wie deutlich entfernt der Journalismus tatsächlich davon ist, als Frauenberuf bezeichnet werden zu können, soll im Folgenden dargestellt werden. Wie genau es dabei mit dem Ressort "Politik" aussieht, wird zu zeigen sein. Zunächst aber werfen wir einen geschlechtsspezifischen Blick auf das Berufsfeld insgesamt.

Daten und Fakten zum Frauenanteil im deutschen Journalismus

Keine Frage: In allen westlichen Industrienationen steigt seit Jahren der Frauenanteil in der Kommunikationsbranche allgemein – gerade und auch bei den hoch qualifizierten und besser bezahlten Tätigkeitsfeldern betreffender Berufe. Ob im Journalismus, in der Werbebranche oder in den Public Relations – wie sonst in keiner anderen Dienstleistungsbranche brechen Frauen hier weltweit in eine Männerdomäne ein (vgl. z. B. Fröhlich, 2006). In kaum einem anderen Beruf ist das übrigens so deutlich erkennbar wie in den Public Relations.

Dieser Entwicklung ging und geht eine andere (konsequenterweise) voraus: In Deutschland stellen Frauen schon seit Jahrzehnten in der Ausbildung für Kommunikationsberufe die Mehrheit (Fröhlich, 2006). Ganz besonders relevant erscheint diese Frage im Falle des öffentlich-rechtlichen Rundfunks. Denn hier fand der gender switch – also der Wechsel von der männlichen zur weiblichen Mehrheit – unter Programm-Volontären bereits Mitte der achtziger Jahre statt. Und seit damals öffnet sich dort die Schere zwischen der Anzahl an Volontärinnen und der Anzahl an Volontären immer weiter. Aktuell sind circa 65 Prozent der Volontäre bei ARD und ZDF weiblich. Auch die repräsentative Journalismusstudie von Weischenberg, Malik und Scholl (2006a, S. 45-49) belegt, dass der Frauenanteil unter den Volontären, also in der journalistischen Ausbildung, insgesamt hoch ist (50%). Frauen finden also auf der Ausbildungsebene nahezu gleichberechtigt Zugang zum Journalismus.

Damit steht fest: Ginge es nach den (seit langem stabilen!) Verhältnissen im Ausbildungssektor, so wäre in Deutschland der Journalismus schon längst ein Frauenberuf. Tatsache ist aber, dass diese Verhältnisse im Ausbildungssektor auch nach Jahrzehnten immer noch nicht auf das Berufsfeld selbst durchschlagen. 1992 lag der Frauenanteil ohne Volontäre und frei schaffende Journalisten bei 25 Prozent (Schneider, Schönbach & Stürzebecher, 1993) und mit Volontären und Freien bei etwa 33 Prozent (Weischenberg et al., 1994). Nach der neuesten Studie von Weischenberg, Malik und Scholl ist der Frauenanteil bis heute auf 37 Prozent gestiegen (2006b, S. 350) und ist damit mittlerweile sogar höher als in den USA.[1] Damit liegt in Deutschland der Frauenanteil im Journalismus immer noch weit entfernt von dem seit vielen Jahren stabilen sehr hohen Frauenanteil in der Ausbildung. Auf dem Weg zwischen Ausbildung und Beruf gehen also ganz offensichtlich viele Journalistinnen 'verloren'.[2] Außerdem spricht viel dafür, dass

---

[1] Dort stagniert der Frauenanteil unter Journalisten seit Anfang achtziger Jahre und ging 2002 sogar erstmals leicht zurück auf aktuell 33 Prozent (Weaver et al., 2003).

[2] Zu Erklärungen über Hintergründe und Ursachen vgl. Fröhlich, 2000.

Frauen schon nach relativ kurzer Tätigkeit im Journalismus wieder aus diesem Beruf aussteigen. Der erste Einbruch ist hier schon nach fünf Jahren Berufstätigkeit zu registrieren (vgl. Schneider, Schönbach & Stürzebecher, 1993).

Wie schwer es Frauen in Deutschland im Journalismus gemacht wird, zeigt auch ein anderer interessanter Vergleich: Anfang der 80er Jahre lag der Frauenanteil im deutschen Journalismus bei etwa 17 Prozent (Neverla & Kanzleiter, 1984) und damit nahezu gleich dem Frauenanteil in den Public Relations. Seit damals aber zieht die Entwicklung des Frauenanteils in den PR rasant an jener im Journalismus vorbei: Während es die Frauen im Journalismus in den zurückliegenden circa. 25 Jahren gerade einmal von 17 Prozent auf 37 Prozent geschafft haben, stieg der Frauenanteil in den PR im gleichen Zeitraum auf 53 Prozent (Fröhlich, 2002). Offensichtlich verläuft also die berufliche Laufbahn von Frauen in den PR unter anderen (besseren?) Bedingungen als von Journalistinnen.

Dieser allgemeine Hintergrund der quantitativen Geschlechterverhältnisse im Journalismus ist wichtig, wenn man sich speziell mit den Verhältnissen und Gegebenheiten in einzelnen Medientypen und mehr noch in einzelnen Ressorts wie etwa im Politikressort beschäftigen will. Wir finden hier zum Teil extreme Unterschiede den Frauenanteil betreffend. Tabelle 1 zeigt zunächst die Anteile nach Medientypen.

Tabelle 1: Frauenanteil nach Medientypen 1993 und 2005

Medium	**Frauenanteil in Prozent**	
	1993	2005
Zeitungen	30	34
Zeitschriften	39	39
Nachrichtenagenturen	37	38
Hörfunk	34	40
Fernsehen	31	41
Nur Online-Medien*	-	36

*1993 nicht erhoben
Quelle: Weischenberg et al., 1994 und 2006a

Ist der Journalismus (noch) ein männliches Geschäft? 69

So stark wie bei keinem anderen Medientyp gestiegen ist der Frauenanteil bei den Rundfunkmedien. Ganz besonders gilt dies für das Fernsehen (31:41%), was ja durchaus auch dem Augenschein des Fernsehpublikums im Hinblick auf die Journalistinnen vor der Kamera entspricht. Noch deutlichere Unterschiede beim Frauenanteil ergeben sich zwischen Ressorts (Tabelle 2).

Tabelle 2: Frauenanteil nach Ressort 1993 und 2005

Medium	Frauenanteil in Prozent	
	1993	2005
Aktuelle Nachrichten*	-	43
Wirtschaft	23	37
Politik*	26*	34*
Kultur/Feuilleton	44	45
Sport	8	17
Lokales/Regionales	30	40
Unterhaltung	52	-
Wissenschaft	25	-
Soziales/Familie	54	62
Ratgeber/Service	64	-
Organisation/Produktion	20	-
Ohne Ressortzugehörigkeit	31	-
Lifestyle/Mode/Beauty/Trends	-	76
Medizin/Gesundheit	-	72
Technik/Computer/Motor	-	22

* Die entsprechende Ressortbezeichnung hieß 1993 "Aktuelles/Politik". Für die Studie 2005 wurde dieser Bereich geteilt in "Aktuelle Nachrichten" einerseits und "Politik" andererseits.
Quelle: Weischenberg et al., 1994; 2006a

Nach den Befunden von Weischenberg, Malik und Scholl (2006a) sind immer noch ausgesprochene Frauenressorts erkennbar: "Lifestyle/Mode/Beauty/ Trends", "Medizin/Gesundheit" sowie "Soziales/Familie". Im Mittelfeld liegen die Ressorts "Aktuelle Nachrichten", "Kultur/Feuilleton" sowie "Lokales/Regionales". Weil in der aktuellen Studie eine andere (detailliertere) Ressortsystematik benutzt wurde, lassen sich die Befunde der Erhebung 2005 nicht eins zu eins mit denen der Vorgängerstudie vergleichen. Für die großen klassischen Ressorts geht das aber, und gerade hier zeigen sich dann auch interessante Entwicklungen zwischen 1992 und 2005: Außer im Ressort "Kultur/Feuilleton" gab es bei den klassischen Ressorts klare Zuwächse – am deutlichsten im Wirtschafts- und im Sportressort. Auch im Ressort Politik gab es einen bemerkenswerten Anstieg in der Zahl der Journalistinnen, wenn auch nicht so stark wie in den beiden vorgenannten. Eine andere Datenbetrachtung aber zeigt auch: In der Rangliste hat das Ressort Politik zwischen 1993 und 2005 einen weiteren Platz abgeben müssen. Es rangiert mit seinem Frauenanteil mittlerweile sogar noch hinter dem Ressort Wirtschaft. Nur das Ressort Sport und der Themenbereich "Technik/Computer/Motor" schneiden noch schlechter ab als das Ressort Politik.

Ein Weiteres zeigt die neueste Journalistenerhebung: Journalistinnen haben nach wie vor nur selten Positionen inne, auf denen sie Macht und Einfluss auf die Programm- und Inhaltsgestaltung ausüben können. Führungs- und Leitungspositionen sind auch 2005 ganz überwiegend mit Männern besetzt, auch wenn Frauen hier aufgeholt haben (Tabelle 3).

Tabelle 3: Frauenanteile nach hierarchischen Positionen (in Prozent)

Position	Anteil Frauen 1993	Anteil Frauen 2005
Gesamtleitung	19	22
Teilleitung	20	29
Redakteure	32	39
Volontäre (Ausbildung!)	46	50

Quelle: Weischenberg et al., 1994; 2006a

Politikberichterstattung ohne Frauen?

Die Relevanz der Frage, wie Frauen im Journalismus vertreten sind, hängt zusammen mit der Annahme, dass es einen Zusammenhang gibt zwischen dem Frauenanteil im Journalismus und der Repräsentanz von Frauen und

Ist der Journalismus (noch) ein männliches Geschäft? 71

Frauenthemen in Medieninhalten. Der empirische Beleg für diese Annahme fehlt allerdings. Er ist schwer zu führen, weil selbst bei Langzeitstudien datenanalytisch nur sehr schwer und mit viel Aufwand geklärt werden könnte, ob zum Beispiel eine zunehmende Repräsentanz von Frauen und Frauenthemen in den Medien kausal mit einem eventuell gestiegenen Frauenanteil unter Journalisten zusammenhängt oder ob nicht auch eine möglicherweise gestiegene allgemeine gesellschaftliche Anerkennung von Frauen und Frauenthemen den Journalismus insgesamt dazu veranlasst, mehr über Frauen und ihre Belange zu berichten. Aufgrund solcher forschungspragmatischen Probleme hat sich die empirische Forschung bisher hauptsächlich darauf beschränkt zu untersuchen, wie Frauen und Frauenthemen in den Medien qualitativ und quantitativ überhaupt vertreten sind. Zu diesem Aspekt gibt es auch in Deutschland mittlerweile zahlreiche Studien.[3] Dabei wurde erstaunlicherweise bisher vergleichsweise wenig über Politikberichterstattung und das dortige Frauenbild geforscht.

Abbildung 1: Geschlechterrepräsentanz in den Hauptnachrichten deutscher Medien (Stichtag 16.2.2005), Anteile in Prozent (Hesse & Röser, 2006, S. 13)

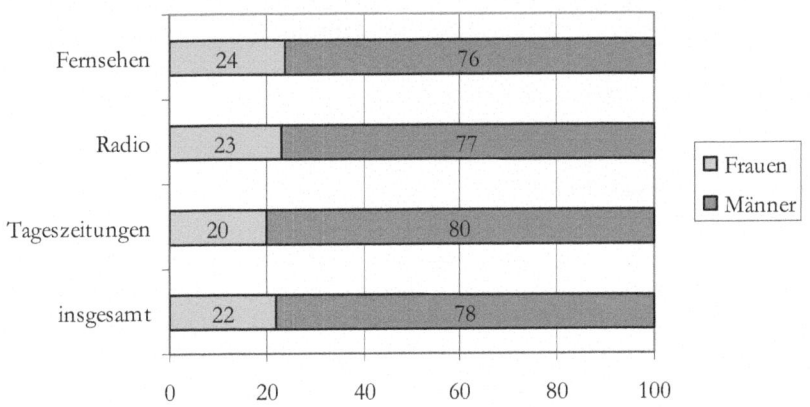

Quelle: Hesse & Röser, 2006, S. 3

---

[3] Für einen Überblick der Forschung bis Mitte der neunziger Jahre siehe Fröhlich & Holtz-Bacha, 1995. Vgl. außerdem Klaus, 2005.

Die einzige bisher kontinuierlich durchgeführte international vergleichende Analyse zur Darstellung von Frauen in der politischen Berichterstattung der Massenmedien ist das so genannte *Global Media Monitoring Project* (GMMP), eine Inhaltsanalyse zu einem festgelegten Stichtag, die weltweit von unterschiedlichen Projektgruppen zeitgleich durchgeführt wird. Die erste Erhebung dieser Art wurde 1995 durchgeführt und 2005 die dritte und aktuellste (Journalistinnenbund, 2005). Das GMMP wird jeweils organisiert von der World Association for Christian Communication (WACC) in London. Die britische Soziologin Margaret Gallagher, die seit vielen Jahren unter anderem auch im Auftrag der UNESCO zur Situation von Journalistinnen weltweit forscht, ist auch beim GMMP beratend tätig (Gallagher, 2005).

Nach den Befunden der aktuellsten Erhebungswelle 2005 bewegt sich der Anteil von Frauen als handelndes Personal in deutschen Nachrichten je nach Medium zwischen 20 Prozent und 24 Prozent (vgl. Abbildung 1). Noch schlechter sieht es aus, wenn man speziell die Befunde für Politikerinnen betrachtet (vgl. Tabelle 4).

Tabelle 4: Stellenwert von Politikern und Politikerinnen in der deutschen Berichterstattung am 16.2.2005

	n	Politikerinnen absolut	Politikerinnen Prozent
Fernsehen	110	21	19
Radio	31	7	23
Tageszeitungen	204	38	19

Quelle: Hesse & Röser, 2006, S. 16

Abgesehen von den insgesamt niedrigen Anteilen für die Repräsentanz deutscher Politikerinnen erweist sich hier interessanterweise gerade das Medium Radio als ein Ort, an dem Politikerinnen noch vergleichsweise häufig im Programm vorkommen. Allerdings ist dieser Befund angesichts der geringen Fallzahl mit Vorsicht zu behandeln.

Auch auf den Titelseiten deutscher Tageszeitungen spielen Frauen als Gegenstand der Berichterstattung eine deutlich untergeordnete Rolle (vgl. Abbildung 2). Interessanterweise mit Abstand am häufigsten sind Frauen

Ist der Journalismus (noch) ein männliches Geschäft? 73

Abbildung 2: Geschlechterrepräsentanz auf den Titelseiten von elf Tageszeitungen (in Prozent)

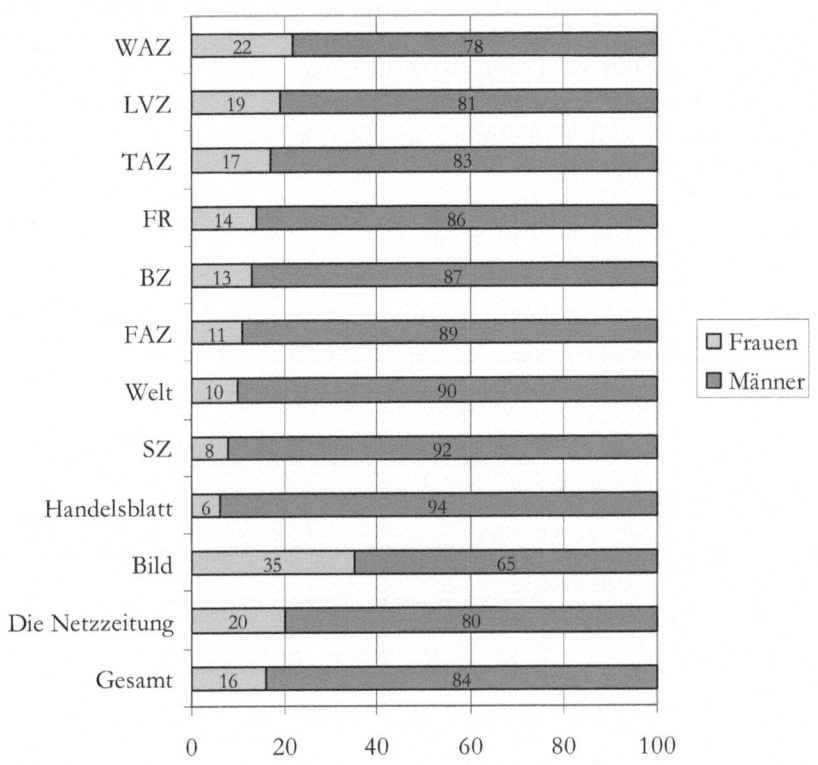

Quelle: Röser, 2006, S. 30

auf den *Bild*-Titelseiten Gegenstand der Berichterstattung. Dieser "Rekord" dürfte allerdings den eher unerwünschten und zweifelhaften, einschlägigen Themenkarrieren geschuldet sein. So titelte die *Bildzeitung* bei der Wahl von Angela Merkel zur Bundeskanzlerin "Miss Germany!". Aber auch seriösere Zeitungen konnten angesichts des Novums offensichtlich nicht widerstehen, und so las man in der *taz* zum selben Ereignis: "Es ist ein Mädchen".[4]

Korrespondierend zum Befund über den Frauenanteil im Journalismus nach Ressorts zeigt auch die Analyse der journalistischen Berichterstattung, dass Frauen bestimmten Themenbereichen 'zugeordnet' werden. So gibt es Themen, bei denen besonders häufig Frauen zu Wort kommen oder über Frauen berichtet wird, und solche, in denen das ausgesprochen selten der Fall ist (vgl. Abbildung 3).

Abbildung 3: Geschlechterrepräsentanz in ausgewählten Themenkategorien (in Prozent)

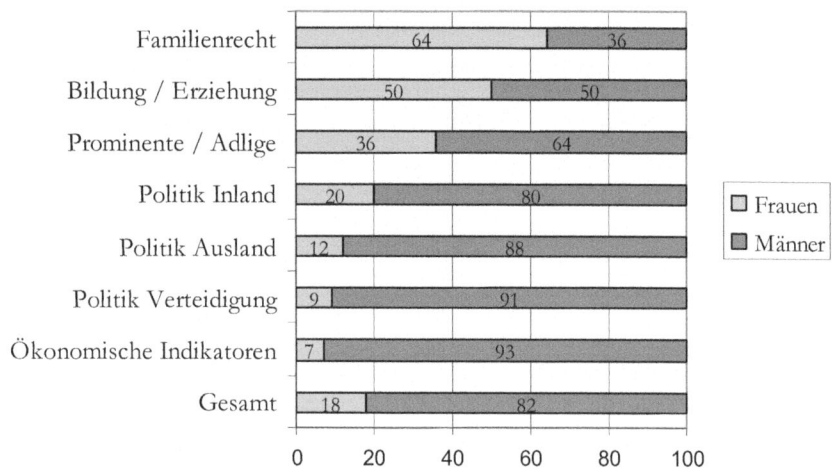

Basis: 332 Artikel in elf Tageszeitungen; 11/04-02/05 (künstliche Woche)
Quelle: Röser, 2006, S. 31

---

[4] Merkel ist die erste Frau in diesem Amt in Deutschland. Auch in dieser Hinsicht hinkt die Entwicklung in Deutschland der in anderen Ländern hinterher. Es sei in diesem Zusammenhang erinnert an folgende Regierungs- oder Staatschefinnen weltweit: Gloria Macapagal Arroyo (Präsidentin der Philippinen weit 2001), Maria do Carmo Silveira (Premierministerin seit 2005 in São Tomé und Principe), Helen Clark (Premierministerin in Neuseeland seit 1999), Luisa Dias Diogo (Premierministerin in Mosambik seit 2004), Tarja Halonen (Präsidentin in Finnland seit 2000), Mary McAleese (Präsidentin in Irland seit 1997), Vaira Vike-Freiberga (Präsidentin in Lettland seit 1999), Kheleda Zia (Ministerpräsidentin in Bangladesh seit 2001), ganz abgesehen von Frauen in den 70er und 80er Jahren etwa wie Indira Ghandi (Indien) oder Benazir Bhutto (Pakistan).

Ist der Journalismus (noch) ein männliches Geschäft? 75

Die einzige bisher vorliegende quantitative Erhebung zum Frauen- und Männerbild in der deutschen Politikberichterstattung legte Petra Pfannes 2004 vor. Sie stellt fest, dass Frauen als Berichterstattungsgegenstand zumindest der überregionalen Qualitätszeitungen *SZ*, *FAZ* und *Die Welt* heute keine Seltenheit mehr sind. Das hängt aber sehr wahrscheinlich mit der Tatsache zusammen, dass es heute auch deutlich mehr Frauen in politischen Ämtern gibt als früher. Die Analyse von Pfannes zur Darstellung von Politikerinnen und Politikern kann zeigen, dass die in früheren qualitativen Analysen entstandenen Eindrücke zur einseitigen, gar desavouierenden Darstellung von Politikerinnen in den Medien auf Basis einer quantitativen Betrachtung so nicht haltbar sind. Ministerinnen zum Beispiel werden in der Politikberichterstattung zwar deutlich häufiger als Minister mit verkleinernden, pejorativen oder geschlechtsspezifischen Konnotierungen beschrieben, und bei Ministerinnen kommen neutrale oder (positiv) hervorhebende Beschreibungen deutlich seltener vor als bei Ministern. Bei der Darstellung der äußeren Erscheinung und Physis im Nachrichtentext kommen die Ministerinnen besser weg als ihre männlichen Kollegen, denn bei ihnen werden keine Aussagen über *spezifische* Erscheinungsmerkmale wie Frisur oder Körperbau gemacht. Man könnte vermuten, dass das an der Auswahl der untersuchten Qualitätszeitungen liegt. Dieses Argument verliert allerdings an Schlagkraft angesichts des Befundes, dass Aussagen über spezifische Erscheinungsmerkmale bei der Darstellung von Ministern im Untersuchungssample deutlich häufiger vorkommen als bei Ministerinnen (Pfannes, 2004, S. 71, 74). Petra Pfannes hat dafür folgende Erklärung: "Man könnte dies (…) damit erklären, dass in den Politikressorts der Tageszeitungen (…) überwiegend männliche Journalisten arbeiten, die sich möglicherweise nicht dem Verdacht des Chauvinismus aussetzen wollen. (…) hier könnte man (…) von einem leichten 'Geschlechterbonus' für Frauen sprechen." (S. 74) Und ein – möglicher – weiterer Geschlechterbonus für weibliche Politiker zeigt sich in dieser Untersuchung: Frauen werden überproportional häufiger in Pressefotos abgebildet als Männer. Das ist ein entscheidender Publicity-Vorteil. Das Repräsentationsverhältnis zwischen Politikerinnen und Politikern (Kategorie 'Handlungsträger') ist im Bereich Pressefoto deutlich besser als im Bereich Text, wo Frauen unterrepräsentiert sind. Dabei ist auch interessant, dass die Abbildung von Politikerinnen in Pressefotos nicht etwa als rein schmückendes Beiwerk daher kommt, sondern dass es bei ihnen häufiger sogar als bei ihren männlichen Kollegen eine inhaltliche Entsprechung zum dazugehörenden Nachrichtentext gibt, in dem sie dann als Handlungsträgerinnen thematisiert werden (Pfannes, 2004, S. 77-78). Insgesamt zeichnet die Befundlage der Studie von Pfannes ein Bild, das für die Darstellung von Politikerinnen in Medien weitaus positiver ausfällt als immer vermutet. Das hängt sicherlich auch mit der Tatsache zusammen, dass hier erstmals quantitativ vergleichend zwischen dem Politikerinnen- und dem Politikerbild vorgegangen wurde, anstatt sich nur auf die Darstellung von Frauen zu konzentrieren. Da es aber keine entsprechenden *quantitativen* Vergleichsstudien gibt, kann man nicht sagen, ob hier im Laufe der Zeit eine Entwicklung stattgefunden hat, oder ob die Darstellung von Frauen in der Politik nicht doch schon immer weniger diskriminierend war, als es der Augenschein nahe legte.

Fazit

Nach wie vor ist der Journalismus in Deutschland klar von Männern dominiert. Das gilt in ganz besonderer Weise für prestigeträchtige Ressorts wie Politik und Wirtschaft. Daran ändern auch die populären TV-Vorzeigefrauen im Bereich Politik nichts. Sie verstärken lediglich den (falschen) Eindruck von der Dominanz der Journalistinnen insgesamt und im Ressort Politik – ein Effekt, den man im angelsächsischen Sprachraum als "Window Dressing on the Screen" bezeichnet. Der Begriff "Window Dressing" stammt aus der Börsensprache und bezeichnet dort eine bilanzpolitische Maßnahme, über die mit Blick auf die Zielgruppe 'Analysten' im Rahmen rechtlicher Möglichkeiten das Bild des Unternehmens in Bilanzberichten kurzfristig verbessert werden soll. Das ist hier wie da also ein bisschen wie Augenwischerei.

Die Medienbranche selbst wie auch die Forschung wertet den über eine vergleichsweise kurze Zeit leicht gestiegenen Frauenanteil unter Journalisten als Indiz dafür, dass hier eine berufliche Karriere für Frauen heute durchaus alltäglich geworden ist. Dabei wird übersehen, dass diese 'Karriere' zu den üblichen schlechten beruflichen Umfeldbedingungen von Frauen erfolgt. Eine allzu naive Interpretation des 'Frauenbooms' im Journalismus als einfache Kausalkette zwischen dem Anstieg des Frauenanteils und einer gleichberechtigten beruflichen Karriere sowie die großzügige Umschiffung einiger detaillierter statistischer Fakten – wie zum Beispiel die Daten zur Ausbildungssituation – verdunkelt die tatsächlichen Prozesse und Verhältnisse erheblich. Und: Von einem Frauen*boom* im deutschen Journalismus kann keine Rede sein. Denn immerhin brauchte es ein Vierteljahrhundert, bis sich der Frauenanteil hier von 17 Prozent (Neverla & Kanzleiter, 1984) bis heute 37 Prozent entwickelte. Das ist eher eine 'schleichende Entwicklung' als ein 'Boom'.

Dass aber in den Medien selbst die Darstellung von Politikerinnen in den Medien immer noch als ein professionelles Problem gesehen wird, dafür ist eine Initiative Indiz, die es sich seit geraumer Zeit zum Ziel gesetzt hat, durch Bewusstmachung in der Berufsgruppe mögliche diskriminierende Produktionsstrategien des journalistischen Handwerks aufzudecken und zu beheben: "Portraying Politics" ist eine Initiative europäischer Medien, Journalistengewerkschaften und Ausbildungsinstitutionen[5] (vgl. dazu auch Pantti, in diesem Band), die mit Förderung der EU ein Schulungspaket zum Thema "Gender und Fernsehen" entwickelt haben, das im Internet[6] kostenfrei abgerufen werden kann.

Literatur

Fröhlich, R., & Holtz-Bacha, C. (1995). *Frauen und Medien – Eine Synopse der deutschen Forschung*. Opladen: Westdeutscher Verlag.

Fröhlich, R. (2002). Die Freundlichkeitsfalle. Über die These der kommunikativen Begabung als Ursache für die "Feminisierung" des Journalismus und der PR. In H. Starkulla Jr., U. Nawratil & P. Schönhagen (Hrsg.), *Medien und Mittler sozialer Kommunikation. Beiträge zu Theorie, Geschichte und Kritik von Journalismus und Publizistik. Festschrift für Hans Wagner* (S. 225–243). Leipzig: Leipziger Universitätsverlag.

Fröhlich, R. (2006). Three steps forward and two steps back? Women journalists in the Western world between progress, standstill, and retreat. In P. Creedon & J. Cramer (Hrsg.), *Women in mass communication* [dritte, völlig überarbeitete Auflage] (S. 161–176). Thousand Oaks, CA: Sage.

Gallagher, M. (2005). *Who makes the news? Global Media Monitoring Project 2005*. London: WACC 2005.

Hesse, M., & Röser, J. (2006). Mehr Präsenz von Frauen in den Hauptnachrichten deutscher Medien. Befunde des GMMP Deutschland am Stichtag 16.2.2005. In: Journalistinnen-

---

[5] Unter anderen ARD, ZDF, rbb, European Journalism Centre, BBC, European Federation of Journalists, European Journalism Training Association.

[6] http://portrayingpolitics.org

bund e.V. (JB) (Hrsg.), *Präsenz von Frauen in den Nachrichten. Medienbeobachtungen 2005* (S. 12-17). Bonn: Journalistinnenbund e.V. (JB).

Journalistinnenbund e.V. (Hrsg.). (2005). *Präsenz von Frauen in den Nachrichten. Medienbeobachtungen 2005*. Bonn: Journalistinnenbund e.V. (JB).

Klaus, E. (2005). *Kommunikationswissenschaftliche Geschlechterforschung. Zur Bedeutung von Frauen in den Massenmedien und im Journalismus* (aktualisierte und korrigierte Neuauflage). Münster: Lit.

Neverla, I., & Kanzleiter, G. (1984). *Journalistinnen: Frauen in einem Männerberuf.* Frankfurt a. M.: Campus.

Pfannes, P. (2004). *Powerfrau, Quotenfrau, Ausnahmefrau ...? Die Darstellung von Politikerinnen in der deutschen Tagespresse*. Marburg: Tectum.

Röser, J. (2006). Der Pressejournalismus als Konstrukteur männlicher Dominanz. Geschlechterverhältnisse auf den Hauptnachrichtenseiten deutscher Tageszeitungen – eine Zwölf-Wochen-Analyse. In Journalistinnenbund e.V. (JB) (Hrsg.), *Präsenz von Frauen in den Nachrichten. Medienbeobachtungen 2005* (S. 27-36). Bonn: Journalistinnenbund e.V. (JB).

Schneider, B., Schönbach, K., & Stürzebecher, D. (1993). Westdeutsche Journalisten im Vergleich: jung, professionell und mit Spaß an der Arbeit. *Publizistik, 38*, 5-30.

Weaver, D., Beam, R., Brownlee, B., Voakes, P., & Wilhoit, G. C. (2003). *The face and mind of the American journalist*. http://www.poynter.org/content/content_view.asp?id= 28235 [zuletzt eingesehen am 30. Oktober 2006].

Weischenberg, S., Keuneke, S., Löffelholz, M., & Scholl, A. (1994). *Frauen im Journalismus. Gutachten über die Geschlechterverhältnisse bei den Medien in Deutschland*. Stuttgart: Industriegewerkschaft Medien, Fachgruppe Journalismus (dju/SWJV).

Weischenberg, S., Malik, M., & Scholl, A. (2006a). *Die Souffleure der Mediengesellschaft. Report über die Journalisten in Deutschland*. Konstanz: UVK.

Weischenberg, S., Malik, M., & Scholl, A. (2006b). Zentrale Befunde der aktuellen Repräsentativbefragung deutscher Journalisten. Journalismus in Deutschland 2005. *Media Perspektiven, o.Jg.* (7), 346-361.

Mit den Waffen einer Frau? Politikerinnen im Wahlkampf

Christina Holtz-Bacha

Wie geht eine Kanzlerkandidatin in den Wahlkampf? Wer sollte Angela Merkel eigentlich diese Frage beantworten, als sie sich im Frühsommer 2005 schneller als erwartet in der Situation sah, den Amtsinhaber herauszufordern? Keiner war geübt in der Sache, eine Frau als Kanzlerkandidatin hatte es noch nicht gegeben. Die Profis der Beraterbranche hatten da noch keine Erfahrung, und Merkel selbst war neu in der Rolle; bis dahin war sie, wenn überhaupt, im Wahlkampf unterstützend für andere Spitzenkandidaten aufgetreten. Ob sich Angela Merkel Rat bei Heide Simonis geholt hat, der bislang einzigen Ministerpräsidentin, die drei Wahlkämpfe erfolgreich absolviert hat und sicher so manchen Tipp parat gehabt hätte, ist nicht bekannt. Aber musste das eigentlich eine Frage sein? Gelten die Rezepte für erfolgreichen Wahlkampf nicht für Frauen und Männer gleichermaßen? Gibt es da Unterschiede für Politikerinnen und Politiker?

Wahlkampagnen: Kampf der Geschlechter?

"Campaigns are wars, but not all wars are among equals." So wird Nancy Pelosi zitiert (z. B. in Herrnson, Lay & Stokes, 2003, S. 251), seit November 2006 neue Sprecherin des US-Repräsentantenhauses. Wahlkampagnen sind Kriege, aber sie werden nicht unbedingt unter Gleichen ausgetragen. Diejenigen, die gegeneinander antreten, kämpfen nicht unter gleichen Voraussetzungen und nicht mit gleichen Mitteln. Nancy Pelosi weiß, wovon sie spricht. Seit 1987 vertritt sie ihren kalifornischen Wahlkreis (San Francisco) in Washington. Sie hat nicht nur wiederholt Wahlkämpfe bestritten, sondern sie hat auch mehrmals eigene Gesetzesinitiativen vertreten. Als erste Frau führt sie nun die Mehrheitspartei im amerikanischen Kongress und ist so in die Reihe derjenigen getreten, die neuerdings als 'starke Frauen' gefeiert werden und die – wie es aussieht – bange Frage aufkommen lassen, ob die Macht nun weiblich wird.

Wenn Pelosi feststellt, dass Wahlkämpfe nicht unter Gleichen ausgetragen werden, so basiert das auf ihrer Erfahrung als Frau in der Politik. Tatsächlich sind Wahlkämpfe ein männliches Geschäft, geprägt durch die traditionelle Dominanz von Männern in der Politik. Auch wenn in den USA ebenso wie in Deutschland Frauen längst keine Ausnahmeerscheinung mehr sind im politischen Geschäft, waren und sind sie doch damit konfrontiert, dass Männer den politischen Prozess bestimmen (vgl. dazu auch Hoecker, in diesem Band). Frauen sind viel später in die Politik eingestiegen und als sie dort ankamen, trafen sie auf eine männliche Welt, mit deren Regeln und Gepflogenheiten sie sich zumindest auseinandersetzen mussten.

Der Sprachgebrauch spiegelt, dass Politik lange Zeit fast ausschließlich unter Männern ausgemacht wurde: "Politics and elections are most often described in terms of analogies and metaphors drawn from the traditionally masculine domains of war and sports" (Carroll & Fox, 2006, S. 2). Das ist im Englischen so wie im Deutschen. Hier heißt die Sache Wahlkampf. Da werden politische Schlachten geschlagen, Feldzüge geplant, Angriffs- und Verteidigungsstrategien ausgeheckt, Gegner beobachtet, Rede- und Fernseh-Duelle ausgetragen. Die Kandidaten haben ihre 'Mannschaft' und ihre 'Truppen', die in Stellung gebracht werden; die Parteien müssen ihre 'Kriegskassen' füllen.

Als Angela Merkel zur Kanzlerkandidatin der Union gewählt war, musste dann auch erst einmal die weibliche Form für die Bezeichnung des Amtes, um das sie sich bewarb, popularisiert werden: Im Grundgesetz gibt es nur den generischen Begriff 'Bundeskanzler'. Die weibliche Amtsbezeichnung wurde prompt zum Wort des Jahres 2005, und das nicht zuletzt deshalb, weil sich mit dem neuen Wort auch neue gesellschaftliche Perspektiven eröffneten, die als bemerkenswert galten: Die Gesellschaft für deutsche Sprache kürt jeweils solche Begriffe zum Wort des Jahres, die den Zeitgeist zum Ausdruck bringen. Dass 2005 'Bundeskanzlerin' sogar 'Gammelfleisch' abgehängt hatte, schien der *Süddeutschen Zeitung* ein amüsanter Kontrast und allemal eine Überschrift wert zu sein, obwohl die Schlagzeile "Wir sind Papst" der eigentliche Konkurrent auf Platz zwei war und 'Gammelfleisch' erst auf Platz fünf der Rangliste landete ("Bundeskanzlerin" vor "Gammelfleisch", 2005).

Über die sprachliche Markierung der Politik als männliches Geschäft hinaus, treffen Frauen – ebenso wie Männer – auf geschlechtertypische Erwartungen auf Seiten der Wählerschaft, auf Seiten der Medien und nicht zuletzt auch auf Seiten der Kollegen. Die herkömmlichen gesellschaftlichen Rollenzuweisungen haben es mit sich gebracht, dass Frauen und Männern unterschiedliche Charaktereigenschaften und (entsprechend) unterschiedliche Kompetenzen zugewiesen werden. Daraus leiten sich auch in der Politik bestimmte Erwartungen an die Themen und das Verhalten von Kandidatinnen und Kandidaten ab. Frauen, die in die Politik einsteigen, müssen sich also auf die eingefahrenen Spielregeln einstellen. Das gilt sowohl für den Wettbewerb mit den männlichen Kollegen wie auch für das Auftreten gegenüber den Wählerinnen und Wählern, denn deren Vorstellungen von der Politik sind notwendigerweise ebenfalls davon geprägt, wie diese 'schon immer' abgelaufen ist. Frauen begeben sich also auf ein Terrain, auf dem Männer lange Zeit unter sich waren und dessen Wahrnehmung von außen Männer geprägt haben. Was Frauen hier begegnet, hat Bärbel Schöler-Macher (1994) "Die Fremdheit der Politik" genannt. Politikerinnen geraten da notwendigerweise in eine Zwickmühle: Wird von ihnen also einerseits erwartet, dass sie sich an die üblichen, eben männlichen Spielregeln der Politik anpassen, sind sie andererseits mit den geschlechtertypischen Vorstellungen von weiblichem Verhalten konfrontiert. Beides ist nicht so einfach zusammenzubringen.

Untersuchungen über Geschlechterstereotypen und deren Wirksamkeit in der Politik haben gezeigt, dass das Geschlecht der Kandidaten bei deren Beurteilung durch die Wählerschaft eine Rolle spielt. Offenbar ziehen Wählerinnen und Wähler Geschlechterstereotype heran, um Kandidatinnen und Kandidaten zu beurteilen, und weisen ihnen auf dieser Basis unterschiedliche Fähigkeiten zu. Vor allem dann, wenn über die Kandidaten (noch) nicht viel bekannt ist und weitere Informationen fehlen, dienen Geschlechterstereotype dazu, die Kandidaten zu beurteilen (vgl. z. B. Alexander & Andersen, 1993; Chang & Hitchon, 2004; Gordon, Shafie & Crigler, 2003; Koch, 2000; McDermott, 1997; Sanbonmatsu, 2002). Frauen, die in den Wahlkampf ziehen, müssen also einkalkulieren, dass ihnen ihr Publikum immer auch mit bestimmten Erwartungen begegnet, die sich aus dem Geschlecht ableiten.

Soziodemographische Merkmale gehören zu den "information shortcuts", die Wählerinnen und Wähler bei der Beurteilung von Kandidatinnen und Kandidaten zum Einsatz bringen, um Kosten für aufwendige Informationsbeschaffung zu sparen (Popkin, 1994, S. 71). Das heißt, soziodemographische Merkmale dienen als 'Abkürzungen' für die Einschätzung der Kompetenz eines Kandidaten. Da das Geschlecht das offensichtlichste, am leichtesten zugängliche Merkmal eines Kandidaten darstellt, liegt es auf der Hand, dass gerade dieses eine Rolle für das – schnelle – Urteil über eine Politikerin oder einen Politiker spielt und mit als erstes herangezogen wird, wenn sich Wähler ein Bild von den Kandidatinnen und Kandidaten machen (vgl. auch Iyengar, Valentino, Ansolabehere & Simon, 1997).

Es gehört zu den wiederholt belegten Befunden der Stereotypenforschung im Bereich der Politik, dass in der Wählerschaft deutliche Vorstellungen davon bestehen, welche Probleme gut von Politikerinnen und welche gut von männlichen Politikern zu lösen sind. Huddy und Terkildsen (1993a) haben festgestellt, dass diese Überzeugungen vor allem davon abhängen, welche Charakterzüge üblicherweise Frauen und welche Männern zugeschrieben werden. So scheinen Eigenschaften wie Wärme, Sensibilität und Mitgefühl, die gerne Frauen zugewiesen werden, Kandidatinnen dafür zu qualifizieren, mit Problemfeldern wie Erziehung, Gesundheit, Armut und alten Menschen umzugehen. Männern zugesprochene Charaktereigenschaften wie Durchsetzungsfähigkeit, Aggressivität und Selbstbewusstsein lassen dagegen erwarten, dass sie besser mit Problemen im Bereich von Militär, Polizei und Wirtschaft fertig werden.

Da die einem Kandidaten zugesprochene Kompetenz, anstehende Probleme zu lösen, einen entscheidenden Faktor für die Beurteilung darstellt, wird diese auch beeinflusst von der aktuellen Themenagenda, also welche Probleme zur Zeit der Wahl im Vordergrund der öffentlichen Diskussion stehen. Für weibliche und männliche Wahlbewerber heißt das, ihre Chancen, gewählt zu werden, sind nicht zuletzt abhängig davon, welche Themen gerade die öffentliche Diskussion beherrschen und ob es ihnen gelingt, sich für diese als kompetent darzustellen, bzw. sie müssen es schaffen, solche Themen in die Diskussion zu bringen, für die sie Kompetenz demonstrieren können. Allerdings enthalten die Schemata, die Wählerinnen und Wähler zur Beurteilung der Kandidatinnen und Kandidaten heranziehen, auch bestimmte Vorstellungen davon, für welche Themenfelder Frauen und für welche Männer kompetent sind. So hat eine Untersuchung von Falk und Kenski (2006) gezeigt, dass die Bedeutung, die Befragte einem Problem beimessen, einen starken Einfluss darauf hat, ob sie einen männlichen oder einen weiblichen Kandidaten für den besseren Präsidenten halten. Wenn 'männlichen' Themen wie innere Sicherheit, Bekämpfung des Terrorismus und das Engagement der USA im Irak große Bedeutung zugesprochen wird, steigt die Wahrscheinlichkeit, dass die Wählerinnen und Wähler einem männlichen Präsidenten eher zutrauen, mit diesen Problemen fertig zu werden. Die Bedeutung, die einem Thema auf der Agenda zukommt, erwies sich dabei sogar als einflussreicher als soziodemographische Variablen der Befragten oder ihre Parteienidentifikation. (Vgl. auch Schaffner, 2005)

Wenn die Einschätzung über die zu einem bestimmten Zeitpunkt drängenden Probleme solchermaßen die Beurteilung von Kandidatinnen und Kandidaten beeinflusst, variieren die Chancen von Frauen und Männern, gewählt zu werden, mit der jeweils aktuellen Themenagenda. So erklären Iyengar et al. (1997) auch den außergewöhnlichen Erfolg, den Kandidatinnen bei den Wahlen im Jahr 1992 hatten. Zu dieser Zeit standen 'Frauenthemen' wie sexuelle Belästigungen und die Schwierigkeiten von Frauen in von Männern dominierten Institutionen zur Diskussion, von denen allgemeinhin angenommen wird, dass Frauen damit besser umgehen können als Männer (Iyengar, Valentino, Ansolabehere & Simon, 1997, S. 97). Wahlkämpfer tun also gut daran, diese gerade gängigen Themen nicht nur einzukalkulieren, sondern in der Betonung der Kandidatenkompetenzen zu berücksichtigen und den Geschlechterstereotypen unter Umständen entgegenzuarbeiten.

Wie die Forschung gezeigt hat, empfiehlt sich in jedem Fall, also für Politikerinnen und Politiker gleichermaßen, 'instrumentelle', das heißt 'männliche' Eigenschaften zu demonstrieren. Diese werden nicht nur für notwendig gehalten, um mit militärischen oder ökonomischen Problemen umzugehen, sondern scheinen Wählerinnen und Wählern sogar auch die bessere Gewähr dafür zu bieten, 'weibliche' Anliegen durchzusetzen. Diese Befunde sprechen dafür, dass instrumentelle Eigenschaften wie Durchsetzungsfähigkeit, Rationalität und Entschlossenheit als unabdingbar gelten, um in der Politik zu bestehen (Huddy & Terkildsen, 1993a, b).

Es ist also davon auszugehen, dass Wählerinnen und Wähler über Vorstellungen von weiblichem und männlichem Verhalten einerseits verfügen und andererseits ein Bild davon haben, welche Qualitäten diejenigen, die über Politik entscheiden, mitbringen sollten. Da die Politik lange ein männliches Geschäft war und das auch immer noch ist, liegt nahe, dass dieses 'Idealbild' von einem Spitzenpolitiker ebenfalls stark männlich geprägt ist.

Kandidatinnen müssen also damit rechnen, dass sie an diesem Bild gemessen werden.

Frauen und Männer im Wahlkampf: Erkenntnisse aus den Vereinigten Staaten von Amerika

Aus deutschen Wahlkämpfen ist kaum ein Rezept dafür abzuleiten, wie die Strategien für Medien- und Werbekampagnen von Kandidatinnen aussehen sollten. In den USA sieht es in dieser Hinsicht um einiges besser aus, nicht etwa weil dort der Anteil von Frauen in der Politik so viel größer wäre, sondern eher bedingt durch das kandidatenorientierte Wahlsystem, das auch den Forschungs- bzw. Beratungsbedarf steigen lässt. Frauen als Wahlkämpferinnen sind in den USA vor eine deutlich andere Situation gestellt als hierzulande. Unterstützung durch die Partei gibt es dort kaum. Die Kampagnenorganisation ist weitgehend Sache der einzelnen Kandidatinnen und Kandidaten. Sie müssen sich selbst um ihr Fundraising kümmern, dafür läuft eine eigene Kampagne. Sie suchen sich ihre eigenen Berater, die die Wahlkampfstrategien bestimmen, und bauen sich ihr eigenes Wahlkampfteam auf. Allerdings hat es auch in den USA bislang keine Kandidatin für die Präsidentschaftswahlen gegeben. Am weitesten kam 1984 Geraldine Ferraro, die als 'running mate', also Vize-Präsidentschaftskandidatin, des demokratischen Bewerbers Walter Mondale antrat. 1988 erwog die Demokratin Patricia Schroeder kurzfristig, in den Präsidentschaftswahlkampf einzusteigen. 1999 strebte Elizabeth Dole die Nominierung als Präsidentschaftskandidatin der republikanischen Partei an, zog ihre Kandidatur aber noch vor den Primaries wieder zurück.

Wahlkampf in den USA, das bedeutet wenigstens bei den Wahlen der höheren politischen Ebenen im wesentlichen Investition in die 'ads', also die Fernsehwerbung. Sie gelten als die wichtigsten Kampagneninstrumente, deutlich mehr als die Hälfte des individuellen Wahlkampfbudgets geht in die Wahlspots im Fernsehen. Daher hat sich ein großer Teil der Forschung über Wahlkampfstrategien von Frauen auch auf die Fernsehspots konzentriert, und weil das schon seit den achtziger Jahren ein Thema ist, lassen sich mittlerweile sogar längerfristige Entwicklungen über Einsatz und Design der Fernsehwerbung von Kandidatinnen verfolgen. Neben den Fernsehspots gewinnt seit einigen Jahren das Internet als Wahlkampfmittel an Bedeutung, das damit auch zum Gegenstand entsprechender Forschung avancierte.

Eine Untersuchung der Fernsehwahlwerbung von Kandidatinnen und Kandidaten für Senatswahlen zwischen 1982 und 1986 kam zu dem Schluss, dass es sehr wohl Gemeinsamkeiten in den dort eingesetzten Strategien gab, aber auch einige deutliche Unterschiede (Kahn, 1996). Beide machten eher ihre politischen Ziele zum Thema als ihre Persönlichkeit. Wenn über Charaktermerkmale gesprochen wurde, dann stellten sowohl Frauen wie auch Männer ihre Kompetenz in den Vordergrund. Kandidatinnen und Kandidaten unterschieden sich jedoch in ihren Themen, im Einsatz von positiven und negativen Strategien sowie in der Kleidung, mit der sie vor die Kamera traten. Die Politikerinnen erschienen fast ausschließlich in formeller Kleidung, Politiker waren ebenso oft in legerer wie formeller Aufmachung zu sehen. Bei Frauen fanden sich häufiger soziale Themen, Männer stellten ökonomische Themen heraus. Außerdem betonten die Kandidatinnen eher als die männlichen Kontrahenten ihre Erfahrung und ihre Führungsfähigkeiten. (Kahn, 1996, S. 42; vgl. auch Kahn & Gordon, 1997)

In ihrer Analyse von Fernsehwerbung und dem Vergleich der Spots von Kandidatinnen und Kandidaten für die Senatswahlen der Jahre 1990, 1992 und 1993 fand Dianne Bystrom ebenfalls Ähnlichkeiten und Unterschiede. Die Gemeinsamkeiten in den Fernsehspots lagen vor allem in den verbalen Inhalten, die Unterschiede in der Gestaltung und der nonverbalen Präsentation. Frauen und Männer bezogen sich in gleicher Weise auf 'weibliche' und 'männliche' Themen und beide empfahlen sich der Wählerschaft mit 'weiblichen' und 'männlichen' Charaktereigenschaften. Die Selbstdarstellung der Kandidatinnen unterschied sich von derjenigen männlicher Bewerber jedoch darin, dass sie eher selber für sich warben (als andere auftreten zu lassen), häufiger direkt in die Kamera blickten, mehr lächelten und sich überwiegend formell kleideten. Die Spots männlicher Kandidaten betonten ganz allgemein deren Glaubwürdigkeit, setzten andere Personen ein, die in die Kamera sprachen, und zwar oftmals in Testimonials. Die Kandidaten selber blickten eher seriös und aufmerksam in die Kamera und waren häufiger auch in legerer Kleidung zu sehen. (Vgl. Bystrom, Banwart, Kaid & Robertson, 2004, S. 44; Bystrom & Miller, 1999, S. 294-295)

Im Wahljahr 1996 untersuchten Bystrom und Miller (1999) die Fernsehwerbung, die Kandidatinnen und Kandidaten für einen Senatoren- oder Gouverneursposten zum Einsatz brachten. Abgesehen davon, dass Kandidatinnen nun stärker auf Angriff setzten als ihre Opponenten, bestätigten sich frühere Befunde insofern, als die in den Spots angesprochenen Themen ähnlich waren. Zwei Ausnahmen gab es dabei allerdings: Frauen nahmen sich signifikant häufiger als Männer des als männlich geltenden Themas Steuern an. Umgekehrt sah es aus beim Thema Kriminalität, das männliche Bewerber häufiger ansprachen als ihre Konkurrentinnen. Ansonsten stellten Männer stärker ihre Erfolge heraus und zeigten sich optimistisch für die Zukunft. Frauen betonten dagegen mehr als Männer ihre Härte sowie ihre Kämpfer-Natur. Die Kandidatinnen bevorzugten weiterhin den Auftritt in formeller Kleidung. (Vgl. Bystrom & Miller, 1999)

Eine Untersuchung der Fernsehwerbung von Kandidatinnen und Kandidaten, die bei den sechs Senatswahlen der neunziger Jahre gegeneinander antraten, unterstützte noch einmal die oben genannten Befunde und kam schließlich zu dem Schluss, dass Frauen sich einerseits den traditionellen männlichen Normen des politischen Geschäfts angepasst, andererseits aber auch zu Veränderungen der Kampagnenkommunikation beigetragen haben (Bystrom & Kaid, 2002). Das zeigte sich darin, dass Frauen und Männer in ihrer Werbung 'männliche' und 'weibliche' Themen zur Sprache brachten. Ebenso wie Frauen in ihrer Selbstdarstellung neben 'weiblichen' auf 'männliche' Charaktereigenschaften setzten, präsentierten sich auch männliche Kandidaten mit solchen Eigenschaften, die gewöhnlich eher Frauen zugewiesen werden.

Wie die Beispiele zeigen, blieben die Befunde der Forschung gemischt. Zwar zeigten sich immer wieder Unterschiede in der Gestaltung und im Inhalt der Wahlwerbung von Kandidatinnen und Kandidaten, worin die aber genau lagen, ließ sich nicht so einfach beantworten. Das muss nicht heißen, dass es keine systematischen Unterschiede gibt, sondern die Heterogenität der Untersuchungsergebnisse lässt sich auch auf das uneinheitliche Design der Studien zurückführen: Sie bezogen sich auf Wahlen verschiedener Ebenen und Jahre, die zu jeweils unterschiedlichen Bedingungen stattfinden und wo daher auch andere Einflussfaktoren wirksam werden. Es ist auch davon auszugehen, dass sich die jeweilige Konkurrenzsituation auf die Gestaltung der Wahlwerbung auswirkt: Zwar treten Frauen fast immer gegen männliche Kandidaten an, Wahlkampf in einer Herausforderposition bedient sich aber üblicherweise anderer Strategien als da, wo ein offenes Rennen stattfindet und kein Amtsinhaber zu entthronen ist. Obendrein variierten bei den Untersuchungen auch die Analyseinstrumente, so dass zwar von Unterschieden in der Werbung von Kandidatinnen und Kandidaten zu sprechen, aber nicht klar zu charakterisieren war, wie Frauen und wie Männer für sich im Wahlkampf werben.

Die frühe Forschung ging davon aus und schien auch zu bestätigen, dass die Kandidatinnen mit ihren Kampagnenstrategien auf die Geschlechterstereotype der Wählerschaft reagieren. Das heißt, die Kandidatinnen stellten sich so dar, wie sie meinten, dass es von ihnen erwartet würde: Die Stereotype der Wählerinnen und Wähler von weiblichem und männlichem Verhalten wirkten wie "ein strategischer Imperativ" (Herrnson, Lay & Stokes, 2003, S. 244). Zum weiblichen Stereotyp gehören Emotionen, Sorge für ihre Mitmenschen, Sensibilität für die Bedürfnisse anderer, Mitgefühl und Warmherzigkeit; Frauen verwenden keine barsche Sprache, sie geben sich nicht allzu bestimmt und sie lächeln. Männer dagegen demonstrieren Stärke, Ehrgeiz, Aggressivität, Rationalität, Unabhängigkeit und Gleichmut. (Vgl. Trent & Friedenberg, 2004, S. 166)

Das war auch der Grund dafür, dass Politikerinnen vom Einsatz negativer Wahlwerbung abgeraten wurde: Weil aggressive Strategien bei Frauen 'nicht ins Bild passen', sie also mit solchem Verhalten gegen das weibliche Geschlechterstereotyp verstoßen würden, galt das Risiko eines Backlash-Effektes als besonders hoch. Sie hätten zu befürchten, dass sich Angriffe auf den Opponenten negativ für sie selbst auswirken würden. Wenn das so ist, müssten Kandidatinnen auf ein wirksames Kampagneninstrument verzichten. Mittlerweile haben aber mehrere Studien ergeben, dass Kandidatinnen sogar mehr Negativwerbung einsetzen als ihre männlichen Kontrahenten (Bystrom & Kaid, 2002; Bystrom & Miller, 1999, Kahn, 1996). Dazu passt auch der Befund, dass die Fernsehwerbung von Kandidatinnen stärker auf technische Veränderungen und Verzerrungen setzt als die männlicher Kandidaten, also mit Methoden arbeitet, die ebenso wie Negativwerbung umstritten ist (Bystrom & Kaid, 2002).

Selbst wenn es zwischen Kandidatinnen und Kandidaten keine Unterschiede im Einsatz von Negativwerbung gibt oder Frauen diese mittlerweile sogar in größerem Umfang zur Anwendung bringen als Männer, stellt sich immer noch die Frage, ob Frauen – wenn Negativwerbung so riskant für sie sein soll – dabei anders vorgehen als ihre männlichen Kollegen. Plausibel wäre einerseits, dass sie vorsichtiger, also weniger aggressiv auftreten oder ihre Angriffe auf den politischen Gegner anders verpacken. Andererseits ließe sich aber auch vermuten, dass Frauen Negativwerbung einsetzen, gerade um sich als 'tough' zu präsentieren und als fähig, sich in der männlich geprägten Politik zu behaupten (vgl. Lau & Pomper, 2004, S. 32-33). Dafür spricht auch, dass Kandidatinnen (in den USA) meist in einer Herausfordererposition gegen männliche Amtsinhaber antreten und deshalb auf entsprechende Strategien zurückgreifen müssen.

Eine Untersuchung, die die Fernsehspots von Senats- und Gouverneurswahlen aus der Zeit zwischen 1990 und 2002 analysierte (Bystrom, Banwart, Kaid & Robertson, 2004), ergab zwar keine Unterschiede im Umfang der Negativwerbung, wohl aber im Gegenstand ihrer Angriffe und in den Strategien: Während sowohl weibliche und männliche Kandidaten einander hauptsächlich über ihre Themen angriffen, kritisierten Frauen signifikant häufiger als Männer den Charakter ihres Kontrahenten. Beide setzten überwiegend auf negative Assoziation, bei Kandidatinnen gab es aber dennoch deutlich mehr explizite Beschimpfungen als bei Männern. Die Autorinnen geben zu bedenken, dass Frauen mit der Neigung zu solchen persönlichen Angriffen zwar das Risiko eingehen, gegen Geschlechterstereotype zu verstoßen, sich aber womöglich, gerade weil man es von ihnen weniger erwartet, in dieser Hinsicht sogar mehr erlauben dürfen. Umgekehrt konnten sie feststellen, dass sich Männer, die in ihrem Wahlkampf mit Frauen als Gegenkandidaten zu tun hatten, gehemmt zeigten bei ihrer Negativwerbung. Das könnte erklären, warum sie ihre Kontrahentinnen weniger direkt als indirekt angriffen, nämlich indem sie deren Nähe zu bestimmten gesellschaftlichen Gruppen (group affiliations) kritisierten oder versuchten, ihnen Schuld durch Assoziation zuzuweisen. (Vgl. Bystrom, Banwart, Kaid & Robertson, 2004, S. 40)

Andere Studien haben erbracht, dass Kandidatinnen zwar Negativwerbung zum Einsatz bringen, aber offenbar versuchen, dabei Strategien einzubringen, die einem für sie selbst negativen Effekt vorbeugen sollen. Das bedeutet, weil aggressive Werbung gegen das weibliche Geschlechterstereotyp der Wählerschaft verstößt, kombinieren Kandidatinnen in ihren Negativspots 'weibliche' und 'männliche' Strategien. So stellten Trent und Sabourin (1993) aufgrund eines Vergleiches von Fernsehspots, die Kandidatinnen und Kandidaten in Kongress- und Gouverneurswahlkampagnen schalteten, fest, dass die Negativspots der männlichen Kandidaten härtere Angriffe enthielten, klar auf den Opponenten gerichtet waren und diesen auch im Bild präsentierten. Die Kandidaten selbst traten seltener in ihren Werbespots auf – eine Strategie, die oftmals gewählt (und empfohlen) wird, um sich von dem aggressiven Stil in gewisser Weise zu distanzieren und so dem gefürchteten Backlash entgegenzuarbeiten. Die Negativspots von Kandidatinnen dagegen konzentrierten sich nicht nur auf den Gegenkandidaten, sondern zugleich auch auf die Kandidatin selber, vermischten also Strategien, die den Gegner angriffen, mit solchen, die der positiven Selbstdarstellung dienten. Das bestätigte frühere Befunde, wonach Politikerinnen in ihrer Negativwerbung bevorzugt auf eine Mischung weiblicher und männlicher Strategien setzen: Sie versuchen so, den Einsatz eines Kampagneninstruments, das dem männlichen Stereotyp und den damit verbundenen Erwartungen an einen aggressiven, auf Konfrontation angelegten Wahlkampfstil von männlichen Kandidaten entspricht, durch Strategien, die dem weiblichen Stereotyp entgegenkommen, abzuschwächen.

Frauen brauchen offenbar, um sich erfolgreich für die männliche Welt der Politik zu empfehlen, den Mix aus vermeintlich weiblichen und männlichen Qualitäten. Weil Politik ein hartes Geschäft ist, das Durchsetzungsvermögen verlangt, müssen Kandidatinnen zeigen, dass sie in diesem Geschäft bestehen können. Negativwerbung ist geeignet, sich entsprechend gegenüber der Wählerschaft zu präsentieren. Um das weibliche Stereotyp, zu dem Härte, Konfrontation und Aggressivität eher nicht gehören, zu konterkarieren, bedienen sich Politikerinnen im Wahlkampf dieses Kampagneninstruments. Einige Studien haben gezeigt, dass sie zum Teil sogar häufiger auf Negativwerbung zurückgreifen als männliche Politiker, vermeintliche Schwächen also womöglich überkompensieren. Indessen gilt, dass es Frauen aber schaden würde, wenn sie sich nur auf diese Weise in den Konkurrenzkampf einbringen; die Aufgabe der als weiblich geltenden Eigenschaften wäre ein Risiko. Daher bemühen sie sich, beides in ihrer Werbung zu demonstrieren, und das scheint sich für sie auch bezahlt zu machen, während Politikerinnen, die nur auf ihre 'weibliche Seite' setzen, weniger erfolgreich sind (vgl. Trent & Friedenberg, 2004, S. 172).

Eine Studie von Herrnson, Lay und Stokes (2003) hat gezeigt, dass Kandidatinnen, die 'als Frauen' in den Wahlkampf ziehen, dann einen Vorteil daraus ziehen können, wenn sie speziell Wählerinnen ansprechen wollen. Sie fragten Kandidatinnen und Kandidaten, die in der zweiten Hälfte der neunziger Jahre zu Wahlen auf verschiedenen Ebenen antraten, nach ihren Wahlkampfstrategien und prüften dann, welche dieser Strategien sich als erfolgreich erwiesen hatten. Dabei war festzustellen, dass Politikerinnen bei Wählerinnen oder anderen sozialen Gruppen davon profitieren können, wenn sie in ihrer Kampagne weibliche Stereotype bedienen, indem sie gerade solche Themen aufgreifen, die als 'weibliche Themen' gesehen werden und bei denen ihnen entsprechend von den Wählerinnen und Wählern auch eher Kompetenz zugesprochen wird. In der Konsequenz lautet hier die Empfehlung an Kandidatinnen, sie sollten die bei der Wählerschaft bestehenden Geschlechterstereotype zu ihrem Vorteil einsetzen, statt diese als Nachteil zu empfinden, dem man besser aus dem Weg geht. Keine Auskunft gibt die Studie indessen darüber, ob andere Wählergruppen mit solchen Strategien eher abgeschreckt werden und sich Politikerinnen damit dann vielleicht doch einen Nachteil einhandeln.

Neben der Wahlwerbung im Fernsehen eröffnet vor allem das Internet Kandidatinnen und Kandidaten die Möglichkeit einer von den Medien und ihren Selektions- und Produktionsroutinen unabhängigen Selbstdarstellung gegenüber der Wählerschaft. Gerade Politikerinnen wird daher der Einsatz des Internets empfohlen, weil sie in der medialen Berichterstattung als benachteiligt gelten. In den USA spielt das Internet seit den Wahlen des Jahres 1996 eine Rolle als Kampagneninstrument. Kandidatinnen und Kandidaten unterscheiden sich allerdings nicht wesentlich in der Art und Weise, wie sie sich in ihren Online-Auftritten präsentieren (Bystrom, Banwart, Kaid & Robertson, 2004). Niven und Zilber (2001) stellten in einer Untersuchung, die die Netzauftritte von Abgeordneten des US-Repräsentantenhauses analysierte, fest, dass Frauen etwas mehr so genannte Frauenthemen (Frauen, Kinder, Familie) sowie "compassion issues", gemeint sind Themenfelder wie Armut und Menschenrechte, ansprachen. Etwas weniger detailliert als ihre Kollegen stellten Politikerinnen ihr Privatleben vor. Dieses Ergebnis bestätigte auch Banwart in einer Analyse der Netzauftritte von Kandidatinnen und Kandidaten, die 2000 in Gouverneurs- und Kongresswahlen antraten. Außerdem fand sie, dass Frauen sich mehr in einem femininen persönlichen und professionellen Stil präsentierten, während Männer bevorzugt einen männlichen, direkten Stil einsetzten (Banwart, 2000, zitiert in Bystrom, 2004, S. 442). Insgesamt stellte sich heraus, dass bei den Netzauftritten sowohl von Kandidatinnen wie auch von Kandidaten mehr 'männliche' als 'weibliche' Themen zu finden waren.

Dass Frauen und Männer unterschiedliche Kommunikationsstile pflegen, die sich ebenfalls aus der klassischen gesellschaftlichen Arbeitsteilung entwickelt haben, ist bekannt. Im Zusammenhang mit Wahlkämpfen stellt sich die Frage, ob und wie Kandidatinnen eine andere Sprache einbringen und insbesondere inwieweit diese zum Ausdruck kommt, wenn Kandidatinnen und Kandidaten zum Beispiel in Fernsehdebatten aufeinander treffen. Nach Karlyn Campbell, die öffentliche Reden von Frauen untersuchte, ist der 'feminine' Sprachstil gekennzeichnet durch einen persönlichen Ton, Bezüge auf persönliche Erfahrungen und Anekdoten, die Einbeziehung des Publikums zum Beispiel durch Verwendung von die Zuhörerinnen und Zuhörer einschließende Pronomen und Anknüpfung an deren Erfahrungen sowie eine induktive Argumentationsweise. Der 'männliche' Sprachstil dagegen ist eher deduktiv und von logischer Argumentation geprägt, setzt auf vermeintlich unumstrittene Quellen (z. B. Statistiken) sowie die Verwendung von unpersönlichen und hypothetischen Beispielen (vgl. dazu Bystrom, 2004, S. 436-437).

In einer Analyse von Reden, die Kandidatinnen bei den Parteitagen vor der Präsidentschaftswahl 1996 hielten, fanden DeRosa und Bystrom sowohl bei Frauen wie auch bei Männern eine Vermischung von 'femininem' und 'maskulinem' Sprachstil. Darüber hinaus zeigten sich jedoch einige Unterschiede in den Reden der Politikerinnen und Politiker. Frauen setzten deutlich mehr als Männer auf einen induktiven Argumentationsstil. Außerdem verwiesen die männlichen Kandidaten häufiger auf ihre politischen Erfahrungen, während die Kandidatinnen ihre Glaubwürdigkeit mehr durch Bezüge auf ihre familiäre Rolle, vor allem als Ehefrauen und Mütter, zu unterstützen suchten. Allerdings erwies sich der Bezug auf die familiäre Erfahrung als eine Strategie, die sich auch in vielen Reden von Männern wiederfand, so dass sich (auch) in dieser Hinsicht wohl eine Annäherung der Redestile abzeichnet. (Vgl. DeRosa & Bystrom, 1999)

Banwart und McKinney (2005) untersuchten die Debattenstile von Kandidatinnen und Kandidaten, wenn sie in Fernsehduellen aufeinandertreffen. Ihr Fazit aus den Befunden lautet: "gendered adaptiveness". Gemeint ist damit, dass sich sowohl weibliche wie auch männliche Kandidaten in ihrem Debattenstil aneinander anpassen. In den von ihnen analysierten Begegnungen versuchten Kandidatinnen und Kandidaten gleichermaßen, eher Männern zugeschriebene Charaktereigenschaften (z. B. Aggressivität) hervorzukehren. In ihrem Sprachstil dagegen benutzten beide bevorzugt solche Kommunikationsstrategien, die dem weiblichen Stil zugerechnet werden.

Fazit: Es gibt durchaus Unterschiede in den Wahlkampagnen von Kandidatinnen und Kandidaten. Zum Teil lassen sich diese auf unterschiedliche

(Sozialisations-)Erfahrungen von Frauen und Männern zurückführen, aber diese antworten damit auch auf – tatsächliche oder angenommene – geschlechterspezifische Vorstellungen und Erwartungen in der Wählerschaft. Die Forschung, vor allem Studien der letzten Jahre, stellt jedoch einen Trend zur Vermischung weiblicher und männlicher Wahlkampfstile fest. Nicht nur bei Kandidatinnen finden sich in ihren Kampagnenstrategien und –instrumenten viele Elemente, die dem männlichen Stil entstammen, sondern auch Männer setzen auf den Mix. Bei Frauen bedeutet das Anpassung an die eingefahrenen männlichen Wahlkampfstile und die männlich geprägte Welt der Politik; Männer ihrerseits sehen sich gezwungen, auf die weibliche Konkurrenz zu reagieren, und wollen bestimmte, zum Teil auch spezifische Wählergruppen ansprechende Themen nicht den Kandidatinnen überlassen. Im übrigen sprechen einige Forschungsergebnisse (vgl. dazu z. B. die Ausführungen in Kahn, 1996, S. 34) dafür, dass das Auftreten von Frauen als Kandidatinnen den Wahlkampf insgesamt verändert: Bislang jedenfalls sind männliche Kandidaten offenbar nicht immer so ganz sicher, wie sie mit den Konkurrentinnen umgehen sollen. Das zeigt sich vor allem in der Negativwerbung, denn ein allzu aggressiver Stil eines Kandidaten gegenüber einer Frau könnte als ungehörig empfunden werden und daher auf ihn negativ zurückwirken. Wenn aber nicht die Entscheidung zugunsten der einen oder anderen Kampagnenstrategie an erster Stelle steht, sondern bedacht wird, ob sich das für bzw. gegenüber einer Frau oder einem Mann gehört, dann bestätigt sich hier noch einmal, dass sich die Wahrnehmung des Geschlechts vor diejenige der politischen Rolle schiebt. Vorstellungen davon, wie sich Frauen (auch) in der Politik verhalten, prägen also nicht nur die Erwartungen der Wählerschaft, sondern beeinflussen unter Umständen auch den Umgang der weiblichen und männlichen Kandidaten untereinander.

Wahlkampf in Deutschland

Noch bevor im Januar 2002 die 'K-Frage' der Union zugunsten von Edmund Stoiber entschieden war, nannte Alice Schwarzer Angela Merkel bereits ein "Paradebeispiel für die Misere der Frauen in Führungspositionen": "trotz demonstrativer Weiblichkeit nur halbe Frau, trotz erkämpfter Männlichkeit nur halber Mann" (zitiert nach: "Entscheidungen alleine treffen", 2001, S. 57). Was sie damit anspricht, ist die paradoxe Situation des *double bind*, in der Frauen sind, wenn sie in männlich geprägten gesellschaftlichen Bereichen wie der Politik Karriere machen wollen. Auf der einen Seite werden an sie die Erwartungen herangetragen, die sich aus dem Bild von der Politik ergeben, das Wählerschaft, Medien und Kollegen haben; "demonstrative Weiblichkeit" passt da nicht so recht. Auf der anderen Seite setzen sie sich Vorwürfen aus, wenn sie ihre Weiblichkeit hintenanstellen und sich allzu männlich geben. "In der Politik", so befand etwa auch der *Stern* (Daniels, 2002) kurz nach der Entscheidung der 'K-Frage' am Wolfratshauser Frühstücktisch, "hat der Geschlechterkampf seine eigenen Regeln", und stellte weiter fest: "Frauen, die in der Politik ganz nach oben wollen, müssen mindestens so toll wirken wie ihre männlichen Kollegen, doch der Grat, auf dem sie sich bewegen, ist gefährlich schmal. Zwischen zickig und zahnlos, zwischen autoritär und führungsschwach ist nur wenig Raum."

Das war auch die Lage, in die Angela Merkel geriet, als sie die Kanzlerkandidatur ins Auge nahm und als Kandidatin schließlich in den Wahlkampf gegen Gerhard Schröder zog. Nicht umsonst war die vielfach gestellte Frage: Ist die Gesellschaft reif für eine Kanzlerin? Wenn diese Frage ausgerechnet der Frau gestellt wurde, die dieses Amt anstrebte, konnte sie kaum 'nein' sagen, sie bestätigte ihr aber, dass zumindest die Medien hier ein Problem sahen und sie sich damit würde auseinandersetzen müssen. In Interviews versuchte Angela Merkel dann auch, der Frage aus dem Weg zu gehen oder die Bedeutung des Geschlechts für ein hohes Amt in der Politik herunterzuspielen. Mit Sätzen wie "Daß ich eine Frau bin, ist ja nicht zu übersehen" (2005) und "Dass ich *Frau* bin, spielt keine Rolle" ("Dass ich Frau...", 2005; Hervorhebung im Original) hoffte sie, das Thema loszuwerden, musste sich dann aber nachsagen lassen, sie "sei doch eigentlich gar keine Frau" ("Daß ich eine...", 2005). Ging es bei diesem Urteil speziell darum, dass Merkel "nie Frauenpolitik" ("Daß ich eine...", 2005) gemacht habe, war aber schon vorher mit Argwohn beobachtet worden, wie sie sich – gar nicht so, wie man es von einer Frau erwartete – den Weg für die Karriere in der Partei frei räumte.

Merkel war sich dessen bewusst, dass die Wahl nicht 'als Frau' zu gewinnen war. Nicht einmal bei der weiblichen Wählerschaft konnte sie sicher sein, dass diese eine Frau unterstützen würde, eben weil sie eine Frau war, denn auch für Wählerinnen gelten (noch) die eingefahrenen Geschlechterrollenstereotype. Aber gerade von den Frauen ebenso wie von den Medien wurde Merkel dann doch dazu gezwungen, sich mit der 'Frauenfrage' auseinanderzusetzen. In einem Interview mit Alice Schwarzer, das kurz vor dem Wahltermin in *Emma* abgedruckt war (Warum sollten wir..., 2005), bekannte sie dann auch: "noch nie in meiner politischen Laufbahn [bin ich] so stark als Frau wahrgenommen worden wie in den letzten Monaten. Im Gegenzug habe ich mich in einem für mich ungewohnten Maße auch öffentlich zu meinem Frausein bekannt. Und damit meine ich jetzt nicht nur das Schminken ..." (Warum sollten wir..., 2005, S. 40). Insofern wurde der Wahlkampf für Angela Merkel zu einem Balanceakt zwischen den Erwartungen an 'die erste Frau', die für das Amt des Bundeskanzlers kandidierte, auf der einen und den Anforderungen der männlich geprägten Politik auf der anderen Seite.

Das war nicht zuletzt eine Frage der Themen. Die Union trat an, Rot-Grün zu beenden, und griff die bisherige Koalition, besonders aber die SPD, an über die Problemfelder Wirtschaft und Arbeitslosigkeit. Damit waren 'harte' Themen gesetzt, ergänzt durch die Ankündigung der Mehrwertsteuererhöhung sowie die Diskussion einer Steuerreform. Die SPD konnte diesen Themen nicht ausweichen, konterte aber mit dem klassischen linken Thema soziale Gerechtigkeit und nannte die Union "radikal unsozial". Zudem personalisierte die SPD ihre Angriffsstrategie, indem sie Merkel direkt angriff; dafür stehen Schlagworte wie "Merkelsteuer" und "Kopfpauschale". Mit ihrem Internet-Spot, der dem fürs Fernsehen produzierten CDU-'Kugel-Spot' die Spitze nehmen sollte, machte sich die SPD über Merkel lustig, prangerte ihre Unentschlossenheit an und stellte ihre wirtschaftliche Kompetenz in Frage: "Frau Merkel möchte, dass die Bruttolöhne sinken. Oder die Nettolöhne steigen. Oder die Bruttolöhne steigen? Oder brutto, netto, Nettolöhne, brutto, netto, steigen, sinken?" (vgl. Holtz-Bacha & Lessinger, 2006b). Die Konzentration auf die 'harten', 'männlichen' Themen und die entsprechende Negativstrategie der SPD gegenüber der Kanzlerkandidatin führten bald zur Kritik am Wahlkampf der Union gerade auch aus den eigenen Reihen, die vor allem eine Kritik an Angela Merkel war: Der Wahlkampfexperte Michael Spreng, der im Bundestagswahlkampf 2002 Edmund Stoiber beraten und sich darum bemüht hatte, diesen 'weich zu spülen', nicht zuletzt um ihn für Frauen wählbar zu machen, nannte den Unionswahlkampf 2005 "eine eiskalte Polarexpedition" (Spreng, 2006). Und Frank Priess, Experte für Politische Kommunikation bei der CDU-nahen Konrad-Adenauer-Stiftung, resümierte: "es fehlten Wärme, Herz und Vision" (Priess, 2005, S. 12).

Hat Merkel also Stimmen eingebüßt, weil ihre Kampagne zu männlich, eben zu kalt war? Ist ihr der notwendige Mix nicht gelungen? Tatsächlich hat die Kanzlerkandidatin versucht, alles zu vermeiden, was dann als 'typisch Frau' hätte kommentiert werden können. Mit den Themen, die ihr insbesondere die wirtschaftliche Situation der Vorwahlzeit aufdrängte, ständig unter Druck aus den eigenen Reihen, Führungsstärke zu demonstrieren, und womöglich in Sorge, die Gesellschaft könne doch noch nicht reif sein für eine Kanzlerin, hat ihren Wahlkampf so 'kühl' werden lassen, wie es dann beklagt wurde. In exemplarischer Weise hat das der Wahlspot der CDU gezeigt, der für das Fernsehen produziert wurde. In diesem so genannten 'Kugel-Spot' war die Kanzlerkandidatin in eine Negativstrategie eingebunden, der in dunkel-bedrohlicher Atmosphäre mit der bangen Frage einsetzt "Was wird aus unserem Land?". Das Bild zeigt dazu, wie eine Kugel über einen Tisch rollt und auf ihrem Weg mehrere Gegenstände umstößt. Unterstützt durch den Off-Sprecher symbolisiert das Szenario, was Rot-Grün alles kaputt gemacht hat. Erst im letzten Teil des Spots tritt Angela Merkel ins Bild und spricht in die Kamera. Mit beinahe erstarrter Miene erklärt sie: "Dies ist keine Wahl wie andere. Es steht viel auf dem Spiel". Sie bittet für sich und die CDU um den Auftrag der Wählerschaft und versichert: "Deutschland wird es schaffen." Erst dazu, ganz am Schluss, ringt sie sich ein verkrampftes Lächeln ab, das so wirkt, als ob ihr es jemand während der Aufnahme noch schnell empfohlen hätte. Für die Plakatkampagne war das besser gelungen. Wenigstens ein Portraitplakat zeigte eine lächelnde Kandidatin "mit einem Hauch sanfter Weiblichkeit" (Holtz-Bacha & Lessinger, 2006a, S. 99), allerdings ging hier der Blick am Betrachter vorbei. Gänzlich ungewohnt erschien Merkel auf einem weiteren Plakat der Portrait-Serie, auf dem sie verhalten, aber freundlich lächelnd den Betrachter direkt anschaut (Abbildung 1).

In gewisser Weise ließe sich dieses Plakat als der Prototyp der 'neuen Merkel' bezeichnen: Die Kandidatin ging neu gestylt in den Wahlkampf und löste so erst recht die Beschäftigung mit ihrem Äußeren aus. "Stichwort Frisur", so hatte es im Zusammenhang mit der K-Frage ein Jahr zuvor in der *Frankfurter Rundschau* (Brauck, 2001) geheißen, der Artikel verwies auf ein "PR-Problem" der Kandidatin und darauf, dass eine Frau in der Politik "von den Medien mit Erwartungen konfrontiert wird, die an Männer in vergleichbaren Positionen gar nicht gestellt werden". Gewiss nicht als einziger demonstrierte der FR-Beitrag damit zweierlei: Zum einen war Merkels

Frisur seit Jahren ein thematischer Dauerbrenner, zum anderen wird diese Tatsache aber auch zum Anlass genommen, sich kritisch zum Umgang der Medien mit Politikerinnen allgemein und mit Angela Merkel im speziellen zu äußern. Letzteres ist eine geschickte Strategie, die es auch den seriösen Medien erlaubt, ein – delikates – Thema aufzugreifen, sich aber zu-gleich dennoch davon zu distanzieren.

Abbildung 1: "Ein neuer Anfang"

Die neue Frisur, mit der Merkel in den Wahlkampf zog, bot der Presse eine Gelegenheit, ihr Äußeres doch wieder zum Gegenstand der Berichterstattung zu machen. Die "Radikalkur für die Kandidatin" und die Wandlung von "Kohls Mädchen" 1991 über "Geschlechtsneutral und irgendwie 'ostig'" 1996 und "Auffallend unauffällig" 2003 bis hin zu "Konservativ konserviert" im Jahr 2005 (Heine, 2005) inspirierten zu Kommentaren in Wort und Bild. Die Behauptung "Das Auge wählt mit" (Heine, 2005) nahmen Partei und Kampagnenberatung offenbar ernst und so präsentierten die Wahlplakate ein ganz neues Gesicht der Kandidatin.

In das Fernsehduell mit Gerhard Schröder ging Angela Merkel mit geringen Erwartungen auf Seiten der Öffentlichkeit. Nur wenige trauten ihr zu, im Zusammentreffen mit dem geübten Medienkanzler bestehen zu können. Indem sie sich einem zweiten Duell verweigerte, schien sie selbst ihre Unsicherheit zu demonstrieren. Das unterstrich noch Guido Westerwelle, der meinte, Merkel vor dem Duell mit Schröder warnen zu müssen (Westerwelle warnt ..., 2005). In der Debatte mit dem Kanzler tritt Merkel allerdings als eine ruhige Diskussionspartnerin auf: Ihre Gesprächszüge sind erheblich länger als die des Konkurrenten, was Tapper und Quandt (2006, S. 254) in ihrer Diskursanalyse als "ein Zeichen für standhaftes und beharrliches Sprechen" werten, "ohne sich beispielsweise durch Einwürfe des Gegners aus dem eigenen Schema bringen zu lassen". Schröder erweist sich im Duell als der aggressivere Redner: Er ergreift deutlich häufiger als Merkel das Wort, ohne gefragt worden zu sein. "Zwei Mal beantwortet Schröder sogar eine Frage, die eigentlich an Merkel gestellt wurde; dies ist natürlich auch ein Versuch, den politischen Gegner einerseits gar nicht zu Worte kommen zu lassen, andererseits auch – im wörtlichen wie im übertragenen Sinne – zu 'entmündigen'." (Tapper & Quandt, 2006, S. 267) Merkel dagegen orientiert sich stärker am vereinbarten Gesprächsablauf und lässt sich vor allem durch Schröders Störungen nicht aus der Ruhe und aus ihrem Konzept bringen. Kein Wunder, dass ihr hinterher viele attestierten, sie sei besser als erwartet gewesen. Schröder indessen hatte Merkel im Fernsehduell etwas voraus und sich dafür aus den Erfahrungen der Duelle 2002 offenbar eines zu Herzen genommen: Ein bißchen Emotion kommt an beim Publikum. Er überraschte im Fernsehduell 2005 mit einer öffentlichen Liebeserklärung an seine Frau und brachte damit einmal mehr sein Privatleben in den Einsatz für den Wahlkampf. Die Kalkulation war nicht schlecht, denn Schröder konnte ziemlich sicher sein, dass Merkel dabei nicht mitziehen würde. Allerdings war die Inszenierung doch derart deutlich, dass der Effekt nicht ganz so ausfiel, wie ihn sich der Kanzler wohl erhofft hatte.

Wenn Merkel also 2005 ein unterkühlter Wahlkampf vorgeworfen wurde, hat das sehr wohl mit den Themen zu tun, aber auch mit der Kanzlerkandidatin, die diese Themen zu vertreten hatte. Sie hat – durchaus auch bewusst – Erwartungen enttäuscht, die sich nicht zuletzt an die Frau als Kandidatin richteten. Nicht zu beurteilen ist, ob sie schlecht beraten war durch ein in dieser Situation unerfahrenes Kampagnenmanagement oder ob sie sich der Imagepflege verweigert hat. Jedenfalls hat der Wahlkampf von Angela Merkel zum einen die Erkenntnisse der Kampagnenforschung zum Beispiel aus den USA und zum anderen die Logik des medien- oder besser fernsehvermittelten Wahlkampfes ignoriert. Sie hat, wie die Chefredakteurin der *Bunten*, Patricia Riekel, feststellte, von sich "nur dieses Bild von einer reifen Jeanne d'Arc, die Deutschland retten will" (Der Duft von Macht...,

2005), zugelassen und "ihr Ich, eher peinlich berührt, im Wahlkampf weitgehend versteckt" (Kahlweit, 2005). Im Sympathiewettbewerb mit Gerhard Schröder, der der Öffentlichkeit immer auch seine private Seite öffnete und die 'Macht der Bilder' für sich nutzte, konnte Angela Merkel nicht mithalten. Die in der Spätphase des Wahlkampfes einsetzende "weibliche Offensive" (Schwennicke, 2005; vgl. auch Lang, 2005), in der Merkel dosierte Einblicke in ihr Privatleben zuließ und plötzlich doch über 'Frauenthemen' sprach, kam aber dann wohl zu spät oder demonstrierte zu deutlich die Wahltaktik, um damit noch Punkte zu machen.

Vor Merkels Kanzlerkandidatur gab es in Deutschland nur wenige Gelegenheiten, Spitzenpolitikerinnen in ihren Wahlkampfstrategien zu beobachten. Eine, deren Kampagne mediale Aufmerksamkeit erregte, war Silvana Koch-Mehrin, Spitzenkandidatin der FDP bei der Europawahl 2004 (vgl. auch: Müssen sich Politikerinnen..., in diesem Band). Aufmerksamkeit bekam sie deshalb, weil zum einen die starke Personalisierung in einem Europawahlkampf ungewöhnlich war und zum anderen die für die Kampagne zuständige Werbeagentur von Mannstein explizit auf das Aussehen der Kandidatin setzte. Bis dahin hatten sich Politikerinnen immer darüber beklagt, dass bei ihnen zu viel aufs Äußere und zu wenig auf ihre politischen Themen und Ziele geschaut würde. Nun trat eine Frau an, die bereit war, das Medieninteresse genau so zu bedienen.

Abbildung 2: "Europa auf Vorderfrau bringen"

Mit der Konzentration auf Wirtschaftsthemen und einer Kampagne, die sie gezielt 'als Frau' präsentierte, setzte Silvana Koch-Mehrin auf den Mix aus 'demonstrativer Weiblichkeit' und 'harten' Themen. Dass Koch-Mehrin sich in ihrer politischen Karriere mit Wirtschafts- und Finanzthemen zu profilieren sucht, liegt bei einer Volkswirtin nahe, ist aber zugleich willkommene Strategie, zu der ihr auch Otto Graf Lambsdorff geraten habe: "Auf 'Gedönsthemen' hat sie keine Lust" (Hess, 2005). Abbildung 2 zeigt ein Beispiel aus der Plakatkampagne der FDP, die die Spitzenkandidatin in den Mittelpunkt stellte. Die 'Verweiblichung' der Redewendung 'auf Vordermann bringen' im Slogan bricht mit einem gewohnten sprachlichen Ausdruck und schafft so Aufmerksamkeit für die Botschaft. Das große Portraitphoto der Kandidatin, das etwa die Hälfte des Plakates ausmacht, zieht den Blick an, Koch-Mehrin wirkt jedoch trotz Business-Outfit mit weißer Bluse und schwarzer Jacke nicht inszeniert, sondern durch den offenen Kragen und das breite Lachen locker und natürlich. Der Dr.-Titel, der auf allen Plakaten den Namen begleitet, signalisiert gleichzeitig sachliche Kompetenz; wofür genau, sagt das Plakat aber nicht.

Die Resonanz der FDP-Kampagne in den Medien zeigt, dass die ungewöhnliche Kampagne ihr Ziel insofern erreichte, als sie Aufmerksamkeit für die Kandidatin generierte, allerdings mehr für ihre Person als für ihre Aussagen. In der Presseberichterstattung tauchte die FDP-Spitzenkandidatin Koch-Mehrin deutlich häufiger als Objekt denn als Urheber auf. Noch größeres Interesse erhielt die Politikerin aber in wertenden Aussagen. So ist sie nach dem Spitzenkandidaten der CDU zur Europawahl, Hans-Gert Pöttering, diejenige Politikerin, die am häufigsten das Objekt wertender Aussagen darstellt, und das ist, wie die Analyse weiter zeigt, vor allem auf ihr Äußeres zurückzuführen. Während zwar auch ihre politischen Eigenschaften relativ viel Raum in der Berichterstattung fanden, erhielten diese jedoch überwiegend negative Bewertungen. Für eine insgesamt positive Bewertungsbilanz für Koch-Mehrin sorgten dann letztlich die sehr positiven Kommentare über ihres Äußeres. (Vgl. Wiorkowski & Holtz-Bacha, 2005; vgl. auch Wilke & Reinemann, 2005)

Die Kampagne für und mit Koch-Mehrin war erfolgreich. Wie riskant allerdings eine solche Gratwanderung ist, zeigte sich hier allerdings auch. Als der *Stern* ein paar Monate später Bilder der schwangeren Silvana Koch-Mehrin mit entblößtem Bauch brachte, womit sie zum Thema Vereinbarkeit von Familie und Beruf beitragen wollte, mokierte sich der *Spiegel* über das "liberale Superweib" (Bornhöft & Neubacher, 2005). Die ZEIT qualifizierte die Politikerin nach ihrem "Strip als Hochschwangere" als "blonden Jungstar", zitierte genüsslich die FDP-Kollegen, die meinten, bei Familienpolitik "wisse sie doch augenscheinlich, wovon sie spricht", verwies aber zugleich auf das Problem, das sich hier zeigte: "Statt mit Erfolgen auf dem EU-Parkett erregte sie Aufsehen mit Hochglanzfotos von ihrem nackten Babybauch..." (Hess, 2005).

Fazit

Sowohl der Bundestagswahlkampf 2005 mit Angela Merkel wie auch die Europawahlkampagne 2004 für Silvana Koch-Mehrin demonstrieren die Double-Bind-Situation, in die eine Frau gerät, wenn sie sich aufmacht, in eine männlich dominierte Welt wie der Politik einzutreten bzw. welchen Fallen sie sich da gegenübersieht: "she is damned regardless of the communication choices she makes" (Sullivan & Turner, 1996, S. 12). Egal, was die Kandidatin tut, wie sie auftritt, was sie sagt, es ist immer falsch. Kommt sie traditionellen weiblichen Geschlechterstereotypen entgegen, gibt sie sich 'weiblich', dann will das nicht in die männlich geprägte Politik passen; passt sie sich dagegen an und gibt sich 'männlich', vermisst man die Frau in ihr. Auch Ute Voigt, Spitzenkandidatin der SPD in den letzten Landtagswahlkämpfen in Baden-Württemberg, bietet wohl ein Beispiel dafür, wie schwierig dieser Balanceakt ist (vgl. dazu auch Stauber-Klein, in diesem Band).

Das Geschlecht läuft immer mit, Frauen müssen das berücksichtigen, wenn sie in den Wahlkampf ziehen: "female candidates must deal with how they present themselves as women. Whatever the particular circumstances, their sex is part of women's campaign consciousness" (Whitaker, 1999, S. 93). Auch wenn das allenthalben beklagt wird, gehört dazu bei Kandidatinnen womöglich auch das Aussehen, wie eine Untersuchung über den schleswig-holsteinischen Landtagswahlkampf 2000, bei dem Heide Simonis und Volker Rühe als Spitzenkandidaten von SPD und CDU antraten, andeutet (Ohr & Klein, 2001).

Wie aber das Problem zu lösen ist, dazu gibt es in Deutschland so gut wie keine Erfahrungen. Nur wenige Frauen sind hier bislang ins Rennen um solche politischen Ämter gegangen, die eine personalisierte Kampagne nahelegen und daher entsprechende Erfahrungen liefern könnten. Auch die Profis des Beratungsgeschäfts werden hier kaum helfen können, denn diese Branche ist ebenfalls ein männliches Geschäft. Das gilt für die USA (vgl. Dulio, 2004, S. 45), erst recht aber für Deutschland. Lang und Sauer (2003) haben nach ihrer Analyse des Bundestagswahlkampfes 2002 die Wahlkampfzentralen als "geschlechtsspezifische Filter" und "Orte maskuliner Selbstverständigung über Politik" bezeichnet (S. 435), für deren verzerrte Öffentlichkeitsarbeit die Medien kein Korrektiv bilden, sondern auch noch als Verstärker agieren (S. 439). Politikerinnen selbst beklagen mangelnde Vorbereitung auf die Politik. Zu den Desiderata gehören auch Kenntnisse über die formellen und mehr sogar nicht die informellen Kommunikationsformen des politischen Geschäfts (Weber, Esch & Schaeffer-Hegel, 1998), bisher gilt offenbar in erster Linie *learning by doing*. Das heißt, Frauen, die sich auf die Politik einlassen und hier Karriere machen wollen, gehen in jeder Beziehung mit ungleichen Voraussetzungen in den Kampf um Amt und Image. "Campaigns are wars", sagt Nancy Pelosi – es sieht so aus, als ob Frauen die Waffen erst noch finden müssen, mit dem sich diese Auseinandersetzungen sicher gewinnen lassen.

Literatur

Alexander, D., & Andersen, K. (1993). Gender as a factor in the attribution of leadership traits. *Political Research Quarterly, 46*, 527-545.

Banwart, M. C., & McKinney, M. S. (2005). A gendered influence in campaign debates? Analysis of mixed-gender United States Senate and gubernatorial debates. *Communication Studies, 56*, 353-373.

Bornhöft, P., & Neubacher, A. (2005, 7. März). Ganz mutig, ganz toll. *Der Spiegel*, S. 46.

Brauck, M. (2001, 7. Januar). Was hat sie nicht, was er hat? Spin-Doctoring für Angela Merkel: Die CDU-Parteivorsitzende steckt in einem tiefgreifenden PR-Dilemma. *Frankfurter Rundschau*. Abgerufen am 11. November 2001 von wysiwyg://Body.128/http://www.frankfurterrundschau.de/fr/280/t280019.htm

"Bundeskanzlerin" vor "Gammelfleisch". (2005, 16. Dezember). *Süddeutsche Zeitung*. Abgerufen am 9. Januar 2006 von www.sueddeutsche.de/panorama/artikel/333/6626...

Bystrom, D. G. (2004). Women as political communication sources and audiences. In Kaid L. L. (Hrsg.), *Handbook of political communication research* (S. 435-459). Mahwah, NJ: Lawrence Erlbaum.

Bystrom, D. G., Banwart, M. C., Kaid, L. L., & Robertson, T. A. (2004). *Gender and candidate communication. VideoStyle, WebStyle, NewsStyle*. New York: Routledge.

Bystrom, D., & Kaid, L. L. (2002). Are women transforming campaign communication? A comparison of advertising videostyles in the 1990s. In C. S. Rosenthal (Hrsg.), Women transforming Congress (S. 146-169). Norman, OK: University of Oklahoma Press.

Bystrom, D. G., & Miller, J. L. (1999). Gendered communication styles and strategies in campaign 1996: The videostyles of women and men candidates. In L. L. Kaid & D. G. Bystrom (Hrsg.), *The electronic election. Perspectives on the 1996 campaign communication* (S. 293-302). Mahwah, NJ: Lawrence Erlbaum.

Carroll, S. J., & Fox, R. L. (2006). Introduction: Gender and electoral politics into the twenty-first century. In S. J. Carroll & R. L. Fox (Hrsg.), *Gender and elections. Shaping the future of American politics* (S. 1-11). Cambridge: Cambridge University Press.

Chang, C., & Hitchon, J. C. B. (2004). When does gender count? Further insights into gender schematic processing of female candidates' political advertisements. *Sex Roles, 51*, 197-208.

Daniels, A. (2002, 17. Januar). Gescheitert, weil sie eine Frau ist? *Stern*, S. 28-30.

"Daß ich eine Frau bin, ist ja nicht zu übersehen". (2005, 22. November). *faz.net*. Abgerufen am 21. Februar 2006 von www.faz.net/s/RubAC861D48C098406D9675C0...

"Dass ich *Frau* bin, spielt keine Rolle". (2005, September). *Cicero*, S. 56-59.

Der Duft von Macht und Männlichkeit. (2005, 5. September). *Frankfurter Allgemeine Zeitung*, S. 40.

DeRosa, K. L., & Bystrom, D. G. (1999). The voice of and for women in the 1996 presidential campaign: Style and substance of convention speeches. In L. L. Kaid & D. G. Bystrom (Hrsg.), *The electronic election. Perspectives on the 1996 campaign communication* (S. 97-111). Mahwah, NJ: Lawrence Erlbaum.

Dulio, D. A. (2004). *For better or worse? How political consultants are changing elections in the United States*. Albany, NY: State University of New York Press.

"Entscheidungen allein treffen". (2001, 29. Dezember). *Der Spiegel*, S. 57-59.

Falk, E., & Kenski, K. (2006). Issue saliency and gender stereotypes: Support for women as presidents in times of war and terrorism. *Social Science Quarterly, 87*, 1-18.

Gordon, A., Shafie, D. M., & Crigler, A. N. (2003). Is negative advertising effective for female candidates? An experiment in voters' uses of gender stereotypes. *Press/Politics, 8*(3), 35-53.

Heine, M. (2005, 26. Juni). Eine Radikalkur für die Kandidatin. *Frankfurter Allgemeine Sonntagszeitung*, S. 58.

Herrnson, P. S., Lay, J. C., & Stokes, A. K. (2003). Women running "as women": Candidate gender, campaign issues, and voter-targeting strategies. *The Journal of Politics, 65*, 244-255.

Hess, D. (2005, 4. Mai). was bewegt... *Die Zeit*, S. 36.

Holtz-Bacha, C., & Lessinger, E.-M. (2006a). Politische Farbenlehre: Plakatwahlkampf 2005. In C. Holtz-Bacha (Hrsg.), *Die Massenmedien im Wahlkampf. Die Bundestagswahl 2005* (S. 80-125). Wiesbaden: VS Verlag für Sozialwissenschaften.

Holtz-Bacha, C., & Lessinger, E.-M. (2006b). Wie die Lustlosigkeit konterkariert wurde: Fernsehwahlwerbung 2005. In C. Holtz-Bacha (Hrsg.), *Die Massenmedien im Wahlkampf. Die Bundestagswahl 2005* (S. 164-182). Wiesbaden: VS Verlag für Sozialwissenschaften.

Huddy, L., & Terkildsen, N. (1993a). Gender stereotypes and the perception of male and female candidates. *American Journal of Political Science, 37,* 119-147.

Huddy, L., & Terkildsen, N. (1993b). The consequences of gender stereotypes for women candidates at different levels and types of office. *Political Research Quarterly, 46,* 503-525.

Iyengar, S., Valentino, N. A., Ansolabehere, S. & Simon, A. F. (1997). Running as a woman: Gender stereotyping in political campaigns. In P. Norris (Hrsg.), *Women, media and politics* (S. 77-98). Oxford: Oxford University Press.

Kahlweit, C. (2005, 24. September). Bei der nächsten Frau wird alles anders. *Süddeutsche Zeitung,* S. I.

Kahn, K. F. (1996). *The political consequences of being a woman. How stereotypes influence the conduct and consequences of political campaigns.* New York: Columbia University Press.

Kahn, K. F., & Gordon, A. (1997). How women campaign for the U.S. Senate: Substance and Strategy. In P. Norris (Hrsg.), *Women, media and politics* (S. 59-76). Oxford: Oxford University Press.

Koch, J. W. (2000). Do citizens apply gender stereotypes to infer candidates' ideological orientations? *The Journal of Politics, 62,* 414-429.

Lang, S. (2005, 3. September). Wir, die Frauen, sind Merkel! *Die Tageszeitung,* S. 6.

Lang, S., & Sauer, B. (2003). "Doris ihr'n Mann seine Partei." Die Reduktion von Frauen- auf Familienpolitik im bundesdeutschen Wahlkampf 2002. *Österreichische Zeitschrift für Politikwissenschaft, 32,* 429-441.

Lau, R. R., & Pomper, G. M. (2004). *Negative campaigning. An analysis of U.S. Senate elections.* Lanham, MD: Rowman & Littlefield.

McDermott, M. L. (1997). Voting cues in low-information elections: Candidate gender as a social information variable in contemporary United States elections. *American Journal of Political Science, 41,* 270-283.

Niven, D., & Zilber, J. (2001). Do women and men in Congress cultivate different images? Evidence from Congressional web sites. *Political Communication, 18,* 395-405.

Popkin, S. L. (1994). *The reasoning voter. Communication and persuasion in presidential campaigns* (2. Auflage). Chicago, IL: The University of Chicago Press.

Priess, F. (2005, Oktober). Ein Wahlkampf der besonderen Art. *Die Politische Meinung,* (431), 10-14.

Sanbonmatsu, K. (2002). Gender stereotypes and vote choice. *American Journal of Political Science, 46,* 20-34.

Schaffner, B. F. (2005). Priming gender: Campaigning on women's issues in U.S. Senate elections. *American Journal of Political Science, 49,* 803-817.

Schöler-Macher, B. (1994). *Die Fremdheit der Politik: Erfahrungen von Frauen in Parteien und Parlamenten.* Weinheim: Deutscher Studien-Verlag.

Schwennicke, C. (2005, 27. August). Weibliche Offensive. *Süddeutsche Zeitung,* S. 2.

Spreng, M. (2006). Die eiskalte Expedition der Union. Gründe für das grandiose Scheitern der Wahlkampfstrategie von CDU/CSU/Eine Analyse. *Frankfurter Rundschau online.* Abgerufen am 23.1.2006 von www.fr-aktell.de/ressorts/nachrichten_und_politik/dokumentation/?cnt=790679

Sullivan, P. A., & Turner, L. H. (1996). *From the margins to the center. Contemporary women and political communication*. Westport, CT: Praeger.

Tapper, C., & Quandt, T. (2006). "Trotzdem nochmal nachgefragt, Frau Kirchhof...".Eine dialoganalytische Untersuchung der Fernseh-Duelle im Wahlkampf 2005. In C. Holtz-Bacha (Hrsg.), *Die Massenmedien im Wahlkampf. Die Bundestagswahl 2005* (S. 246-276). Wiesbaden: VS Verlag für Sozialwissenschaften.

Trent, J. S., & Friedenberg, R. V. (2004). *Political campaign communication. Principles & practices* (5. Auflage). Lanham, MD: Rowman & Littlefield.

Trent, J. S., & Sabourin, T. (1993). Sex still counts: Women's use of televised advertising during the decade of the 80s. *Journal of Applied Communication, 21*, 21-40.

Warum sollten wir Sie wählen... (2005, September/Oktober). *Emma*, S. 40-43.

Weber, U., Esch, M., & Schaeffer-Hegel, B. (1998). Politikerin als Beruf. Ergebnisse einer Untersuchung zur politischen Bildung und Professionalisierung von Frauen für die Politik. *Aus Politik und Zeitgeschichte*, (B 22-23), 3-11.

Westerwelle warnt Merkel vor TV-Duell. (2005, 10. Juli). *N24*. Angerufen am 20. Juli 2005 von www.n24.de/politik/wahl-2005/index.php/n2005071012261500002#

Whitaker, L. D. (1999). Women and sex stereotypes: Cultural reflections in the mass media. In L. D. Whitaker (Hrsg.), *Women in politics: Outsiders or insiders? A collection of readings* (3. Auflage; S. 87-96). Upper Saddle River, NJ: Prentice Hall.

Wilke, J., & Reinemann, C. (2005). Auch in der Presse immer eine Nebenwahl? Die Berichterstattung über die Europawahlen 1979-2004 und die Bundestagswahlen 1980-2002 im Vergleich. In C. Holtz-Bacha (Hrsg.), *Europawahl 2004. Die Massenmedien im Europawahlkampf* (S. 153-173). Wiesbaden: VS Verlag für Sozialwissenschaften.

Wiorkowski, A., & Holtz-Bacha, C. (2005). Und es lohnt sich doch. Personalisierungsstrategien im Europawahlkampf. In C. Holtz-Bacha (Hrsg.), *Europawahl 2004. Die Massenmedien im Europawahlkampf* (S. 174-196). Wiesbaden: VS Verlag für Sozialwissenschaften.

Müssen sich Politikerinnen anders vermarkten als ihre Kollegen?

Silvana Koch-Mehrin befragt von Sigrun Eibner

Sigrun Eibner:
Ich denke, mit Frau Koch-Mehrin haben wir da ein sehr gutes Beispiel für diese Frage oder eine sehr kompetente Partnerin gefunden, hoffe ich, weil Sie eigentlich doch keine typische Politiker-Karriere hinter sich haben. Wenn ich den Lebenslauf ganz kurz zusammenfassen darf: Nach Studium und Promotion haben Sie eine Unternehmensberatung gegründet und da Lobbyarbeit betrieben, gleichzeitig haben sie politische Erfahrungen gesammelt bei den jungen Liberalen im FDP-Bundesvorstand, in der europäischen Liberalen Fraktion ELDR und als Spitzenkandidatin zur Europawahl. Sie persönlich und natürlich auch ihre Parteifreunde haben erreicht, dass seit 2004 die FDP wieder im Europäischen Parlament vertreten ist, und seitdem sind Sie Vorsitzende der FDP-Fraktion und verkörpern auch ein wenig die FDP. Sie sind auch das Gesicht in den Medien, das man mit der FDP, wenn es um Europa geht, eigentlich am häufigsten zu Gesicht bekommt. Sie wurden im Jahr 2002 von der Frauenzeitschrift *Freundin* als 'Frau des Jahres' ausgezeichnet. Sie haben eine steile und sehr beachtliche Karriere für eine 35jährige Politikerin hingelegt. Haben Sie den Eindruck, dass der Erfolg, den Sie bei der Europawahl erzielen konnten, auch ein wenig darauf gefußt hat, dass Sie gut aussehen und dass Sie sich in den Medien entsprechend präsentieren können?

Silvana Koch-Mehrin:
Herzlichen Dank für die nette Einleitung und das Kompliment! Würde ich behaupten, das eine hätte mit dem anderen nichts zu tun, wäre das für alle erkennbar unwahr. Die Europawahl 2004 mit einer Spitzenkandidatin zu besetzen war eine ganz kalkulierte, strategische Entscheidung von Guido Westerwelle. Die FDP sollte sich deutlich unterscheiden von den Spitzenkandidaten der anderen Parteien. Wenn man sich ganz nüchtern vor Augen hält, dass die FDP zehn Jahre lang nicht im Europäischen Parlament vertre-

ten war, die Europawahlen keine Rolle im öffentlichen Bewusstsein oder in der öffentlichen Diskussion spielten, dann ist die Strategie gut nachvollziehbar. Weil Regierung und Opposition im Europäischen Parlament so nicht existieren, gab es auch das Funktionsargument nicht, das die FDP in manchen Wahlen begünstigt. Und Europapolitik ist ohnehin ein Thema, dessen Vermittlung extrem schwer fällt. Die Überlegung von Guido Westerwelle war, im ersten Schritt mediale Aufmerksamkeit für Europa zu wecken. Und das funktioniert, indem man das Gesetz der Medien befolgt: Denn Aufmerksamkeit schafft, wer abweicht von der Regel. Weil die anderen Parteien fast ausschließlich Europa-Politiker nominiert hatten, die ihre dritte oder vierte Legislaturperiode im Europäischen Parlament anstrebten und zumeist schon über fünfzig Jahre alt waren, dachte er also: "Ein anderes Profil ist zumindest ein Fuß in der Tür", und dann muss man gucken, was man daraus macht. Ich habe dann fast ein dreiviertel Jahr lang Wahlkampf geführt, weil mich natürlich am Anfang auch in der Partei kaum einer kannte und ich sozusagen erst mal "üben" musste. Reden halten, Wahlkampf machen – das alles war für mich in dieser Form neu. Ich musste mich förmlich "warmlaufen", bevor die große mediale Aufmerksamkeit des bevorstehenden Wahltags entstand.

Sigrun Eibner:
Hatten Sie mit Neid ihrer zumeist älteren und meist auch männlichen Kollegen zu kämpfen?

Silvana Koch-Mehrin:
Nein, am Anfang überhaupt nicht. Keiner hat gedacht, dass ich es schaffe. Ich habe bei der Aufstellung zur Spitzenkandidatin über 90 Prozent Zustimmung der Delegierten bekommen. Das sind Ergebnisse, die es bei der FDP eigentlich nicht gibt. Ich habe das verstanden als: "Mädchen, wir finden es gut, dass Du Dich hier abrackern willst. Da wird zwar nichts draus, aber wir haben zumindest für dich gestimmt". Und deshalb, so vermute ich, gab es diese große, breite Unterstützung. Hinterher hat sich das etwas differenziert, als alle merkten, dass ich durchaus auch meine eigene Meinung habe und mich nicht davon abbringen lasse – es sei denn, gute Argumente belehren mich eines Besseren. Später hat sich die Unterstützung ein bisschen verdünnt, oder sagen wir mal, es gab dann klarere Einteilungen der Lager: Wer sind die wirklichen Unterstützer und mit wem hat man ab und

an mal das eine oder andere Sträußchen auszufechten? Aber ehrlich gesagt: Das empfinde ich als sehr angenehm.

Sigrun Eibner:
Ihr politischer Schwerpunkt ist die Haushaltspolitik und nicht die Familienpolitik. Die wird ja immer gerne mit Frauen besetzt, weil die angeblich am kompetentesten sind und sich da aus ihrem eigenen Erfahrungsschatz bedienen können. Haben Sie sich ganz bewusst gegen die Familienpolitik entschieden, oder wo kam ihre Vorliebe für die Haushaltspolitik her?

Silvana Koch-Mehrin:
Ja, ich habe mich ganz bewusst dagegen entschieden, weil ich gemerkt habe, dass – und ich glaube das ist in allen Parteien ähnlich paradox – Frauen in der Familienpolitik einen schweren Stand haben. Alle fürchten: "Die sagt jetzt wieder, wie unterdrückt die Frauen sind". Die Zuhörer schalten dann innerlich ab. Ich finde das entsetzlich, aber meine Erfahrung ist: Das ist leider immer noch Realität. Außerdem dachte ich mir, im Grunde muss man schauen, wo sind die Jungs eigentlich erfolgreich? Also: Woran liegt es, dass sie diejenigen sind, die ganz sicher im Sattel sitzen? Da geht es dann immer um die gleichen Dinge – es geht um Geld, es geht darum, ob man Entscheidungen treffen kann, ob man sichere Netzwerke hat, die einen tragen, auch wenn man mal eine Schwächephase hat.

Und weil ich auch Volkswirtschaft studiert hatte – Volkswirtschaft und Geschichte um genau zu sein – aber eben auch Volkswirtschaft, dachte ich: Das ist genau das Feld, genau die Sprache, die von den Jungs verstanden wird, also mache ich das und bin dann hoffentlich mindestens genauso gut, wenn nicht noch den Tick besser, den man manchmal zumindest am Anfang noch sein muss, um sich Respekt zu verschaffen. Bei Netzwerken kann ich nicht ausschließlich auf Frauen-Netzwerke setzen. Nach wie vor – das ist meine Erfahrung – sind die Männernetzwerke dominanter und stärker. Insofern muss man überall Verbündete finden.

Sigrun Eibner:
Sie haben sehr viel Aufmerksamkeit bekommen, als Sie Fotos mit Babybauch von sich machen ließen, das war eine große Geschichte im *Stern*. Das erregte große Aufmerksamkeit, und daraufhin hat sich eine heftige Diskussion entspannt, denn vielen ging diese Provokation zu weit. Viele haben

Ihnen den Vorwurf gemacht, dass Sie Aufmerksamkeit um jeden Preis erreichen wollten. Was hat das jetzt rückblickend gebracht? Würden Sie es nochmal tun?

Silvana Koch-Mehrin:
Ich würde es jetzt nicht ein zweites Mal machen. Aber rückblickend würde ich meine Entscheidung vom Frühjahr 2005 wieder genauso treffen. Mit allen Konsequenzen.

Sigrun Eibner:
Aber es drängt sich die Frage auf, wie weit darf man als Frau in der Politik die Familie öffentlich machen? Kein Mann wird gefragt, wie er seine Karriere mit seiner Familie und mit den Kindern vereinbaren kann. Als Frau wird man oft auf diese Frage reduziert. Aber Sie haben natürlich auch ein bisschen provoziert, indem Sie Ihre Schwangerschaften öffentlich machten. Dadurch wurde das Interesse für Ihr Privatleben erst recht geweckt – eine Gratwanderung?

Silvana Koch-Mehrin:
Ich finde es immer witzig, wenn man Dinge ins Absurde überzeichnet. Gleichzeitig ist es wichtig, klar die Grenze zu ziehen. Es gibt zum Beispiel keine Fotos von meinen Kindern, die veröffentlicht werden dürfen. Im Anschluss an die Schwangerschaftsgeschichte im *Stern* wurden in der einen oder anderen Zeitung ein Foto von mir mit Kindern oder von einem meiner Kinder veröffentlicht. Dagegen habe ich rechtliche Schritte unternommen. Ich möchte das nicht, weil meine Kinder nicht selbst entscheiden können, ob sie auf den Fotos sein wollen oder nicht. Man kann Persönlichkeitsrechte also auch für die Kinder durchsetzen. Manchmal erscheint mein Lebensgefährte mit mir auf Fotos – der ist aber erwachsen und kann darüber entscheiden, ob er das möchte oder nicht. Und wenn es um Fragen geht wie: "Wie organisiert ihr dieses Leben mit Kindern?", dann beantworte ich das. Andere Anfragen sage ich dagegen ab: Diese Super-Nanny-Quiz-Shows und so weiter mache ich nicht mit. Ich schreibe auch keine Eltern-Ratgeber in den entsprechenden Rubriken. Für meine politischen Aussagen ist das nicht relevant.

Sigrun Eibner:
Haben Sie es auch als ein Stück Erotik in der Politik erlebt?

Silvana Koch-Mehrin:
Politik ist voll von Erotik – ob man das nun mag oder nicht. Wenn Männer sich auf die Schultern klopfen und möglichst breitbeinig auftreten, ist das ein erotisches Signal. Oder wenn es darum geht, an Zigarren zu saugen, oder darum, eine dicke Uhr in die Kamera zu halten. Da gibt es unendlich viele verschiedene Elemente. Man muss gar nicht so weit gehen wie Ex-Minister Wolfgang Clement, der sich in Unterhosen filmen ließ. Das wirkt auf mich nicht wirklich erotisch, aber das ist – und ich meine das jetzt nicht despektierlich – schon ein, na ja, ein Schritt der sagen wir mal "sehr körperlich" war. Was die Erotik der Macht bei Frauen angeht, ist noch sehr unklar, wie das sein wird, da es einfach noch keine prägenden Beispiele dafür gibt. Ich sehe nur, dass die Frauen in anderen europäischen Ländern sich sehr viel weniger schwer damit tun, sehr klar weiblich aufzutreten und überhaupt nicht das Gefühl haben, dadurch in ihrer Kompetenz in Frage gestellt zu sein. Ich finde: Wenn eine Frau Spaß daran hat sich anzuziehen, so wie sie es eben möchte, sich zu schminken oder auch mal zu sagen, "so, ich fühle mich einfach attraktiv in dem einen oder anderen Styling", dann sollte sie das tun können. Und zwar ohne im Hinterkopf zu haben: "Werde ich dadurch in meiner Kompetenz in Frage gestellt?" Insofern finde ich, dass auch Erotik bei Frauen in der Politik natürlich eine Komponente ist.

Sigrun Eibner:
Sehen Sie sich als einen neuen Politikerinnen-Typus? Wenn man Sie jetzt mal mit Frau Merkel vergleicht, dann treten Sie deutlich weiblicher auf. Frau Merkel trägt ja eigentlich immer nur Hosenanzüge in gedeckten Farben, versucht auch möglichst Frauen-Themen zu umschiffen. Ist es Ihr Erfolgsrezept, dass Sie deutlich weiblicher auftreten?

Silvana Koch-Mehrin:
Ich habe an Frau Merkel mit großem Interesse festgestellt, dass sie immer weiblicher wurde, je mächtiger sie geworden ist. Auch optisch. Ich vermute, dass sie genug Willensstärke besitzt, nein zu sagen, wenn ihr das nicht passen würde. Wenn sie die Fotos der letzten Jahre vergleichen, dann finde ich, dass ihre Weiblichkeit heute viel sichtbarer ist, als es noch vor wenigen Jah-

ren der Fall war. Aber ich weiß nicht – neuer Politikerinnen-Typus? Es gibt unterschiedliche Typen bei weiblichen Politikern, es gibt unterschiedliche Typen bei männlichen Politikern. Es gibt manche, die für die Auswahl ihrer Krawatte sicherlich zehn Minuten am Morgen verwenden. Es gibt aber auch Frauen, die für die Auswahl ihrer Kleidung zehn Minuten am Morgen benötigen – und manche, die das anziehen, was gerade als nächstes greifbar ist. Ich denke, jeder ist da anders.

Sigrun Eibner:
Haben Sie den Eindruck, dass sich durch eine Frau im Kanzleramt auch im Umgang mit Frauen in der Politik etwas verändert hat?

Silvana Koch-Mehrin:
Ich glaube, in den Parteien selbst hat sich etwas verändert. Jede Partei versteht: Ohne Frauen geht's nicht mehr. Es ist sogar noch ein weiterer Schritt in der allgemeinen Wahrnehmung zu sehen: Frauen können alles. Frauen sind nicht mehr nur für bestimmte Rubriken zuständig. Wir hatten zwar bisher noch nie eine Außenministerin, wir hatten noch nie eine Finanzministerin und wir hatten noch nie eine Wirtschaftsministerin – aber das wird sich ändern. Es war immer so, dass bei den mächtigeren Themen eher Männer an der Spitze standen und weniger die Frauen. Mit Frau Merkel als Kanzlerin ist diese Art von Einteilung beendet. Allmählich merkt man: Frauen haben bisher unterschätzte Potenziale in der Politik.

Sigrun Eibner:
Sind Sie ganz bewusst in die Europa-Politik gegangen, weil Frauen hier bessere Bedingungen haben, oder würden Sie auch gerne in Berlin Politik machen?

Silvana Koch-Mehrin:
Ich weiß nicht, warum Sie meinen, dass es für Frauen in Europa bessere Bedingungen gibt. Die FDP im Europaparlament besteht aus sechs Männern und mir. Ich bin nicht sicher, ob das so hervorragende Bedingungen sind, ehrlich gesagt... Aber mal im Ernst: Das sind alles sehr Nette, und wir kommen auch wunderbar miteinander klar. Zudem habe ich auch vor meiner Wahl ins Europaparlament schon in Brüssel gearbeitet. Ich meine mich auszukennen, was europapolitische Themen angeht. Gerade in den Bereichen,

in denen ich jetzt auch tätig bin. Insofern passte das für mich zu dem, was ich vorher schon gemacht hatte, wo also auch meine Interessen lagen. Bundespolitik interessiert mich – ganz ehrlich gesagt – gar nicht so sehr wie Europa-Politik.

Sigrun Eibner:
Kann man in Brüssel besser gestalten als in Berlin?

Silvana Koch-Mehrin:
Europa ist unglaublich spannend: Das ist ein Parlament mit Abgeordneten aus 27 Ländern. Es ist ein ganz faszinierendes, internationales Zusammenarbeiten: Immer stark an der Sache. Das ist so, weil es – ich kritisiere das immer sehr – einen Mangel an Demokratie gibt, weil die Öffentlichkeit nicht sehr darauf schaut, was man macht. In der EU finden derzeit gigantische Umbrüche statt, neue Länder kommen dazu. Man muss sich nur überlegen, was in der Folge der Wiedervereinigung in Deutschland diskutiert wurde, was sich politisch veränderte. In der EU findet das ständig in einem ganz großen Maßstab statt, wie 2007 im Fall von Bulgarien und Rumänien oder auch bei den zurzeit laufenden Verhandlungen mit Kroatien und der Türkei. Es gibt Schätzungen, dass bis zu 80 Prozent der Gesetze, die im Bundestag beschlossen werden, eigentlich aus Brüssel kommen. Das zeigt natürlich auch noch mal, wie viel Gestaltungsmöglichkeit man dort hat. Ich habe den Eindruck, dass das bei vielen Bundespolitikern gar nicht wahrgenommen wird, weil das natürlich auch heißen würde, dass sie sich eingestehen müssten, dass sie gar nicht so viel selbst gestalten können.

Sigrun Eibner:
Allerdings muss man auch zugeben, dass es immer schwierig ist, Europa-Politik zu verkaufen. Dieses Problem haben wir auch jeden Tag bei uns in der Zeitung, indem wir natürlich viel mehr aus der Bundespolitik berichten als über Europa-Politik, die oft auch sehr schwer greifbar ist. Europa ist für viele Bürger immer noch sehr abstrakt. Sollten auch deshalb mehr Frauen in die Europa-Politik gehen? Erhoffen Sie sich, dass es dann besser wird?

Silvana Koch-Mehrin:
Das glaube ich, ehrlich gesagt, nicht. Ich glaube nicht, dass es eine Männer-Frauen-Sache ist, dass europapolitische Themen schwer wahrgenommen

werden. Ich glaube, es liegt viel mehr daran, dass man nicht weiß, wer wirklich für etwas steht. Hier in Deutschland hat man im Glücksfall die eine oder andere Person, die sichtbar für ein Thema steht – sowohl auf Seiten der Regierung als auch auf Seiten der Opposition. So eine überschaubare Situation hat man bei Europa nicht. Man kann zum Beispiel den zypriotischen Kommissar für Gesundheitspolitik nicht zu Sabine Christiansen einladen und sagen: "Erzähl mal, was Du machst". Vor allem, weil er gar nicht Deutsch spricht. Das ist natürlich ein großes Handicap der Politikvermittlung, die vor allem über Personen läuft. Und über klare Frontlinien, wo man weiß, hier gibt es einen Entwurf, hier den Gegenentwurf dazu, der kommt dann von der Opposition – all das gibt es bei Europa nicht. Und deswegen glaube ich, dass es durch mehr Frauen auch nicht sehr anders werden wird.

Sigrun Eibner:
Ist es ein Problem, dass in der Europäischen Union Nationen zusammenarbeiten, die ein sehr unterschiedliches Verständnis von Frauen in der Politik oder von Emanzipation generell haben? Haben Sie in dieser Hinsicht schon persönliche Erfahrungen gemacht?

Silvana Koch-Mehrin:
Ja, und ehrlich gesagt sehr gute! Der liberalen Fraktion bei uns im Parlament gehören – nach den Grünen – die meisten Frauen an. Wir haben fast 50 Prozent Frauenanteil, und es ist schon eine schöne Sache, wenn man sieht, dass es in anderen Ländern durchaus anders geht. Wir sind als FDP im Europaparlament sechs Männer und eine Frau, aus Schweden kommen aber beispielsweise drei Frauen und kein Mann. Das gibt es also auch. Es ist eine spannende Sache zu beobachten, wie selbstbewusst Frauen in den skandinavischen Ländern, aber durchaus auch in Frankreich auftreten und das sogar erwartet wird. Also nicht: "Darf ich?", sondern "Ich will!" Also eine ganz andere Herangehensweise. Und das wird auch nicht als unangemessen oder unweiblich wahrgenommen. Auf der anderen Seite die italienische Variante: Dort gibt es relativ wenige Politikerinnen, aber die, die bei uns in der Fraktion sind, treten sehr temperamentvoll und sehr kompetent auf. Dabei setzen sie aber auch ganz klar ihre "weiblichen Waffen" ein und können manche Diskussion auch darüber für sich entscheiden, dass sie den anderen erst mal etwas verwirren.

Sigrun Eibner:
Würden Sie der These, dass Politikerinnen besser sein müssen als ihre männlichen Kollegen, zustimmen?

Silvana Koch-Mehrin:
Das sie müssen in jedem Falle. Ich denke, Politikerinnen sind anders als Politiker. Weil Frauen anders sind als Männer – was ich auch sehr schön finde. Aber ich glaube, um als Politikerin erfolgreich zu sein, muss man auch in gewisser Weise wissen, verstehen und es auch anwenden können, was Männer als Politiker machen. Weil sich das zu dem addiert, was man als Frau sowieso hat und kann, sind die Frauen dann vielleicht auch automatisch besser. Ich denke allerdings: Fachlich kompetent müssen sie sein. Die Zähigkeit und die Hartnäckigkeit, das dicke Fell also, müssen sie schon mitbringen, um die leider noch nicht zu umgehenden Männerrunden durchzustehen. Jedenfalls solange, bis man in der Lage ist, da selbst auch ein bisschen zu verändern.

Sigrun Eibner:
Haben Sie sich ein dickes Fell zulegen müssen? Gab es schon mal Situationen, wo Sie gedacht haben: "Ich schmeiße die ganze Politik hin und ich suche mir einen anderen Job"?

Silvana Koch-Mehrin:
Solche Situationen gibt es natürlich ständig. Ich war zum Beispiel kürzlich zu einem Mittelstandskongress als Gastrednerin eingeladen, als einzige Frau. Acht Männer haben da geredet – und ich. Im Publikum sitzen dann oft zu 98 Prozent Männer, die einen nur grimmig angucken und im Anschluss irgendwelche schnippischen Kommentare machen. Nur wenige sagen dann auch etwas mit Substanz. Das sind solche Momente, ich denen ich denke: "Also wieso tue ich mir das eigentlich an? Was soll das?" Aber auch in solchen Momenten gibt es trotzdem viel mehr Positives, sehr vieles, wo ich sofort sage, da lohnt es sich, diesen Einsatz zu bringen.
  Und außerdem entwickelt man natürlich auch Abwehrmechanismen. Gerade wenn manchmal dieses so beliebte Spiel beginnt, dass man etwas darstellt, etwas erläutert und ein männlicher Gegenpart nicht zugeben möchte, dass es im Grunde sehr gut ist, was man gesagt hat. Weil er überhaupt nicht zugeben will, dass eine Frau etwas kann, sagt dieser dann: "Ja,

ich finde das sehr schön, wenn ihre Augen glänzen". Dann macht man ihm ein Gegenkompliment wie: "Und ich finde Ihr Aftershave auch ganz Klasse". Und dann wissen die Herren oft nicht damit umzugehen, und man hat das Ganze ein bisschen weggewischt. Das sind ständig wiederkehrende Rituale, die man aber auch irgendwann durchschaut hat und entsprechend darauf reagieren kann.

Sigrun Eibner:
Aber muss man als Frau in der Politik nicht männlicher werden?

Silvana Koch-Mehrin:
Ich finde nicht, nein. Ich glaube, man muss unterscheiden können, was tatsächlich ein ernster Angriff ist und was ein Vor-Gefecht. Auch die Männer gehen untereinander meist nicht mit Samthandschuhen um. Ich bemerke das in unseren eigenen Sitzungen – und finde das immer nett, weil ich mich dann zurücklehnen kann. Da schreien sich die Männer zum Teil gegenseitig an. Mich würden sie dagegen nicht anschreien – und ich schreie sie auch nicht an. Aber die machen das in dieser Form untereinander aus und dann ist auch alles wieder gut. Ich denke: Wenn zwei Frauen sich anschreien, dann hat es eine andere Qualität. Ich glaube, die Auseinandersetzungsform zwischen Männern ist oft halb so wild gemeint, wie es aussieht. Man muss nur verstehen, dass es oft nicht persönlich gemeint ist, auch wenn es erst mal so rüber kommt.

Sigrun Eibner:
Noch einmal die Frage direkt an Sie gestellt – müssen sich Politikerinnen anders vermarkten als ihre männlichen Kollegen?

Silvana Koch-Mehrin:
Ich glaube, es gibt kein Rezept dafür, wie sich Männer oder Frauen vermarkten müssen. Ich glaube, diese Schablonen passen nicht. Insofern sollte man auch wieder stärker differenzieren, schauen, welche Frau lässt sich wie vermarkten. Oder: welcher Mann lässt sich wie vermarkten. Ich meine, alleine die Tatsache, dass man bei Personen schon von 'Vermarkten' spricht, zeigt, wie medialisiert die Politik ist. Wenn man nicht 'vorkommt', wie es so schön heißt, dann hat man auch sehr wenig Chance, in der Politik zu bleiben. Wenn man sagt, medial wahrgenommen zu werden, das gehört zum

Job dazu, dann muss man natürlich auch schauen, wie kann ich das möglichst professionell angehen. Und entweder man macht das dann selbst oder in Zusammenarbeit mit Leuten, die sich da besonders auskennen. Dann gilt es zu prüfen: Was sind die Dinge, die ich strategisch angehen könnte? Auch nicht jedes Auto lässt sich gleich vermarkten, auch da gibt es unterschiedliche Marktstrategien, und so, denke ich, ist es letztendlich auch bei Politikern.

Der Fortschritt ist eine Schnecke

Renate Schmidt

Ich möchte mit zwei persönlichen Beispielen beginnen. Die meistzitierte Rede von mir, die später sogar zu einer Doktorarbeit führte, war die kürzeste in meiner gesamten Laufbahn und hat insgesamt 3 Minuten und 48 Sekunden ausweislich des Protokolls des Deutschen Bundestages gedauert. Das war 1983, es war eine Rede, die ich auf meinen Wunsch hin außerhalb der Zeiten gehalten habe, wo das Fernsehen noch da war, weil mir so etwas schon schwante. Allerdings habe ich natürlich nicht damit gerechnet, dass einige fleißige Journalisten doch noch da waren. Es war eine Rede im Rahmen der Parlamentsreform, die unter der Überschrift "Zur Sache Schätzchen" in den Medien dann Land auf, Land ab zitiert wurde.

Mir war aufgefallen, und das war der Anlass dieser Rede, als ich im Rahmen der Nachrüstungsdebatte gesprochen hatte, dass ich in einer 15-Minuten-Rede insgesamt 50 Zwischenrufe bekam. In einer 15-Minuten-Rede 50 Zwischenrufe, da können Sie nicht mehr vernünftig reden, das ist einfach nicht mehr möglich. Und so dachte ich mir 'Schmidt, geht es eigentlich nur Dir so? Oder geht es unter Umständen anderen genau so?'. Dann habe ich mal die Protokolle durchgeblättert und habe festgestellt, Antje Huber, bei einer Fünf-Minuten-Rede innerhalb einer aktuellen Stunde zu Polen – 20 Zwischenrufe. Aber bei den Frauen nahm nicht nur die Quantität der Zwischenrufe zu, sondern gleichzeitig die Qualität ab, so zum Beispiel bei Anke Martini zur Wirtschaftspolitik, die bei einer Rede vom heutigen Wirtschaftsminister mit dem Zwischenruf "Sie sehen auch besser aus, als Sie reden!" unterbrochen wurde. Und weil es so wunderbar war und er einen so großen Lacherfolg erzielte, hat er das gleich noch einmal gesagt. Als ich ihn dann daraufhin angesprochen habe, als ich die Vorarbeiten zu dieser Rede machte, hat er gesagt "Das war doch ein Kompliment".

Lilo Blunk, die zur Umweltpolitik gesprochen hat, ich nenne hier nicht sämtliche Beispiele, hat zum Schutz des Wattenmeers geredet und hatte Unterschriften gesammelt – ich war zu diesem Zeitpunkt auch Schriftführerin, also saß ich neben dem Präsidenten oder Vizepräsidenten – und hat also nach ihrer Rede so einen Packen Unterschriften dabei und sagte: "Herr Staatssekretär", der da auf der Regierungsbank saß, "ich darf Ihnen jetzt die von mir gesammelten Unterschriften zum Schutz des Wattenmeeres überreichen." Und da brüllten zwei Drittel des Parlaments, als sie zu ihm ging, "Küsschen, Küsschen". Das sind jetzt noch die harmloseren Dinge.

Ich habe selber gehört, wie über eine Kollegin von den Grünen, Gabi Gottwald, wie sie aufstand um zur Entwicklungspolitik zu reden, Kollegen von der damaligen Koalitionsfraktion sagten, "Die ist auch besser im Bett, als hier im Parlament". Da geht es dann schon deutlich unter die Gürtellinie. Wenn man so was am Anfang einer Rede hört, wird man zutiefst verunsichert. Ich habe also festgestellt, bei den Vorarbeiten zu dieser 3 Minuten und 48 Sekunden dauernden Rede, dass es nicht nur mir so geht, sondern dass offensichtlich immer dann passierte, wenn Frauen im Parlament damals zu Themen geredet haben, die sie in den Augen der Männer eigentlich nichts angehen. Wenn sie sich also nicht beschränkt haben auf Frauenpolitik, Familien- oder Sozialpolitik, vielleicht noch Bildungspolitik, da wird es schon schwierig, wenn's nicht Forschung betriff, dann vielleicht noch, aber ansonsten schon eher schwierig... Also wenn sich Frauen außerhalb der ihnen von den Männern zugestandenen Politikfelder geäußert haben, also Außenpolitik, Verteidigungspolitik, Wirtschaftspolitik, oder wie in meinem Fall der Nachrüstungsdebatte, dann wurden die Herren der Schöpfung unruhig, dann versuchten sie die Frauen nicht als Politikerinnen, sondern als Frauen anzugreifen. Ich möchte nicht missverstanden werden, ich liebe Zwischenrufe. Ich setzte mich gerne damit auseinander, mache gerne diesen Schlagabtausch, wenn es um das geht, was ich politisch will, aber ich habe etwas dagegen, wenn ich in meiner Rolle als Frau angegriffen werde. Und genau das war der Fall.

Das zweite Beispiel, Jahre später. Es war eine anstrengende Woche, ich war in der Zwischenzeit Vizepräsidentin des Deutschen Bundestages, ich war Landesvorsitzende der Bayern-SPD, und ich habe in dieser Woche eine Rede im Bundestag zum Paragraphen 218 gehalten, die positiven Niederschlag in den Medien gefunden hat, mit so ca. zwei Zeilen aus meiner Rede. Ich habe dann in derselben Woche am Wochenende, am Freitag, eine große Veranstaltung zu '100 Jahre SPD' gehabt, die Rede hat in den Bayern-Teilen der Zeitungen natürlich ihren Niederschlag gefunden. Am darauf folgenden Wochenende habe ich etwas gemacht, das ich nie mehr tun würde: Sie müssen sich mich ungefähr 15 Kilo leichter vorstellen, und ich bin mit einer

Freundin nach Coburg gefahren und dachte mir, jetzt gönne ich mir etwas, und bin dort zur "Rocky Horror Picture Show", einer Freiluftveranstaltung, gegangen. Der OB der Stadt Coburg, der mich eingeladen hat, hat gesagt "Renate, komm' bitte nicht im kleinen Schwarzen, sondern richte Dich ein bisschen her". Ich habe mich hergerichtet. Ich habe also meine Shorts, die ich zum Radfahren anziehe, angezogen, nichts Besonderes, keiner hat das also besonders positiv oder negativ registriert, wenn ich mit denen auf dem Fahrrad gefahren bin, habe dazu irgendeine weiße Bluse angezogen, einen Riesen-Hut auf meinen Kopf gestülpt und habe dann etwas getan, was ich nicht hätte tun sollen, ich habe ein paar halterlose Strümpfe dazu angezogen und hohe Schuhe. So ausstaffiert fuhr ich zur "Rocky Horror Picture Show" nach Coburg, habe mich wunderbar amüsiert, habe Reiskörner geschmissen, habe Wunderkerzen angezündet und habe mich also meines Lebens gefreut und mir gedacht 'Also diesen Abend hast Du Dir das nach dieser Woche verdient'. Weia, weia, weia. Die Medien haben von diesem 'erschrecklichen' Ereignis ungefähr eine Woche bis zehn Tage gelebt. Ein hier ansässiges Boulevardblatt hat jeden Tag dieser Woche darüber geschrieben, um sich am Ende der Woche darüber aufzuregen, dass sich alle darüber aufregen. Es war wunderbar. Es war wunderbar.

Einige meiner männlichen Kollegen prophezeiten mir das jähe Ende meiner politischen Karriere. Das Ganze stand sogar im *Stern*, ging bis in die Vereinigten Staaten. Ich war also mit einem Schlag die bekannteste Politikerin in Deutschland überhaupt. Wenn ich das geplant hätte, hätte ich es nicht besser machen können. Ich wollte das so nicht, und da sieht man mal, welchen Stellenwert das hat. Also die Tatsache, dass ich jetzt so gekleidet bei der "Rocky Horror Picture Show" war, in keiner Weise obszön, aber sicher nicht Vizepräsidentinnen-like. Ich habe keinen Busen gezeigt, sondern maximal zwei Zentimeter nackten Oberschenkel... das war das Ereignis, die Nachricht. Die Debatte 218, das lief unter 'ferner liefen', und die wirklich wunderbare Rede zum hundertjährigen Jubiläum der SPD unter Anwesenheit von Gerhard Schröder und Rudolf Scharping, beide damals Ministerpräsidenten, dieses war halt, na ja, ein bayerisches Ereignis ohne Bundesrelevanz. Das Ganze ist in der Zwischenzeit besser geworden, es ist aber nicht gut geworden.

Frauen sind in der Zwischenzeit dank der Quote besser vertreten – ich sage in diesem Fall dank der Grünen, sie waren die Vorreiter, die mit 50 Prozent Frauen im Deutschen Bundestag angetreten sind. Vielleicht dazu noch eine kleine Abschweifung: 1983, als die Grünen noch das erste Mal im Bundestag vertreten waren, hat Waltraud Schoppe in einer Rede vom 'alltäglichen Sexismus im Parlament' geredet. Da haben sich die Männer in allen Fraktionen vor Lachen auf die Schenkel geklatscht. Ich war die Einzige in meiner Fraktion, die demonstrativ Beifall geklatscht hat. Ich hatte den Ruf eines gestandenen Weibsbildes, also eine, die weiß, wo es im Leben langgeht, Mutter von drei Kindern, der man auch mal einen nicht ganz einwandfreien Witz erzählen kann, und die also nicht gleich schamhaft errötet – da haben mich die männlichen Kollegen aller Fraktionen, insbesondere die der Union, höchst erstaunt angeschaut, wieso ich da klatsche.

Und dann kam einer und sagte zu mir: "Also Frau Schmidt, Sie haben das doch nicht nötig, es gibt doch hier keinen Sexismus, also wir treiben hier doch keinen Geschlechtsverkehr im Parlament." Da habe ich gesagt: "Sehr geehrter Herr Hofacker", ich darf den Namen sagen, "davon ist auch nicht die Rede. Sondern es ist die Rede davon, wie in diesem Parlament mit Frauen umgegangen wird". Und dann hat eine Kollegin von der Union gesagt: "Genau wie die Frau Schmidt sagt, ist es". Das war Frau Kollegin Neumeister, die das gesagt hat. Und dann kam so ein bisschen Nachdenken auf bei denen, darüber wie Frauen abgemeiert werden und wie die wirklich wichtigen Entscheidungen im Regelfall ohne die Frauen laufen.

Die Medien, da weiß ich nicht, ob die schon überall in der Zwischenzeit gemerkt haben, dass Frauen bei allen Themen ganz selbstverständlich präsent sind, und ob sie in dem Moment, wo Frauen sich in Bereichen bewegen, wo sie eigentlich in den Augen der Männer nicht hingehören, ob sie in den Medien da gleich häufig zitiert werden wie in den Bereichen, wo sie hingehören. Ob nicht teilweise nach wie vor in den Medien Themen, die von Frauen vertreten werden, 'unter ferner liefen' behandelt werden. Ich glaube, es ist nach wie vor so. Politikerinnen werden überdies auch heute nach wie vor sehr häufig über das Aussehen definiert und über die Kleidung. Also ich habe die Anzüge von Helmut Kohl nicht immer für gelungen gehalten, um das jetzt mal sanft auszudrücken. Ein Adonis war er nicht. Die buschigen Augenbrauen von Theo Weigel waren sicherlich manchmal Gegenstand von Nockherberg-Auftritten, übrigens nicht nur in Boulevardzeitungen, sondern auch in ganz normalen Zeitungen, aber nicht Gegenstand der regelmäßigen Berichterstattung. Ich wurde über Jahre hinweg als die mit dem Schmollmund und als Rauschgoldengel bezeichnet, weil ich damals Locken hatte. Was hat das mit meiner Politik zu tun? Unter diesen Haaren hat auch damals ein Verstand gesteckt. Dieses ist aber nur mit Mühe zur Kenntnis genommen wurden, und ich glaube, manche der auch heute hier anwesenden Politikerinnen können über dasselbe, nämlich die Definition über das Aussehen, ein Wort reden. Und an dieser Stelle muss ich auch sagen, ich pfusche Kabarettisten selten ins Handwerk, weil ich finde, wir haben gerade in der Politik Kabarett auszuhalten und müssen das hinnehmen. Aber ich bin einmal in einer Talkshow beim *Südwestrundfunk* beinahe geplatzt, wo ein Kabarettist Frau Merkel die ganze Zeit nur über ihr Aussehen nieder gemacht hat. Das ist unerträglich. Man kann sie über ihre Politik kritisieren, man kann sonst was machen, aber nicht über ihr Aussehen – ihre heruntergezogenen Mundwinkel, ihre Augen und ähnliches. Das ist bei keinem Mann in einem Kabarett in diesem Ausmaß Gegenstand von kabarettistischen Äußerungen und wird nicht in diesem Ausmaß kritisiert, wie es nach wie vor bei den Frauen der Fall ist.

Bei uns Frauen ist auch das Alter deutlich mehr im Blickpunkt. Also wenn Otto Schily und seine Prinz-Eisenherz-Frisur maximal Anlass zu positiven Äußerungen ist, aber garantiert nicht zu negativen, so müssen sich Frauen jenseits der 55 schon deutlich dafür rechtfertigen, wieso sie es überhaupt wagen, sich noch ins politische Geschäft einzumischen. Privates wird bei Frauen auch deutlich häufiger politisch ausgeschlachtet. Das geschieht auch dann, wenn sie es selber nicht instrumentalisieren. Das ist allerdings sehr schwierig, das überhaupt nicht zu tun, denn dann ist man gleich langweilig. Wenn man es allerdings tut, dann wird es im Übermaß und mehr als die jeweilige Kompetenz erwähnt.

Damit bin ich bei einem weiteren, nämlich bei der Frage des Anzweifelns der Kompetenz. Man möge das jetzt bitte nicht als Angabe verstehen, aber als ich 1990 zur Landesvorsitzenden der Bayern-SPD gewählt worden bin und dann 1991 gesagt habe: "Ich will bayerische Ministerpräsidentin werden", da hatte ich eine Biografie, die so aussah: Ich war, wie gesagt, 20 Jahre in der Privatwirtschaft, als leitende Systemanalytikerin, als Betriebsrätin, war dort im Gesamt-Betriebsrat in vielen wichtigen Funktionen, ich war in der Politik in unterschiedlichen Themenbereichen tätig, ich war Berichterstatterin für wichtige Gesetzesvorhaben, war stellvertretende Fraktionsvorsitzende und Vizepräsidentin des Deutschen Bundestages, ich habe drei Kinder groß gezogen, und dieses alles unter einen Hut gebracht.

Ein Mann mit meiner Biografie hätte niemals seine Kompetenz in irgendeiner Weise nachweisen müssen. Bei Frauen wird immer gefragt: "Kann die denn das überhaupt?". Also die Tatsache, dass sie eine Frau ist, wird bei den allermeisten Frauen erst einmal als De-Qualifikation ihrer eigenen Biografie betrachtet. Und dieses ist immer noch so. Auch bei Angela Merkel: "Kann die denn das?", und das bei ihrer Biografie – und ich sage, solche Sachen mache ich nicht mit, egal in welcher Partei die Frau ist – sie hatte immerhin zwei Ministerinnenfunktionen, sie hatte wichtige Ämter in ihrer Partei und in ihrer Fraktion, bevor sie gesagt hat "Ich will Bundeskanzlerin werden" und ist es dann auch geworden. Das unterscheidet uns voneinander, ich habe das in Bayern nicht geschafft, aber diese Frage des Kompetenz-Anzweifelns ist auch etwas, mit dem Frauen nach wie vor sehr viel häufiger konfrontiert werden als Männer.

Und dann kommt noch etwas: Die wirklich wichtigen Dinge, und das hat jetzt wieder sehr viel mit den Medien zu tun, die wirklich wichtigen Dinge passieren in den Medien zwischen den wirklich wichtigen Personen. Und die wirklich wichtigen, die allerwichtigsten Personen, sind nach wie vor, glauben sie zumindest, die Männer. Also passieren die wirklich wichtigen, oder, ich sage das jetzt in der Vergangenheitsform, passierten die wirklich wichtigen Dinge zwischen den männlichen Chefredakteuren der Medien, und zwar egal ob Print- oder elektronische Medien, zwischen den Chefredakteuren der Medien und den männlichen Politikern und zwischen denen fand die Kommunikation statt. Ich könnte Aktenordner mit Interviews und Zeitungsartikeln füllen, die nie gedruckt worden sind, weil bei mir nämlich nicht der wirklich wichtige Chefredakteur oder der wirklich wichtige männliche Journalist gewesen ist, sondern weil bei mir eine Frau, eine vielleicht feste freie oder eine freie Mitarbeiterin einer Zeitung gewesen ist. Die hatte den Vorschlag in der Redaktionskonferenz gemacht, dass man doch mal ein Interview mit der Frau Schmidt über dieses oder jenes Thema machen könnte, und dann ist, weil niemandem etwas dagegen eingefallen ist, also gnädig genickt worden. Dann kam sie zu mir und wir haben ein wunderschönes Interview gemacht. Beim ersten Mal dachte ich noch, es wäre ein Versehen, beim zweiten Mal habe ich mich geärgert, beim dritten Mal habe ich dann angefangen zu fragen: "Haben Sie denn auch wirklich eine Zusage, dass das gedruckt wird? Das ist schließlich meine Zeit." Ja, ja, ja... Und dann ist es um eine Woche verschoben worden, um zwei Wochen verschoben worden, um drei, und dann war es nicht mehr aktuell und danach ist es in der Versenkung verschwunden. Das geht nicht nur der Renate Schmidt so, sondern es geht vielen weiblichen Politikerinnen so, die genau dieselben

Erfahrungen machen, dass sie Interviews für die Katz geben, weil sie diese Interviews nicht mit den richtigen Leuten machen. In solchen Fällen ist es notwendig zu versuchen, der Journalistin den Rücken zu stärken, indem man sich vorher in der Chefredaktion vergewissert, dass dieser Artikel auch gedruckt werden wird.

So und damit bin ich auch schon bei dem, was ich an persönlichen Erfahrungen gemacht habe, und an dem, was sich daraus auch allgemein in meinen Augen ergibt: "Was tun?" sprach in diesem Fall nicht Zeus, sondern Juno. Was muss man also tun, um das zu ändern? Ich glaube, dass man sehr vorsichtig sein muss, Privates politisch zu instrumentalisieren. Man kann es nicht wieder zurückholen, und wenn das mal angefangen hat, dass nur noch über das Private kommuniziert wird, dann wird es sehr schnell schwierig, die wichtigen Dinge der eigenen Politik noch ernsthaft kommunizieren zu können. Ich sage noch einmal, die Schwierigkeit besteht darin, nicht zur grauen Maus zu werden, indem man überhaupt nichts von sich raus lässt und keine Emotionen mehr rüber kommen. Das ist eine schwierige Gratwanderung, aber wenn es zu viel wird, wird man nur noch über die privaten Dinge kommuniziert. Man braucht sich über Aufmerksamkeit dann nicht zu beklagen, aber politische Durchsetzungsfähigkeit bedeutet das überhaupt noch nicht. Mit den politischen Dingen wird man dann nicht mehr ernst genommen. Es gilt also hier zu versuchen, bei der Gratwanderung nicht nach einer Seite abzustürzen, bei Interviews vernünftige Absprachen zu haben, und dann vor allem, sich gegenseitig zu unterstützen. Das ist das Allerwichtigste überhaupt. Solange wir in den wirklichen Entscheidungsfunktionen – da meine ich jetzt nicht nur die Politik, sondern da meine ich auch die Wirtschaft, da meine ich auch die Wissenschaft, die gesamte Gesellschaft – solange wir dort nach wie vor nur in homöopathischen Dosierungen vorhanden sind, können wir es uns nicht leisten, die Andere wegen irgendwelcher Marginalien zu kritisieren. Es muss mir nicht gefallen, wie sich Claudia Roth anzieht. Aber ich werde dieses nicht öffentlich kritisieren, sondern werde ihr sagen "Sag' mal, musst Du denn jetzt unbedingt diesen Fummel da anhaben?". Sie hat doch ihr gutes Recht sich so anzuziehen, es ist vollkommen unwichtig im Hinblick auf das, was sie politisch vertritt. Es muss mir nicht gefallen, wie jetzt die Eine oder die Andere spricht, die Art, wie sie redet. Aber ich muss sie unterstützen. Ich muss ihr sagen: "Du bist meine", sag' ich jetzt mal, meine "Schwester im Geiste, wir haben es beide ein ganzes schönes Stück weiter geschafft, und ich werde Dich unterstützen bis zu dem

Grad, wo wir ganz natürlich in Konkurrenz treten müssen, denn die darf man nicht verhindern". Bei einem Zickenstreit, wie man so schön sagt, freuen sich immer nur die einen, nämlich die Männer, die dann wieder sagen: "Da sieht man's doch mal wieder, die können nicht miteinander." Bei uns ist es der Zickenstreit. Ich habe noch nie gehört, dass jemand von einem Bullenstreit bei den Mannsbildern redet. Die können nämlich teilweise genauso wenig miteinander, wie wir es manchmal auch nicht können, aber bei denen wird das als eine ernsthafte Auseinandersetzung betrachtet, und bei uns ist das eine Situation wo wir – angeblich nur, weil wir Frauen sind – nicht miteinander auskommen.

Wir können uns das nicht leisten, sondern wir müssen uns gegenseitig unterstützen, übrigens auch Politikerinnen, Journalistinnen, zum Beispiel dass man mal sagt, wenn man mit jemandem ein gutes Interview gemacht hat und eine Anfrage von der Zeitung bekommt, einfach sagt: "Schicken sie mir doch die Frau Soundso". Das ist eine gute Geschichte, auch so mal in dieser Richtung Unterstützung zu geben, oder umgekehrt, wenn es dann mal eine Frau wirklich in den Medien nach oben geschafft haben sollte, die eben dann dafür sorgt, dass Politikerinnen zu ihren Themen befragt werden und dass dies dann auch gedruckt wird, also sich dann auch in den Medien und in der Politik gegenseitig zu unterstützen. Wir sind, ich sage es noch einmal, zu wenige, um es uns anders leisten zu können.

Politikerinnen in den Medien: Erfahrungen aus dem Journalismus

Birgitta Stauber-Klein

Es ist keine Frage mehr, ob Frauen das können. Sie haben es ja längst bewiesen, schon vor Jahrzehnten: Indira Gandhi, Golda Meir und Margaret Thatcher heißen die prominenten Beispiele, wichtige Persönlichkeiten der Zeitgeschichte. Und nun gehört Angela Merkel zum kleinen, elitären Kreis der Regierungschefinnen. Zurzeit ist sie weltweit eine von sechs.

Dass Frauen in die Politik gehen, dort Ämter ausüben und Personen der deutschen Zeitgeschichte werden, ist freilich nicht neu. Elisabeth Schwarzhaupt ging für die CDU als erste Ministerin ins Bundeskabinett, Abteilung Gesundheit. Annemarie Renger und Rita Süßmuth waren Präsidentinnen des deutschen Bundestags. Und Heide Simonis war die bisher einzige deutsche Ministerpräsidentin.

Dass Frauen in den Kabinetten von Bund und Ländern Ministerinnen werden, gehört allerdings längst dazu. Meist sind es die so genannten weichen Bereiche, Frauen, Familie und Gesundheit, aber 25 Prozent der aktuell von Frauen besetzten Landesministerien gelten als harte Ressorts, etwa Justiz, Finanzen und Wirtschaft. Entsprechend ihrer Gewichtung werden Politikerinnen auch von den Medien behandelt: Durchaus mit Respekt, oft genug werden sie aber gönnerhaft als Beiwerk betrachtet, mit dem die gelungene Mischung bei der Blattplanung erreicht werden kann. Also: Der Leitartikel zum neuen Haushaltsplan, dazu was Buntes, Leichtes, Emotionales, warum nicht aus dem Ressort Frauen, Familie, Gesellschaft oder auch Entwicklungshilfe.

Was immer noch üblich ist und den politischen Verhältnissen entspricht: Den Leitartikel zum Haushaltsplan schreibt einer der wichtigen Herren in der Redaktion, den kleinen bunten Kommentar die junge Kollegin.

Und nun also ist Angela Merkel Kanzlerin und eine siebenfache Mutter Ministerin. Seitdem gibt es ein Megathema, um das sich Leitartikler, Reporterinnen, Feuilletonisten, kinderlose Männer wie Frauen, Mütter wie Väter in den Redaktionen reißen, über das sie aber auch erbittert streiten, weil es so polarisiert: die Kinderlosigkeit der Deutschen. Jeder fühlt sich irgendwie selbst betroffen.

Die Frage ist: Wieso ändert sich ausgerechnet jetzt die Themengewichtung? Denn die demographische Bombe, die unser Sozialsystem zu sprengen droht, die Kinderlosigkeit, die bereits jetzt die Verödung ganzer Landstriche in der Bundesrepublik verursacht hat, sind keine Überraschung, und die Geburtenrate von 1,36 pro Frau im gebärfähigen Alter ist eigentlich auch seit Jahren ziemlich stabil. Der Schluss liegt nahe, dass die neue Regierung einen Stein ins Rollen gebracht hat. Die zum neuen Megathema dazugehörige Ministerin ist eine der wohl am häufigsten in Talkshows vertretenden Politiker und wohl eine der gefragtesten Interviewpartnerinnen der Printmedien. Die Familienministerin in voller Größe auf dem *Spiegel*-Titelbild, so wie Ursula von der Leyen im April 2005 zu sehen war: Gab es das schon einmal?

Das von Gerhard Schröder einst so bezeichnete Gedöns ist für die Medien kein Gedöns mehr. Und wenn sie ihrer Aufgabe gemäß die Wirklichkeit der Gesellschaft abbilden, dann auch nicht mehr für die Wählerinnen und Wähler. Am Ende der Ära Merkel wird man zu untersuchen haben, inwieweit das Geschlecht der Regierungschefin die Politik verändert hat.

Apropos Angela Merkel: Ihr Weg an die Spitze war jedenfalls lang und mit heftigen Rückschlägen und Demütigungen verbunden. Die Kunst, im intriganten Geschäft selbst Fäden zu ziehen, gleichzeitig die Demütigungen an sich abprallen zu lassen und sich dessen bewusst zu sein, dass der persönliche Fall umso tiefer ist, je höher man zuvor hochgejubelt wurde – auch das war Angela Merkel schon kurz nach der Übernahme des Parteivorsitzes klar. So antwortete sie mir im September 2000 nach einem Besuch beim Landesparteitag der CDU Baden-Württemberg – damals wurde sie von der baden-württembergischen Frauenunion mit einem frenetischen Jubel empfangen – auf die Frage, wie sie ihren persönlichen Erfolg bewertet: "Das kann sich schnell wieder ändern".

Angela Merkel hat auch im vergangenen Herbst, als sie es endlich zur Kanzlerin gebracht hatte, so verkrampft mit Gefühlen gespart, bis sie bei ihrem ersten Presseauftritt von einer Korrespondentin der *Financial Times* fragt: "Frau Merkel, Sie werden Kanzlerin von Deutschland. Wie geht es Ihnen?" Ihre Antwort: "Mir geht es gut", wobei sie das "gut" erst nach einem langen Zögern äußerte, und weiter: "Ich bin in einem Zustand gespannter Aufmerksamkeit". Diese kleine Szene spiegelt das Dilemma wider, in dem sich Politikerinnen befinden: Zwischen Sachlichkeit und Emotionalität gilt es, eine Balance zu finden. Hinzu kommen noch die Äußerlichkeiten – mit denen Angela Merkel ja besonders zu kämpfen hatte, weil ihre uneitle Art eben den Wählern und wohl auch den Wählerinnen nicht gefiel. Keine Frage: Gerade der letzte Wahlkampf, in dem sich eine Frau anschickte, die erste Kanzlerin der Bundesrepublik zu werden, war wie kein anderer geprägt von Äußerlichkeiten. Merkels Frisur etwa beschäftigte einige Medien mehr als ihre Kompetenz. Sogar ihr Berliner Frisör wurde interviewt, und die ganze Nation konnte nachlesen, der Bob, den er ihr verpasst habe, sei die Übergangsform zu einer Endfrisur mit gestuftem Pagenkopf und zur Seite frisiertem Pony. Es gibt wohl keine Tageszeitung, die sich diese kleine Agenturmeldung hat entgehen lassen. Die WAZ übrigens auch nicht.

Während des Wahlkampfes also hat sich Angela Merkel angewöhnt, mehr zu föhnen, sich sorgfältiger zu kleiden, was zwar stets lobend erwähnt wurde, was aber – zunächst jedenfalls – noch mehr den Blick auf Merkels Aussehen lenkte. Daran erinnern sich sicher alle: Es war schon bemerkenswert, mit welch stoischem Gleichmut sie dabei das Gerede über Schwitzflecken in den Abendkleidachseln (während der Bayreuther Festspiele) ertrug, wie sie über Bemerkungen zu ihrer Frisur hinweglächelte. Übrigens hat sie mit Alice Schwarzer durchaus über Kleidung und Frisuren geplaudert (Emma 5/05): "was ich allerdings mit Frau Clinton teile, ist die Genesis der Frisur. Der ewige Kampf: Was könnte zu mir passen?" Ein Gespräch zwischen Frauen war dies, gleichberechtigt, interessiert, ohne Gemeinheiten, aber durchaus pointiert und hart gefragt, etwa ob es Wahlkampfstrategen waren, die Merkel die "niedliche Farbe" Apricot aufgeschwatzt haben. Eine faire, durchaus journalistische Art und Weise, sich einem persönlichen Thema zu widmen.

In der Regel lief es im Wahlkampf aber so: Waren die Äußerlichkeiten abgehakt, folgten Anzüglichkeiten und neugieriges Stochern im Privaten: "Sind sie wirklich hochbegabt oder bloß eine kleine Streberin", fragte etwa Reinhold Beckmann. Oder sie wurde – wie in einem Fernsehporträt – mit einer der intimsten Fragen überhaupt konfrontiert: "Warum haben Sie keine Kinder?" Eine derartige Vermengung der beruflichen und privaten Rolle findet bei männlichen Politikerin eben viel weniger statt. Zum Vergleich: Leibliche Kinder hatte auch der zum vierten Mal verheiratete Gerhard Schröder nicht, doch über den Grund wurde allenfalls hinter vorgehaltener Hand gemunkelt.

Apropos Gerhard Schröder: Er unterband als Kanzler kurzerhand, überhaupt über seine Haare und warum die nicht grau werden, zu reden, drohte gar gerichtliche Konsequenzen an. Pikante Fragen an Franz Müntefering, Peer Steinbrück, Edmund Stoiber oder den neuen SPD-Superstar Kurt Beck: Sind mir bisher nicht aufgefallen.

Als Kanzler muss man natürlich mehr ertragen. Helmut Kohl, man erinnere sich, fegte unliebsame Journalistenfragen einfach weg ("Hören Sie auf mit diesem Unsinn"), bis sie ausblieben. Angela Merkel, die doch den Ruf hat, unliebsame Gefährten schnell und unerschrocken in die Schranken zu weisen, blieb im Wahlkampf auffallend zurückhaltend. Auf ihrem Weg zur Macht steckte sie in der Zwickmühle. Dass Fehler unverzeihlich sind, erfuhr sie nach dem Sommerinterview der ARD: Dort warb Merkel für den Unions-Plan, den Beitragssatz zur Arbeitslosenversicherung von 6,5 Prozent auf 4,5 Prozent zu senken. Und kam dabei durcheinander. Der Vorteil sei, dass "die Bruttolöhne um ein Prozent sinken, wenn wir die Lohnzusatzkosten senken", sagte Merkel. Tatsächlich bleibt aber der Bruttolohn gleich. Und der Nettolohn sinkt nicht, sondern er steigt.

Besser zu sein, gar: fehlerfrei zu sein, ist eine Erfahrung, die Frauen in Führungspositionen oder auf dem Weg dorthin wohl grundsätzlich machen müssen. Selbst wenn sie mit ihren Fähigkeiten ihre Gegenspieler in den Schatten stellen – weiblich, bitteschön, sollen sie dabei bleiben. "Hören Sie auf mit diesem Unsinn, Frau Illner" – wollen wir so einen Satz von Angela Merkel in einer Talkshow hören?

Irgendwann, kurz vor der Wahl, fand Merkel endlich ihre Frisur und gut sitzende Anzüge. Die Presse war voll des Lobes. Und auch von der WAZ musste sich Merkel bei einem Redaktionsbesuch die Bemerkung gefallen lassen: "Sie sehen aber gut aus." Indes, nach einem guten halben Jahr an der Macht, sind die Äußerlichkeiten bei Angela Merkel kein Thema mehr. Anfänglich sind noch ihre dunklen Anzüge mit den drei weißen Knöpfen bedacht worden, aber irgendwann wurde Merkels Stil für die Medien langweilig. Ihre Gegenspieler in den eigenen Reihen und in den anderen Parteien haben sich mit einer Kanzlerin Merkel abgefunden, auch die skeptische Presse und wohl auch die Wählerinnen und Wähler. Ihre Außenpolitik wird gelobt, die Innenpolitik überwiegend gegeißelt: Zur Zeit wird ihr eine sozialdemokratische Politik vorgeworfen, eine Politik, die mehr Staat erfordert, obwohl gerade Merkel doch immer nach weniger Staat gerufen hatte (und es im übrigen jetzt noch tut). Das ist seitens der Medien wohl ein völlig normaler Vorgang und hat mit dem Geschlecht nichts mehr zu tun. Würden konservative Schreiber, zum Beispiel von der FAZ, endlich darauf verzichten, die Bundeskanzlerin ständig als "Frau" Merkel zu bezeichnen, wäre die bei Sachthemen unangebrachte Herausstellung des Weiblichen auch Vergangenheit. Schröder hieß auch immer nur Schröder oder Gerhard Schröder oder der Bundeskanzler, kurz: Der Kanzler.

Trotzdem: Merkel hat sich so sehr etabliert, dass sie sogar vom amerikanischen Magazin *Time* in den Club der 100 einflussreichsten Menschen aufgenommen wurde. Dabei sei Merkel kurz nach ihrer Wahl vor sechs Monaten von den Kommentatoren schon abgeschrieben worden, schreibt ein *Time*-Redakteur. Doch inzwischen könne sie auf hohe Zustimmungsraten blicken und auf einen Wirtschaftsaufschwung, der ihr zugeschrieben werde. Merkel habe den Deutschen das Lachen zurückgegeben, heißt es in dem Bericht.

Wolfgang Joop übrigens, ein bekennender Merkel-Fan, wurde bei seinem Auftritt bei Reinhold Beckmann nicht müde, von Angela Merkel zu schwärmen: "Frau Merkel hat einen neuen Stil geprägt, den es noch nicht gegeben hat: die neue Sachlichkeit." Und aus England höre er immer wieder, man sei wirklich eifersüchtig auf die Deutschen, dass sie so eine Kanzlerin hätten.

Apropos England: Dass die britische *Sun*, ein Boulevard-Blatt erster Güte, Urlaubsbilder von der deutschen Kanzlerin im Badeanzug mit der Unterzeile abdruckte "I'm big in the bundestag" – darauf soll hier nicht weiter eingegangen werden, obwohl derartiges kaum bei einem männlichen Regierungschef oder einem männlichen Spitzenpolitiker möglich wäre. Politiker im Badedress: Das kennen wir nur von Rudolf Scharping, der die Fotografen aber selbst zum Pool auf Mallorca einlud. Dieser Angriff der britischen Presse fand bei der deutschen erfreulich wenig Gehör. Sie ist zu sehr Staatsfrau, als dass die deutsche Presse diese Anzüglichkeiten ausschlachten würde.

Angela Merkel hat das Wechselspiel zwischen Politikerin und Medien durchgestanden; zur Zeit jedenfalls. Wie sie selbst zu sagen pflegt: Das kann sich schnell wieder ändern.

Ihre derzeit prominenteste Ministerin, Ursula von der Leyen, steckt noch mitten drin. Mit ihr spielen die Medien noch, das gilt allerdings wohl auch umgekehrt. Ursula von der Leyen hat lange Zeit ihr Familienleben äußerst bereitwillig der Öffentlichkeit präsentiert: Die musizierende Kinderschar, die Streicheltiere daheim, der sich kümmernde Gatte. Irgendwo habe ich gelesen, Fragen nach dem Lieblingslied beantwortet die Ministerin so: "Das Ave Verum von Mozart. Das singe sie am liebsten selbst, und ihr Mann begleite sie". Ihre heile Welt war aber kaum nachzuvollziehen bei dieser Karriere, dem Arbeitspensum und den Aufgaben, die eine Familie in der Größe nun mal hat. Wie soll das eine berufstätige Mutter von zwei Kindern verstehen, die – berechtigterweise – am Rande des Zusammenbruchs ihr Leben meistert?

Musste Angela Merkel sich noch den Angriff der Gattin des Vorgängers, Doris Schröder-Köpf, in den Endzügen des Wahlkampfes den Vorwurf gefallen lassen, ihr fehle aufgrund ihrer Kinderlosigkeit die Lebenswirklichkeit, die eine Kanzlerin nun mal brauche, gilt bei der Super-Mutter von der Leyen das Gegenteil: Wer so einen Haufen Kinder zur Welt bringt und dann auch noch karrieremäßig so richtig durchstartet, kann nur eine Rabenmutter sein. Ein Begriff übrigens, den von der Leyen selbst als "typisch deutsch" geißelt: Schließlich hat sie auch in den USA gelebt, damals kamen Kind Nummer vier und fünf, die Zwillinge, zur Welt. Sie nutzte die Zeit, um sich als Gasthörerin der Universität Stanford weiterzubilden. Hierzulande ist sie nun eine Rabenmutter, rufen manche Journalisten, beflügelt wohl auch von dem eigenen Unvermögen, eine große Familie zu gründen beziehungsweise mit dieser Leichtigkeit, die von der Leyen ja nun doch ausstrahlt, Kinder, Haushalt und Job zu managen. Zu Gast bei der WDR-Talk-Show "Hart aber fair" schlägt das Rabenmutter-Urteil gnadenlos zu. Kurz nach der Präsentation des neuen Kabinetts lautete das Thema der Sendung: "Kinder oder Karriere – Frauen an der Macht". Zur Einführung blendete Moderator Frank Plasberg eine fingierte *Bild*-Schlagzeile neben von der Leyens – wie immer – lächelndes Gesicht: "Mama, wo warst du, als ich klein war?"

Sieben Kinder – das ist zwar auch für männliche Politiker eine eher nicht zu erreichende Zahl. Doch fragen könnte man die in Deutschland und der Welt herumjettenden männlichen Spitzenpolitiker ja mal, ob sie beim ersten Schultag waren. Oder wie der Kinderarzt heißt. Wie das Kind einen nicht anwesenden Vater verkraftet. Was es für ein Gefühl ist, wenn das eigene Kind sich nur von der Mutter ins Bett bringen lässt, weil es den Vater kaum kennt.

Ein Schlag in die Magengrube war diese Einleitung in die Talkshow, sagt Ursula von der Leyen später Journalisten. Zumal sie nach Details des komplizierten Familienlebens der von der Leyens eigentlich weniger befragt wird. Womöglich sind pauschale Provokationen auch besser zu vermitteln als ein ausgeklügeltes Familienmanagement, das in der nötigen Detailliertheit wohl schnell langweilen würde.

Was wir immerhin wissen, ist banal: Es ist nicht immer einfach, schließlich sind einige der Kinder in der Pubertät. Und auch im Hause von der Leyen gibt es Schulprobleme. Eine Redakteurin des *SZ-Magazins* berichtet von gemeinsamen Schokoladeessen auf dem Wohnzimmersofa. Bekannt ist die Geschichte vom brechenden Hund ihrer Kinder, der zu sterben drohte, während sie ihrem Job in Berlin nachging. Die aufgeregten Kinder, die auf dem Handy anriefen. Die Sorgen der Mutter: Oh Gott, der Hund stirbt, und ich bin nicht für die Kinder da. Der Hund starb nicht.

Was aber medial ausgeschlachtet wird, klingt verklärt: Die Großfamilie als Barockorchester, das Tischgebet, die christliche Religiosität, die die protestantische von der Leyen selbst vor einiger Zeit als Grundlage für die Werte in unserer Gesellschaft ausgerufen hat. Dazu die stets adrette, nahezu perfekte Erscheinung der Ministerin, ihre unglaublich gute Laune, ihr Lächeln, genau an den richtigen Stellen, manchmal mehrmals pro Satz. Natürlich setzt diese Frau all ihre Außergewöhnlichkeit in Szene. Dem Magazin *Spiegel* scheint das zu gefallen: Er nennt die Ministerin schon mal "die von der Leyen" und überhöht sie zu einer Diva. Was erholsam ist: Endlich wurde ihre politische Mission Topthema, also das von ihr so propagierte Elterngeld (das im übrigen für die konservativen Teile der CDU und vor allem der CSU viel zu progressiv war, um unangefochten umgesetzt zu werden). Doch von der Leyen hat ihr Ziel erreicht – trotz oder wegen ihres Kinderreichtums.

In Merkels Kabinett ist auch Annette Schavan. Sie gilt als persönliche Freundin von Angela Merkel, ist, wie Merkel kinderlos und obendrein unverheiratet. Ihr Familienstand wurde 2004 entdeckt, als sie den scheidenden Ministerpräsidenten von Baden-Württemberg, Erwin Teufel, beerben wollte. So lange wurde auf ihrem Single-Dasein herumgeritten, bis die Medien aufsattelten und plötzlich die Bezeichnung "lesbisch" im Raum stand. Sie ist zwar nicht Ministerpräsidentin geworden, aber Bundesbildungsministerin in Merkels Kabinett. Seitdem ist Ruhe um ihren Familienstand eingekehrt. Am Beispiel Schavan zeigt sich, wie gut das Zusammenspiel zwischen männlich dominierter Politik und männlich dominiertem Journalismus ist. Wenn die Konkurrenten erkennen, die Schlacht ist verloren, gibt auch die Presse Ruhe.

Politikerinnen in den Medien: Erfahrungen aus dem Journalismus   131

Und nun Ute Vogt, die doch Ministerpräsidentin von Baden-Württemberg werden wollte. Sie wollte offen sein, frisch, ehrlich und modern. Da läuft frau nicht einfach aus dem Studio, wenn pikante Fragen gestellt werden, sondern steht Rede und Antwort: Ja, sagt sie, sie habe schon mal einen Orgasmus vorgetäuscht, aber das sei schon lange her. Man kann sich natürlich fragen, wie die Vollblutpolitikerin Ute Vogt, die schon einmal gegen Erwin Teufel antrat und ein beachtliches Ergebnis im konservativen Ländle eingefahren hatte, mit einer derartigen Naivität bei diesem sexistischen, erniedrigenden Spiel mitmachen konnte. Zumal ein rein politisches Interview verabredet war. Der Radiosender war *Antenne 1* in Stuttgart. Er gehört zum Springer-Konzern, kein Wunder also, dass die *Bild-Zeitung* aus der unüberlegten Antwort auf eine unglaublich unverschämte Frage eine Beichte machte und titelte: "Erste Politikerin beichtet Orgasmus-Lüge".

Günter Oettinger, der CDU-Spitzenkandidat, der bekannterweise die Wahl gewann, musste dem frechen Moderatorenduo beantworten, ob er sich schon mal geprügelt habe. Der Grünen-Kandidat wurde gefragt, ob er schon mal gekifft (ausgerechnet ein Grüner), der FDP-Konkurrent Ulrich Groll, ob er mal blau gemacht habe: Der Sender versuchte erst gar nicht zu vertuschen, dass er das Interview mit Ute Vogt mit einer ordentlichen Portion Sex und Körperlichkeit aufpeppen wollte. Die entsprechende Frage für die männlichen Kandidaten wäre gewesen, ob sie eine Frau schon mal einer Orgasmus-Lüge überführt haben. Wer weiß, ob das Moderatorenduo diese Frage überlebt hätte.

Pikantes war ja auch kurze Zeit über Ulla Schmidt im Umlauf: Sie soll im zweifelhaften Club ihrer Schwester ausgeholfen haben, damals, als sie sich allein erziehend ihr Studium finanzieren musste. Als schnell klar wurde, an Ulla Schmidts Kompetenz ist nicht zu rütteln, wurde es in den Medien ganz schnell still um ihr Vorleben.

Überhaupt Ulla Schmidt: Sie ist erfreulich stabil im alten wie neuen Kabinett, trotz ihres Jobs, der als einer der schwersten im Kabinett gilt, weil sich Kassen, private wie gesetzliche, Kassenärzte und Pharmaindustrie gegenseitig bekämpfen. Ein Haifischbecken, dem die Ministerin mutig Paroli bietet. Und bis auf Parodien, zu denen ihr Aachener Dialekt Anlass gibt, überwiegt eine anerkennende Bewertung ihrer Arbeit und Person.

Diese Beispiele zeigen: Der Weg zur Macht ist lang, mühsam und hinterlässt viele Wunden. Erst wenn Frauen am Ziel ankommen, den Kampf überwunden haben, zweifelt niemand mehr an ihrer Kompetenz. Selbst die

Männer-Bündnisse zwischen Politik und Journalismus hören auf, Strippen zu ziehen. Und geben zu, so wie der Autor Jürgen Busche im Magazin *Cicero*: "Die Macht ist weiblich".

"Wir sind immer noch ein Entwicklungsland":
Zur Rolle von Frauen in der Gesellschaft, in der Politik und in den Medien

Claudia Roth befragt von Katja Mensing

Katja Mensing:
Frau Roth, was empfinden Sie als besondere Herausforderung daran, dass Sie Grüne, Frau, Bayerin, Politikerin sind?

Claudia Roth:
Als Schwäbin und damit Angehörige einer ethnischen Minderheit weiß ich, wovon man redet. Es ist richtig gut, dass Sie dieses Thema angesetzt haben und dafür gratuliere ich Ihnen herzlich. Wir sind mitten drin in einer Auseinandersetzung über Rollen und Werte. Vorgestern war ich in einer Fernsehsendung mit dem angeblich klügsten Mann Deutschlands, Professor Arnulf Baring, der mir dann gesagt hat, dass ich nicht das Recht hätte über Kinder und über Familie zu reden, da ich nicht kompetent sei, weil ich schließlich keine Kinder und keine eigene Familie habe. Ja, ich bin eine von denen, die sich nicht mit der angeblich natürlichen Rolle der Frau zufrieden geben. Ich habe keine Kinder und ich bin nicht verheiratet. Dies hat beides sehr gute Gründe. Ich habe ein anderes Leben und auch eine andere Vorstellung von gleichen Rechten und gleichen Chancen. Wir sind schon mittendrin in der Auseinandersetzung "Was ist die eigentliche Rolle der Frau?" Das sieht man daran, dass es wieder möglich ist, in der *Bildzeitung* deutsche Mütter als faul zu bezeichnen und Karrierefrauen als egoman, weil sie als Frauen meist keine Kinder haben. Ich habe den Anspruch, auf gleicher Ebene die gleichen Chancen und Rechte wahrzunehmen. Das Verhältnis von Politikerinnen, Frauen und Medien gehört für mich ebenso zu dieser Diskussion. Es wird viel diskutiert über das Buch von Eva Hermann, der *Tagesschau*-Sprecherin, weil sie dort den Feminismus, die Frauenbewegung für alles, was in dieser Gesellschaft falsch läuft, verantwortlich gemacht hat. Mit solchen Äußerungen muss man offensiv umgehen.

Für Grüne Frauen gibt es noch eine besondere Herausforderung, weil häufig unterstellt worden ist, dass man nur Quoten-Frau sei oder dass die Stellung als Abgeordnete im Bundestag oder Parteivorsitzende einzig der Quote zu verdanken sei. Das war die grundsätzliche Unterstellung, dass die Quote ein Privilegien-System sei und Kompetenz keine Rolle spiele.

Aus meiner Sicht war und ist die Quote eine wirkliche Errungenschaft, und in diesem Punkt haben die Grünen ganz viel für mehr Gerechtigkeit in unserer Gesellschaft getan. Dadurch kam auch in anderen Parteien mehr Bewegung. Frau Süssmuth und Herr Geißler haben mir mal sinngemäß gesagt: Frau Roth, bitte tun Sie alles, was Sie für richtig halten, aber diese Quote, die muss bleiben, weil es dadurch in anderen Parteien und in der Gesellschaft erstmals eine Debatte gibt.

Bemerkenswert ist auch, dass die typische Grüne Frau, die einen anderen Lebensentwurf und einen anderen Hintergrund hat und damit nicht in das klassische Frauenbild passt, auf eine Art und Weise ein Angriffs-Subjekt wird, wie ich es bei anderen so nicht erlebe.

Man wird als Grüne Frau sehr schnell psychiatrisiert. Die Zuschreibung, verrückt zu sein, passierte sehr schnell, als ich mal mir erlaubt habe zu sagen, es wäre nicht schlecht, die Bombardierungen auf Afghanistan einzustellen, damit die Zivilbevölkerung humanitäre Hilfe erhalten kann.

Als Grüne Frau ist man auch einer besonderen Form von sexueller Phantasie ausgesetzt, die sich nicht nur in zahlreichen Briefen niederschlägt, sondern auch in Zeitungsartikeln. Ein Kommentator in der *taz* verglich die angegriffenen Twin Towers am 11. September mit den feisten Schenkeln von Claudia Roth. Dies sind schon Sachen, die sind irgendwie unterirdisch, und da habe ich das Gefühl, dass da noch ein ganz anderer Kampf und eine ganz andere Auseinandersetzung eine Rolle spielt.

Da war auch der Tag, an dem ich gedacht habe, dass ich aufhören muss, weil ich einfach nicht mehr kann. Dies war auf dem Parteitag in Rostock. Auf diesem Parteitag hatten wir als Grüne wahrscheinlich eine der schwierigsten Entscheidungen zu treffen, nämlich ob wir innerhalb der rotgrünen Koalition einer Beteiligung an einem Einsatz in Afghanistan zustimmen. Über diese Frage wurde schon Wochen vor dem Parteitag gerungen und gestritten. Diese Diskussion ging für die Partei ans Eingemachte, ins Innerste. Im Bundesvorstand wurde beschlossen, dass ich die Hauptrede zu dem Thema halten solle, da mit mir in dieser Frage eine besondere Glaubwürdigkeit verbunden wird. Es war meine schwierigste Rede. Am

Morgen wurde ich plötzlich total abgeschirmt und es wurde mir gesagt, dass ich vor der Rede doch lieber keine Zeitung lesen solle. Erst im Saal habe ich dann gemerkt, dass die taz mich auf der ersten Seite abgebildet hatte, in einem pinkfarbenen Ballkleid bei den Bayreuther Festspielen, mit der Titelzeile: "Die Gurke des Jahres". Dies war ein unglaublich böser Artikel. Ich habe mir gedacht, ich kann jetzt nicht auf die Bühne, um über einen militärischen Einsatz zu reden, weil alle dieses gruselige Bild sehen: "Die Gurke des Jahres". Ich habe diese Rede dann trotzdem gehalten, aber ich glaube schon, dass auch in der medialen Berichterstattung wir besonders im Zielfeld sind von Phantasien und besonders heftiger und scharfer Kritik. Dann weiß man einfach nicht mehr, wie man sich dagegen schützen soll und kann.

Katja Mensing:
Sie sagten, die Quote hätte Ihnen nicht weitergeholfen, in erster Linie, weil Sie dann als Quotenfrau diffamiert worden sind. Sie hat aber anderen Politikerinnen weitergeholfen.

Claudia Roth:
Nein, da habe ich mich vielleicht nicht deutlich ausgedrückt. Die Quote hat uns sicherlich sehr geholfen, die permanente Unterstellung aber hat nicht aufgehört, dass wir Quotenfrauen seien. Wir haben in über 25 Jahren schon deutlich gemacht, dass die Frauen in der Politik auch andere Kompetenzen einbringen können. Dass soziale Kompetenz und emotionale Intelligenz in der Politik wichtig sind. Auch wenn man sehr oft über die Haare von Frau Merkel oder über die Tränen von Frau Roth redet.

Sie haben vorhin die Frage gestellt nach den Wählerinnen und Wählern. Durch die Quote in unserer Partei sind alle Ämter auf allen Ebenen mindestens zur Hälfte von Frauen besetzt. Das heißt, in unserer Bundestagsfraktion, in unserer Landtagsfraktion sind immer mehr Frauen als Männer, weil alle ungeraden Plätze prinzipiell mit Frauen besetzt sind. Dadurch hat sich auch die Perspektive von Politik verändert, dadurch haben auch die Macker, die es natürlich auch bei uns gibt, neue Perspektiven von Politik kennen gelernt. Dadurch bearbeiten bei uns auch Männer eher klassische Frauen-Themen und umgekehrt. Das ist normal geworden. Wir haben nach wie vor eine Wählerschaft mit zwei Drittel Frauen, ein Drittel Männer, und bei den über 60jährigen sind es sogar an die drei Viertel Frauen und ein Viertel Männer. Das finde ich hochinteressant, weil daraus gefolgert werden kann, dass Frauen die verstärkte Teilhabe von Frauen in der Politik offensichtlich hoch einschätzen und unterstützen.

Katja Mensing:
Glauben Sie, dass Sie als Grüne Politikerin eher wahrgenommen wurden von den Medien, als eine CSU-Politikerin wahrgenommen wurde? Als Sie anfingen mit der Politik?

Claudia Roth:
Als wir in der Politik angefangen haben, war es schon ganz schön schwer, und ich glaube die Rede von Waltraud Schoppe [vgl. den Beitrag von Renate Schmidt, in diesem Band], die hatte schon etwas Historisches. Ich erinnere mich noch an eine andere Rede, von Annegret Höhnes. Sie hat im Bundestag zum Thema Tschernobyl und der Frage der radioaktiven Belastung von Mutter-Milch gesprochen. Diese Debatte wurde spät in der Nacht im Bundestag geführt. Dafür haben die Frauen unterschiedlicher Fraktionen gesorgt, weil viele Menschen nach der Katastrophe sehr unsicher waren und nicht wussten ob man seinem Kind überhaupt noch die Brust geben sollte. Was in dieser Debatte im Bundestag ablief, war so unsäglich. Teilweise wurden von angetrunkenen Kollegen unterschiedlicher Fraktionen Witzen gemacht, die so unwitzig waren, dass es dann sogar hinterher tatsächlich eine gemeinsame Intervention gegeben hat. Durch die Grüne Fraktion ist es den Grünen Frauen deutlich leichter gefallen, den Einbruch in diese Männerwelt zu schaffen. Dies lag daran, dass einfach sehr viele Frauen in der Fraktion mit dabei waren. Wir haben zum Beispiel das erste 'Feminat' gehabt, also einen reinen Frauenvorstand. Drei Frauen waren die Fraktionssprecherinnen, drei Frauen waren die Parlamentarischen Geschäftsführerinnen und damit begann quasi der Untergang des Abendlandes, des Patriarchats. Mit Antje Vollmer, mit Christa Nickels. Das sind alles Frauen, die dann über Jahre bewiesen haben, dass frau sehr gut Politik machen kann.

Gerade in Bayern sind wir möglicherweise anders wahrgenommen worden, weil dort der kulturelle Gegensatz ziemlich erheblich ist. Herr Stoiber hat letzte Woche in der Münchner Runde gesagt, der wahre Gegensatz in Bayern sind die CSU und die Grünen. Damit hat er irgendwie Recht, und das äußert sich auch ein Stück weit am Frauenbild, am Rollenverständnis, an den gesellschaftspolitischen Vorstellungen. Vielleicht haben wir es einfacher gehabt, einen Zugang zu Medien zu finden, weil wir einfach auch andere

Positionen zu gewissen Themen hatten. Dadurch, dass die Fraktions- und auch die Landesvorstände immer mit Frauen besetzt waren, haben wir schon durch das Amt natürlich einen besseren Zugang zu Medien gehabt. Vielleicht ist das ein Vorteil, aber die mediale Kritik unterscheidet sich dann doch wirklich sehr.

Katja Mensing:
Inwiefern unterscheidet sich diese Kritik sehr? Also wir haben gesehen, einmal sind es die Falten, die erwähnt werden – bei Männern werden sie nicht erwähnt... – einmal ist es das Outfit, es sind Zweifel an der Kompetenz ... Was gibt es da noch?

Claudia Roth:
Das ist jetzt zunehmend eben auch die politische Auseinandersetzung, ob unser Lebensbild oder unsere Einstellung, unsere Vorstellung, die Kämpfe, die wir in unterschiedlichen feministischen Frauenbewegungen geführt haben, nicht eigentlich schuld sind an der Misere. Das ist zwar ein wenig platt, aber es wird wirklich ernsthaft diskutiert. Ich finde es bemerkenswert, dass bevor Angela Merkel Kanzlerin geworden ist, wirklich mehr über ihre Haare als über ihre Politik geredet wurde. Und jetzt wo sie Kanzlerin ist und quasi *die* Machtposition inne hat, finde ich sehr auffallend, wie schonend der Umgang mit ihrer Politik ist. Ich finde das sehr auffallend. Ich würde die These wagen, dass wenn ein Mann Kanzler wäre, die kritische Auseinandersetzung viel heftiger ausfiele. Ich habe das Gefühl, es gibt eine richtige Hemmung gegenüber der ersten Frau in der Regierung. Man merkt daran, dass überhaupt kein normales Verhältnis in der großen Medienwelt zu Frauen in der Politik gefunden worden ist.

Katja Mensing:
Mit welchen Strategien könnte man dem denn begegnen, damit auch bei Frauen mehr auf Inhalte geguckt wird und nicht auf Äußerlichkeiten?

Claudia Roth:
Es gibt wirklich Männer-Netzwerke, die funktionieren über alle Parteigrenzen und über alle Verlagsgrenzen hinweg. Das wird als das Normalste auf der Welt angesehen. Wenn Frauen solch ein Netzwerk bilden, um etwas Bestimmtes zu erreichen, dann wird mit der Nase gerümpft und mit dem

Kopf geschüttelt. Frauen sollten viel mehr solche Netzwerke bilden. Es gibt in den Medien starke Frauen, die Chefredakteurin von der *Bunte*, Friede Springer oder Sabine Christiansen, diese Frauen spielen eine Rolle. Aber die frauenfreien Zonen in den Medien sind noch ziemlich groß. Wenn man sich mal anschaut, wie viele Chefredakteurinnen es eigentlich gibt, dann ist das ziemlich bitter. Mir fällt nur Bascha Mika von der *taz* ein. Auch bei den Fernsehanstalten gibt es kaum Chefredakteurinnen. Da gibt es noch richtig schwarze Löcher von Demokratie. Ich vermisse diese Frauen sehr, wenn es wieder solche unterirdischen Angriffe gibt. Da passiert leider gar keine Intervention. Man könnte sich vorstellen, dass dann auch Frauen oder Männer in den Medien sich äußern und den Stil des Umgangs kritisieren. Ich wünsche es keinem Mann, dass ihm solche Angriffe passieren.

Ich habe einmal versucht, mich zu verwehren und habe aus diesem Grund mit Bascha Mika geredet. Sie meinte aber, dass ich doch die größte Vertreterin der Presse- und Meinungsfreiheit sei. Das mag sein, das kann dann aber nicht heißen, dass man deswegen an die Würde eines Menschen, selbst wenn dieser Mensch Politikerin ist, rangeht. Nach diesen Angriffen war es leider verdammt still, da gibt es dann kaum ein Gegenwort oder eine Auseinandersetzung.

Katja Mensing:
Sie sagen, Solidarität zwischen Frauen ist noch nicht ausgeprägt genug. Sind wir da nicht selber daran schuld? Ich meine, was können wir dagegen machen?

Claudia Roth:
Ja, daran sind wir selber schuld. Männer können sich vor der Kamera streiten und sich heftig auseinandersetzen. So stark, dass man denkt, die können danach nicht mehr miteinander reden. Wenn aber dann die Kameras ausgehen, ist von einer Auseinandersetzung nichts mehr zu spüren. Ich glaube, es fällt Frauen deutlich schwerer zu trennen, was vor der Kamera und was hinter der Kamera passiert. Bei uns führen politische Auseinandersetzungen oder Kontroversen wahrscheinlich eher dazu, dass auch eine Distanz entsteht. Das ist bei Männern nicht der Fall, also die haben ein sehr ausgeprägtes Bewusstsein, wie sie ihre Interessen und auch ihre Machtinteressen durchsetzen. Da haben wir einiges nachzuholen und nachzulernen. Hierbei hat uns die Quote in unserer Partei nach vorne gebracht. Es gibt kaum ei-

"Wir sind immer noch ein Entwicklungsland"

nen Mann in unserer Partei, der die Quote abschaffen bzw. in Frage stellen will. Ich bin mir aber auch sicher, dass es ohne Quote so ohne weiteres nicht gegangen wäre, dass Frauen so selbstverständlich ihren Platz bekommen hätten. Es bedarf also bestimmter Mittel und einer Unterstützung, was Teilhabe angeht, auch von Journalistinnen, in den oberen und wichtigen Etagen, und in allen Bereichen der politischen Berichterstattung. Auch ist eine stärkere solidarische Vernetzung unter Frauen in der Politik nötig.

Katja Mensing:
Wenn Sie mit Journalistinnen zu tun haben, ist das für sie einfacher, als wenn sie mit Journalisten zu tun haben? Müssen Sie sich da nicht so viel erklären, ist es einfacher im Umgang miteinander?

Claudia Roth:
In manchen Punkten, wie die Auseinandersetzung über das Äußere, den Familienstand oder den Beziehungsstand, können Journalistinnen einfach besser nachfühlen, wie planbar, wie simpel und wie reduzierend das oft ist. Dann wird nicht als erstes nach dem Äußeren, nach deinem Lachen oder deinem Partner ausgefragt, bevor man zum eigentlichen Thema kommt. Ich denke, dass Journalistinnen dies nicht machen, weil sie dies in ähnlichen Zusammenhängen in ihren Situationen durchaus kennen und ihnen das vertraut ist. Aber aus meiner Erfahrung ist es nicht so, dass Journalistinnen mit Frauen in der Politik freundlicher oder gnädiger umgehen würden. Manchmal ist dies sogar eine Nummer härter. Da habe ich oft das Gefühl, dass die Journalistinnen sich beweisen müssen und klarstellen müssen, dass es hier nicht um Frauensolidarität geht.

Katja Mensing:
Waren Sie jemals in der Versuchung, Ihre männlichen Züge herauszustellen, ihre weiblichen zu verstecken, damit Sie mehr bewirken können in der Politik?

Claudia Roth:
Ich weiß nicht, was meine männlichen Züge sind. Ich habe immer versucht, und das war nicht einfach, mich nicht anzupassen an das, was scheinbar der leichtere Weg ist. Also ans graue Schneiderkostüm oder ans eher Zurückhaltende. Ich werde den Teufel tun, so zu werden, wie viele graue Kollegen.

Das kommt mir gar nicht in die Tüte. Der Preis ist sehr hoch, aber ich will halt so sein, wie ich bin.

Katja Mensing:
Also ist das keine Strategie, dass Sie der Paradiesvogel sind, sondern Sie sind einfach so...?

Claudia Roth:
Ich weiß auch nicht, ob ich der Paradiesvogel bin. Es gibt aber wohl eine gewisse Kontinuität in meinem Leben, was das Äußere angeht und was den Auftritt angeht. Ich habe das nicht verändert, bloß weil ich in die Politik gegangen bin. Ich war beim Theater, ich war beim Rock'n'Roll und habe dadurch wahrscheinlich eine eher ungewöhnliche Biographie im Vergleich zu anderen. Aber warum sollte ich mich jetzt verstecken oder anders werden, wenn ich Politik mache? Ich will das ja sozusagen aus einer inneren Überzeugung tun. Bei den Männern ist es vielleicht Jürgen Trittin, der so polarisierend angegangen wird wie ich. Bei anderen Kollegen wie Fritz Kuhn oder Reinhard Bütikofer gibt es eine vergleichbare Polarisierung nicht. An meiner Person ist die Polarisierung wirklich unglaublich. Das sieht man tagtäglich sowohl in den Medien wie auch in der Öffentlichkeit. Auch die vielen Briefe und E-Mails, die jeden Tag ankommen, zeigen, dass es entweder eine totale Ablehnung oder eine relativ große Zustimmung zu meiner Person und Arbeit gibt. Und dazwischen ist nichts, die sanften Zwischentöne fehlen.

Katja Mensing:
Gut, das spricht dafür, dass Sie wahrgenommen werden. Wie schlägt sich das dann nieder? Sind das wirklich nur die Klamotten, oder haben Sie dadurch auch eher die Möglichkeit, Inhalte überzubringen?

Claudia Roth:
Es wäre ja traurig, wenn es wirklich nur die Klamotten wären. Dennoch sagen mir viele Experten für öffentliches Auftreten, dass es in Sendungen wie Sabine Christiansen nur darauf ankommt, welchen Eindruck man optisch macht. Der Inhalt sei zweitrangig. Dies würden Untersuchungen beweisen. Dagegen bin ich aber resistent. Ich hoffe, dass wir Grüne Frauen vor allem über das, wofür wir stehen, beurteilt werden. Denn diese Stand-

punkte vertreten wir meist mit aller Leidenschaft und aller Überzeugungskraft. Da ist der Preis dann wiederum auch sehr hoch. Wenn man sich gegen Rassismus oder Rechtsextremismus einsetzt, dann sind die Drohungen einfach brutal, die dir entgegengebracht werden. Viele können sich das gar nicht vorstellen, dass dann auch Morddrohungen bis in den weitesten Familienkreis hinein ausgesprochen werden. Trotzdem ist es immens wichtig, als Person für eine bestimmte Sache zu stehen. Dann ist man für viele Menschen glaubwürdig in dieser Sache. Dies können Frauen meiner Meinung nach deutlich besser als Männer. Die sind da doch oft sehr flexibel und man wundert sich doch oft, wie schnell sich die Positionen ändern.

Katja Mensing:
Also denken Sie, dass die Männer eher an der Macht kleben und Frauen eher integer sind und zu sich selber stehen?

Claudia Roth:
Ob sie integer sind, weiß ich nicht. Ich glaube nicht, dass wir die besseren Menschen sind, aber das Machtbewusstsein ist meiner Meinung nach in der politischen Männerklasse noch deutlich stärker ausgeprägt. Und es ist natürlich immer noch ein Männerhaufen. Auch wenn wir jetzt eine Kanzlerin haben, die ein starkes Machtbewusstsein hat, heißt das noch lange nicht, dass beispielsweise in der Union mehr Frauen in der Politik wären. Da gibt es keinen Automatismus. Nur weil jetzt eine Frau vorne steht, werden Frauen noch lange nicht nach vorne gebracht oder gleichberechtigt eingeladen, wichtige Posten wahrzunehmen. Das Fehlen von Frauen in der Politik hat vielleicht auch etwas damit zu tun, dass es eine Art Glaubwürdigkeitsverlust gibt.

Katja Mensing:
Was tun Sie ganz persönlich dafür, dass mehr Frauen nach oben kommen? Haben Sie da irgendwelche Möglichkeiten? Irgendwelche Strategien?

Claudia Roth:
Die Frauenquote ermöglicht bei uns Grünen, einen guten Nachwuchs bei den Frauen heranzuziehen. Deshalb haben wir ein so genanntes Trainee-Programm, in dem wir gezielt versuchen, jungen Frauen ein Bild des Politikerinnen-Alltags zu vermitteln. Dazu kommen Seminarangebote nur für

Frauen oder auch Kurse zum Thema Durchsetzungskraft oder Rhetorik in der Politik. Dadurch werden den Frauen Tricks und Tipps an die Hand gegeben, wie sie sich in der Männer-Domäne Politik durchsetzen und ihre Standpunkte vertreten können. Die gestandenen Politikerinnen geben dann ihre Tricks an den Nachwuchs weiter und versuchen die jungen Frauen in die politischen Entscheidungen und Prozesse einzubeziehen. Das macht es bei uns auch so erfolgreich. Wir haben ja nicht nur einen hohen Anteil von Wählerinnen, sondern auch relativ viele weibliche Mitglieder. Diese gilt es zu ermutigen, zum Beispiel in die Verteidigungs- oder Finanzpolitik einzusteigen. So wie damals Christine Scheel, die als Finanzpolitikerin Vorsitzende im Finanzausschuss wurde und dort in eine Männerdomäne eingebrochen ist. Dies hat in diesem Bereich viel verändert und war immens wichtig. Ein systematisches Eindringen in diese Männerbastionen ist auch wichtig.

Wir haben auch ein sehr breites Medientrainingsangebot. Für unsere Spitzenkandidatinnen haben wir das angeboten oder auch die Grüne Jugend bietet das an. Da ist dann auch viel Verhaltens- oder Argumentationstraining dabei. Unsere Kandidatinnen sind ja meist bei Podiumsdiskussionen die einzige Frau in der Runde und müssen sich dann behaupten. Ich sehe diese Schulungen als sehr wichtig an und glaube, dass das auch oft unterschätzt wird.

Katja Mensing:
Ja, das ist aber nur innerhalb der Partei, das ist also nicht das Frauen-Netzwerk in der Politik. Könnte man da, könnten Sie da was tun? Mit Frau Merkel zusammen ein Netzwerk bilden; wäre das eine Möglichkeit, etwas weiter zu bringen?

Claudia Roth:
Noch einmal möchte ich betonen: Erst durch unsere Quote ist es in der SPD und in der CDU gelungen, eine Diskussion darüber anzuregen. In der CDU ist die Quote dann ja sogar als Frauenquorum eingeführt worden, auch wenn sie sich am Frauenanteil unter den Mitgliedern orientiert und nicht wie bei uns bei 50 Prozent liegt. Dies war ein großer Durchbruch. Dann gibt es immer wieder Bestrebungen, über Fraktionsgrenzen hinweg Themen in den Mittelpunkt zu stellen. "Gewalt in der Ehe" oder "Anerkennung der geschlechtsspezifischen Verfolgung" waren zum Beispiel solche Themen. Da haben wirklich Frauen aus allen Fraktionen an einem Strang

gezogen. Dies war übrigens ein sehr langer, sehr schwieriger und ein sehr bitterer Kampf, bis endlich durchgesetzt werden konnte, dass die geschlechtsspezifische Verfolgung als Verfolgungsgrund bei Flüchtlingen anerkannt werden konnte. Ohne Fürsprecherinnen wie Frau Süssmuth oder anderen Unions-Frauen wäre dies nicht möglich gewesen. Aber ich will das jetzt auch nicht überhöhen mit Frauennetzwerken, denn es ist auch gut, politische Unterschiede zu haben. Ich achte Frau Merkel als Frau, ich habe Respekt vor ihrer Macht, vor ihrem Instinkt, aber das heißt noch lange nicht, dass ich deswegen ihre Politik gut finde. Da muss dann auch bei Frauen eine ganz normale Auseinandersetzung über die Inhalte stattfinden und Streit über die Inhalte ausgetragen werden. Ich wünsche mir aber ein verstärktes Bewusstsein bei Journalistinnen über den doch anderen Umgang mit Frauen in der Politik im Gegensatz zum Umgang mit Männern. Dafür wäre ein Netzwerk hilfreich.

Katja Mensing:
Wie sieht es denn mit den unterschiedlichen Medien aus, gibt es da wirklich große Unterschiede zwischen Print und, sagen wir mal, Fernsehen? Haben Sie es da irgendwo schwerer als Politikerin?

Claudia Roth:
Das ist schwierig. Ich habe es nicht leichter, weil ich von einer werteorientierten linken Partei komme. Es wäre auch zu einfach zu sagen, dass Springer es besonders auf uns abgesehen hätte. Da wird man manchmal heftig angegangen, aber dies passiert genauso bei der *taz* oder beim *Spiegel.* In der Vergangenheit war es sehr schwierig, in diese Männer-Diskussions-Runden einzudringen, aber das hat sich dann gegeben. Es ist mittlerweile so, dass es oft Kritik aus den Redaktionen gibt, wenn bei Maybrit Illner oder Sabine Christiansen überhaupt keine Frau in der Runde ist. Ich könnte jetzt gar nicht sagen, wo die richtig verschlossene Männer-Bastion ist.

Katja Mensing:
Ich meinte eher die Unterschiede zwischen Fernsehen – 1:30 ist nicht viel Zeit – und dem Printmedium, da kann man 150 Zeilen schreiben, wenn man den Platz dafür bekommt. Sehen Sie es als einfacher an, wenn Sie ein Interview für eine Zeitung geben als fürs Fernsehen? Weil Sie ja auch viel mehr Zeit haben...

Claudia Roth:
Das hat, glaube ich, nichts mit meinem Geschlecht zu tun, sondern das hat etwas mit der politischen Rolle zu tun. In der Opposition hat sich schon etwas verändert. Der mediale Zugang hat eindeutig nachgelassen oder ist schwieriger geworden, zumal wir ja auch noch die Kleinste der drei Oppositionsfraktionen sind. Da muss man schon verdammt gut sein, wenn man in der *Tagesschau* oder bei *Heute* vorkommen will. Bei Berichten dort wird die Regierung dargestellt und die Opposition. Hier muss man gut sein, wenn man aus den drei verschiedenen Oppositionsstimmen als Beispiel genommen werden will. Auch bei den regelmäßigen Pressekonferenzen des Bundesvorstandes am Montag ist es deutlich weniger geworden im Verhältnis zur Regierungszeit. Auch hier wechsele ich mich übrigens mit Reinhard Bütikofer wöchentlich ab, und es gibt zwischen uns keine geschlechtsspezifische Themenaufteilung. Beim geschriebenen Wort verhält es sich mit dem Zugang ähnlich. Aber dies hat nicht mit dem Geschlecht zu tun, sondern etwas mit der Oppositionsrolle.

Katja Mensing:
Es gab ja sehr viel Negatives zu hören. Haben Sie denn auch mal was Positives erlebt als Politikerin im Umgang mit Medienleuten?

Claudia Roth:
Ja, natürlich habe ich viel Positives erlebt. Ich wollte hier aber nicht den Eindruck vermitteln, dass wir schon am Ziel angekommen seien und wir alles erreicht hätten, dass sich die Frauen auch gar nicht mehr anstrengen müssten. Ich habe manchmal das Gefühl, dass manche Kämpfe als ausgekämpft erscheinen, es aber noch lange nicht sind.
   Natürlich gibt es ganz wunderbare Erlebnisse, es gibt wunderbare Portraits, es gibt tolle Journalistinnen, die auch von ihrer Art, Fragen zu stellen, deutlich sensibler und intensiver sind als manche männlichen Kollegen. Ich wollte jetzt einfach kein schwarzes Bild malen, aber ich wollte unterstreichen, dass manche Situationen so ans Eingemachte gehen, dass sich eine Frau eher fragt als ein Mann: "Tu ich mir das an?". Meine Kollegen haben mir in Rostock damals gesagt, dass es doch nicht so schlimm sei und es doch auch eine Art Publicity wäre, auf der Titelseite der *taz* zu stehen. Da würde man nicht so einfach hinkommen. Ich habe sie damals für verrückt

erklärt. Das ist der Unterschied, und den wollte ich rausstellen, aber Sie sehen ja, ich leide nicht unter meinem Job. Mich zwingt ja auch niemand, und ich mache ihn auch gerne. Es gehört ja auch zum Spiel oder Verhältnis von Politik und Medien dazu. Ich wünsche mir diese Politisierung und eine stärkere gesellschaftliche Auseinandersetzung. Ich wünsche mir eine stärkere Auseinandersetzung über die Rolle von Frauen in unserer Gesellschaft, in der Politik und in den Medien. Hier sind wir leider immer noch ein Entwicklungsland. Bei den Medien kommt es mir manchmal so vor wie in der Wirtschaft, wo wir in den 30 großen DAX-Unternehmen in der Bundesrepublik Deutschland nur eine einzige Frau in einem Vorstand haben. Und das bei der am besten ausgebildeten Frauengeneration, die es jemals in unserem Land gab und die bessere Ergebnisse hat als die Männer. Gleichwohl gibt es dort schwarze Löcher. Es ist nur eine einzige Frau in einem Vorstand und sonst sind dort weit und breit nur Männer. Wir haben in der Privatwirtschaft in den oberen Etagen vier Prozent Frauen und sind damit absolutes Schlusslicht im Vergleich mit ähnlichen Ländern. In Deutschland haben wir 23 Prozent Lohnunterschied für gleichwertige Arbeit zwischen Frauen und Männern. Damit sind wir auf Platz 3 in Europa, was den größten Lohnunterschied angeht. Es gibt eben noch erheblichen Nachholbedarf.

Immer nur die Frisur?
Angela Merkel in den Medien

Thomas Koch

1 Einleitung

"...nehmen Sie die Berichterstattung über Angela Merkel. Zum Teil wurde mehr diskutiert über Frisur, äußere Erscheinung, Gesichtsausdruck, Hände, etc., als dass inhaltlich debattiert wurde. Und wie oft kam die Frage auf: Kann das Mädchen das? Fragen, die bei Männern gar nicht gestellt werden. Und insofern erleben wir noch sehr häufig ungleiche Bewertungskriterien" (Süssmuth, 2005).

Rita Süssmuth erweckt mit ihrer Äußerung den Eindruck, die Medien berichteten seit Jahren hauptsächlich über Frisur und äußere Erscheinung von Angela Merkel und debattierten meist darüber, ob sie als Frau für spitzenpolitische Ämter ebenso geeignet sei wie ein Mann. Ob derart pauschale Aussagen nur eine Vermutung der Bundestagspräsidentin a. D. sind, oder ob sie sich auch auf wissenschaftliche Analysen stützen können, soll im Folgenden hinterfragt werden. Dabei ist unstrittig, dass die Medien über Merkels Frisur und Kleidung berichteten. Doch es gab solche Diskussionen auch über Schröders (nicht) gefärbte Haare oder Stoibers Stottern. Unbestreitbar berichteten die Medien darüber, dass Merkel als erste Frau Vorsitzende einer der beiden großen Volksparteien, Kanzlerkandidatin und Bundeskanzlerin wurde. Fraglich ist jedoch, ob die berühmte Aussage "Die kann das nicht!", die oft als "eine Frau kann das nicht" interpretiert wurde, tatsächlich von Journalisten oder doch nur von der SPD formuliert wurde, was nicht weiter verwunderlich wäre, da die Genossen kaum mit dem Argument "Die kann das auch" in den Wahlkampf ziehen konnten. Bewerten Journalisten Angela Merkel – weil sie eine Frau ist – anders bzw. negativer? Wird sie mehr im Zusammenhang mit so genannten "weichen" Themen dargestellt? Schreiben die Journalisten tatsächlich vorrangig über Merkels Frisur, Kleidung und Aussehen? Und hat sich die Berichterstattung über Merkel im Laufe der Zeit geändert? Für die Beantwortung dieser Fragen liegt diesem Beitrag keine eigenständige Analyse zu Grunde; vielmehr trägt er verschiedene Ergebnisse bisheriger Studien zusammen und vergleicht sie miteinander.

Zwei Probleme treten bei einem solchen Vorhaben allerdings auf: Zum einen sind Untersuchungen, die sich – und sei es nur am Rande – mit Merkel vor ihrer Kanzlerkandidatur beschäftigen, rar. Merkel wurde erst nach ihrer Wahl zur Kanzlerkandidatin für die Forschung interessant. So gibt es mittlerweile einige Studien, die sich mit Angela Merkel während des Wahlkampfes beschäftigen (vgl. z. B. Boomgaarden & Semetko, 2006; Schulz & Zeh, 2006; Wagner, 2006); es existieren auch schon erste Analysen, die sich mit Merkels medialer Darstellung zu Beginn ihrer Amtszeit beschäftigen (vgl. Journalistinnenbund, 2005; Rettich, 2005). Vor dieser Zeit wurde das Thema "Merkel in den Medien" jedoch kaum beachtet. Lediglich zwei unveröffentlichte Diplomarbeiten (Wille, 2001; Rail, 2003) und eine Bildanalyse (Fleissner, 2004) beleuchten diesen Zeitraum. Problematisch ist zudem, dass die Ergebnisse aufgrund von unterschiedlich langen Analysezeiträumen, verschiedenem Analysematerial und jeweils anderen Erhebungsinstrumenten nur sehr bedingt vergleichbar sind. Auch der jeweils vorherrschende thematische Hintergrund variiert bei Vergleichen über Jahre hinweg stark. So ist zum Beispiel die Berichterstattung während des Wahlkampfes nur eingeschränkt mit der während der K-Frage in der Union zu vergleichen. Auch wenn sich die Fragen – aufgrund der (noch) lückenhaften Forschung – nicht ganz präzise beantworten lassen, kann man dennoch einen Überblick über einzelne Ergebnisse geben, diese nebeneinander stellen und Tendenzen herausarbeiten.

Zunächst werden die Studien, die sich mit Merkel im Wahlkampf befassen anhand verschiedener Schwerpunkte analysiert (Kapitel 2). In Kapitel 3 werden die seit 1999 durchgeführten Untersuchungen in chronologischer Reihenfolge dargestellt. Der Aufsatz schließt mit einem Fazit, in dem zentrale Tendenzen interpretiert und Desiderata diskutiert werden (Kapitel 4).

2 Berichterstattung über Merkel im Wahlkampf 2005

Angela Merkel geriet nach ihrer Wahl zur Kanzlerkandidatin nicht nur in das Visier der Berichterstattung, sondern auch in den Fokus der Kommunikationswissenschaft. Die Ergebnisse der (bislang veröffentlichten) Studien werden im Folgenden in verschiedenen Aspekten einander gegenübergestellt.

Zunächst wird die Medienpräsenz von Angela Merkel mit der von Gerhard Schröder verglichen (2.1); es folgen Ergebnisse über Bewertung (2.2) und Personalisierung (2.3) der beiden Kandidaten; ob – und wenn ja, in welchem Ausmaß – es geschlechterspezifische Unterschiede in der Berichterstattung über die beiden Kandidaten gab, wird in Kapitel 2.4 analysiert. Inwiefern deren Privatleben Thema der Wahlkampfberichterstattung war, zeigt Kapitel 2.5 auf.

2.1 Präsenz

Boomgaarden und Semetko (2006, S. 15) gelangen in ihrer Analyse der Hauptnachrichten von ARD, ZDF, RTL und Sat.1 während der so genannten heißen Phase des Bundestagswahlkampfes zu dem Ergebnis, dass genauso häufig über Angela Merkel wie über Gerhard Schröder berichtet wurde. Und auch Schulz und Zeh (2006, S. 284ff.) können keine gravierenden Unterschiede in der Präsenz der beiden Kandidaten in den Fernsehnachrichten feststellen. In "vier üblicherweise als überregional verbreitete Qualitätsblätter eingestuften Tageszeitungen" (FR, SZ, FAZ & Die Welt) kam Merkel während des Wahlkampfes sogar häufiger vor und wurde umfangreicher zitiert als Schröder (Wilke & Reinemann, 2006, S. 326).[1]

Dass im Wahlkampf über Merkel genauso viel bzw. sogar mehr berichtet wurde als über Schröder, ist aus zwei Gründen ein bemerkenswerter Befund: Zum einen tritt der – insbesondere in amerikanischen Studien (z. B. Bystrom, 2006; Kahn, 1996) nachgewiesene – Effekt, dass über männliche Kandidaten generell mehr berichtet wird als über weibliche, nicht ein. Kahn und Goldenberg (1991) konnten diesen Effekt sogar unabhängig davon, wer Amtsinhaber und wer Herausforderer ist, nachweisen. Zum zweiten gab es den so genannten Kanzlerbonus, der besagt, dass über den Amtsinhaber

---

[1] Die Messung der Präsenz der Spitzenkandidaten in der Berichterstattung von BILD wird im Folgenden nicht analysiert, da zwei Untersuchungen zu konträren Ergebnissen kommen: Während Wagner (2006, S. 23) feststellt, dass über Schröder mehr berichtet wird als über seine Herausforderin, kommen Boomgaarden und Semetko (2006: 16) zu dem Ergebnis, dass Merkel sowohl in Bezug auf die Summe der Länge der Beiträge als auch bei Gesamt- und Durchschnittslänge der direkten Rede präsenter ist als Schröder und die Kandidaten nur bei der Visualisierung gleichauf liegen. Warum die Ergebnisse hier so unterschiedlich ausfallen, ist unklar, zumal der Untersuchungszeitraum fast identisch ist – Boomgaarden und Semetko beginnen ihre Analyse nur zwei Wochen früher (von 8. August bis 17. September). Es kann hier nicht festgestellt werden, ob diese 14 Tage die Differenz verursacht haben. Die Messung sollte daher in einer weiteren Studie nochmals überprüft werden.

mehr berichtet wird, bei diesem Wahlkampf weder in Fernsehnachrichten noch in Tageszeitungen. Dies ist erstaunlich, da sich der Präsenzvorsprung des Amtsinhabers bei früheren Bundestagswahlen meist deutlich hat nachweisen lassen. So konnten große Vorsprünge insbesondere bei den Bundestagswahlen 1990 (vgl. Semetko & Schönbach, 1994) und 1994 (vgl. Zeh, 2005) festgestellt werden und ebenso – wenn auch in geringerem Umfang – bei den Wahlen 1998 (vgl. Zeh, 2005) und 2002 (vgl. Wilke & Reinemann, 2003). Fraglich ist, ob die große Präsenz von Angela Merkel in den Medien an ihr selbst lag: War sie als Person interessanter, weil die Journalisten glaubten, schon alles über Schröder geschrieben zu haben (vgl. Wilke & Reinemann, 2006, S. 335)? Oder ist der Kanzlerbonus "möglicherweise ein historisches Phänomen der 1990er Jahre", das auch in Zukunft nicht mehr auftreten wird (Schulz & Zeh, 2006, S. 300)?

Es lässt sich letztendlich (noch) nicht klären, ob das ein Einzelfall bleiben wird und welche Faktoren ihn verursacht haben. Richtet man den Blick auf Studien, welche die Präsenz der Parteien in den Massenmedien erfassen, zeigt sich interessanterweise, dass gerade in der heißen Wahlkampfphase die Fernsehnachrichten viel häufiger über die Union berichteten als über die SPD (vgl. Brettschneider, 2005, S. 22). Nur dadurch, dass Schröder für seine Partei viel präsenter war (auf ihn entfielen in der Schlussphase des Wahlkampfes mehr als zwei Drittel der SPD-bezogenen Aussagen, auf Merkel hingegen nur ein Viertel der Unions-bezogenen Aussagen der Fernsehnachrichten) und "fast im Alleingang für die SPD" sprach, war die Berichterstattung über die beiden Spitzenkandidaten in den Medien ausgeglichen (vgl. Brettschneider, 2005, S. 23). Die hohe Präsenz Merkels könnte demnach lediglich eine Folge der umfangreichen Darstellung der Union in den Medien sein – weshalb man auch die Gründe hierfür hinterfragen sollte. Brettschneider führt die hohe Präsenz der Union auf deren gouvernementalen Wahlkampf zurück, wodurch deren eigene Regierungspläne stärker in den Vordergrund gestellt wurden als die Regierungsbilanz von Rot-Grün. Zudem trug wohl auch der Angriffswahlkampf der SPD zu der hohen Präsenz der CDU in der Berichterstattung bei (vgl. Hilmer & Müller-Hilmer, 2006).

Zusammenfassend kann man sagen, dass über Angela Merkel in den Medien mindestens genauso viel berichtet wurde wie über Gerhard Schröder. Dass es bei diesem Wahlkampf keinen Kanzlerbonus gab, ist wahrscheinlich auf verschiedene Einflüsse, die wohl nur analytisch zu trennen sind, zurückzuführen. Die Ergebnisse erwecken Interesse, weil sie unerwartet sind und aus dem Rahmen der bisherigen US-amerikanischen Studien fallen. Weitergehende Interpretationen können bei einer reinen "Präsenz-Messung" kaum ausgearbeitet werden, da hierfür auch die Bewertung und Personalisierung der Kandidaten in den jeweiligen Medien zu beachten sind – diese wird im Folgenden dargestellt.

2.2 Bewertung

Brettschneider (2005, S. 23) stellt fest, dass es während des Wahlkampfs in den Fernsehnachrichten keine Unterschiede bezüglich der Bewertung von Angela Merkel und Gerhard Schröder gab, "mal wurde über die SPD und Gerhard Schröder im Saldo etwas besser berichtet als über die Union und Angela Merkel, mal war es umgekehrt". Und auch Schulz und Zeh (2006, S. 296) kommen bei ihrer Analyse der Fernsehnachrichten zu einem ähnlichen Ergebnis: "Insgesamt ist beim Überblick über die Bewertungsindikatoren, wie schon bei den übrigen Darstellungsmerkmalen, keine eindeutige Begünstigung des Amtsinhabers und dementsprechend auch keine Benachteiligung der Herausforderin zu erkennen". Boomgaarden und Semetko (2006) stellen zwar fest, dass Schröder in den Fernsehnachrichten etwas positiver beurteilt wurde als Merkel, betonen aber auch, dass die Unterschiede sehr gering sind.

Bei den überregionalen Qualitäts-Tageszeitungen zeigt sich kein einheitliches Bild: *Frankfurter Rundschau* und *Süddeutsche Zeitung* bewerteten Merkel negativer, in der *Frankfurter Allgemeinen Zeitung* und in der Welt wurde Schröder negativer dargestellt (Wilke & Reinemann, 2006, S. 331ff.). Insgesamt beobachten Wilke und Reinemann (2006, S. 330ff.) auch in diesem Wahlkampf den seit 1980 bestehenden Trend einer deutlich negativen Darstellung der Kandidaten in den Printmedien. Im Gegensatz dazu wurde Merkel in der *Bild* insgesamt und auch in Bezug auf konkrete Eigenschaftsdimensionen viel positiver dargestellt als ihr Kontrahent (Wagner, 2006, S. 23). Wagner behauptet, dass die Zeitung unter anderem durch die unterschiedliche Bewertung der Kandidaten eine "implizite Wahlempfehlung für das schwarz-gelbe Lager" abgegeben habe. Auch Boomgaarden und Semetko (2006, S. 17f.) stellen fest, dass Schröder in *Bild* deutlich mehr negative Bewertungen erhielt, "während der Mittelwert von Merkel leicht zum Positiven tendierte".

"Medienmacht und Medienmanipulation" warf Gerhard Schröder am Wahlabend pauschal den Journalisten vor – dies ist, bezogen auf die Bewertung der Kandidaten, weder in den Fernsehnachrichten noch in den Qualitätszeitungen nachzuweisen. Konken (2005, S. 31) erklärt die Unterstellung Schröders, dass Journalisten bewusst ihre Macht missbrauchen, dadurch, dass dieser "fälschlicherweise viele der seiner Ansicht nach 'regierungstreuen' Medien auf seiner Seite" vermutete. Dies träfe auf *Bild* zu, die Merkel, wie erste Analysen zeigen, tatsächlich positiver bewertete als Schröder. Aufgrund der Tendenzen in einer Zeitung jedoch von einer allgemeinen Medienmanipulation zu reden, ist – wie Konken (2005, S. 31) folgert – eine "absurde Spekulation". Zusammenfassend lässt sich festhalten, dass es weder in Fernsehnachrichten noch in Qualitäts-Tageszeitungen Unterschiede in der Bewertung der Kandidaten gab.

2.3 Personalisierung

Dass es in Deutschland einen Trend zur so genannten Amerikanisierung des Wahlkampfes geben soll, wird seit vielen Jahren diskutiert (vgl. z. B. Schulz, 1997, S. 186f.). Diese These kann zwar nicht pauschal übernommen werden, doch zumindest im Bereich der "Personalisierung" lässt sich eine solche Tendenz in Deutschland erkennen (vgl. Schulz, Zeh & Quiring, 2000, S. 426). Insbesondere seit dem Bundestagswahlkampf der SPD 1998, bei dem der "medienversierte Kanzler(-kandidat) Gerhard Schröder beteiligt war, wurden Diskussionen über die vermeintliche Personalisierung von Parteienkampagnen" in Deutschland angefacht, wobei Personalisierung der Spitzenkandidaten auch in Deutschland keineswegs eine neue Strategie ist (Holtz-Bacha, 2006, S. 13). Politik im Allgemeinen und einzelne Programme und Themen im Speziellen waren schon immer eng mit Personen verbunden; so wird im deutschen Parteien-Wahlsystem durch den Zuschnitt mancher Kampagnen auf Spitzenkandidaten beinahe eine Personenwahl suggeriert (vgl. Holtz-Bacha, 2006, S. 13). Dieser Trend betrifft nicht nur die Wahlkampfführung, sondern auch die Medienberichterstattung: Zwar gab es in der Wahlkampfberichterstattung bis 1998 insgesamt keinen "generellen Trend zur Personalisierung" (Wilke & Reinemann, 2000, S. 98). Über die Wahlkämpfe 1998 und 2002 wurde – bei letzterem auch bedingt durch das TV-Duell – in den Medien stark personalisiert berichtet (vgl. Wilke & Reinemann, 2006, S. 319). Und auch die Wahlberichterstattung 2005 war sowohl in den Printmedien (vgl. Wilke & Reinemann, 2006, S. 319ff.) als auch in den Fernsehnachrichten (vgl. Schulz & Zeh, 2006, S. 286ff.) stark personalisiert.

Bei der Frage, welcher Kandidat in der Wahlkampfberichterstattung 2005 in stärkerem Maße personalisiert wurde, ergibt sich ein widersprüchliches Bild: Schulz und Zeh (2006, S. 286) stellen fest, dass in den Fernsehnachrichten "über Merkel deutlich häufiger als über Schröder in hoch personalisierten Beiträgen berichtet" wurde, wobei sich diese Unterschiede durchgehend bei allen untersuchten Sendern finden lassen. Für *Bild* stellt Wagner (2006, S. 11) hingegen "fehlende Personalisierung und Zurückhaltung in der Berichterstattung über Merkel" fest, was Wagner als Vorteil für die Unionskandidatin interpretiert.

2.4 Geschlechterspezifische Unterschiede

"Merkel spielt die Karte 'Frau' nicht nur nicht aus. Sie bemüht sich, sie zu kaschieren" konstatiert Gaserow (2005, S. 3). Zumindest steht fest, dass Merkel ihre Rolle als Frau im Wahlkampf nicht in den Vordergrund rücken wollte, sie wollte als Politikerin und nicht als Frau bewertet werden (vgl. Hilmer & Müller-Hilmer, 2006). Es gab zwar Überlegungen seitens der CDU, die Tatsache, dass Angela Merkel als erste Frau in der Geschichte der Bundesrepublik für das Amt des Bundeskanzlers kandidierte, im Wahlkampf zu thematisieren; dies wurde jedoch wieder verworfen, "weil man die Wirkung einer solchen Thematisierung nicht wirklich abschätzen konnte" (Niedermayer, 2006, S. 22). Wie die SPD mit diesem Thema im Wahlkampf umging, ist strittig: Scholz (2006) behauptet in ihrem Diskussionspapier (entstanden im Rahmen eines Projektseminars an der Humboldt-Universität), dass die Geschlechterdebatte von Schröder und der SPD bewusst in den Fokus gestellt und "Schröder in diesem Wahlkampf explizit als 'Mann' markiert wurde". Holtz-Bacha (2006, S. 18) kommt hingegen zu dem Schluss, dass die SPD versuchte, das Geschlecht der Kandidaten nicht in den Wahlkampf einfließen zu lassen: "Alles, was den Eindruck eines Wettbewerbs zwischen 'Frau und Mann' erwecken konnte, wurde vermieden, weil sich dieser für Schröder, der sich bis dahin gerade in der weiblichen Wählerschaft starker Unterstützung erfreute, negativ ausgewirkt hätte".

Nachdem sich die SPD nicht lange vorher für eine Frau an der Spitze des Staates stark gemacht hatte (vgl. dazu den Beitrag von Drinkmann & Cabballero, in diesem Band), konnte sie nun schlecht gegen eine Kandidatin Front machen und musste das Thema wohl tief hängen. Wie die Medien im Bundestagswahlkampf 2005 über die Geschlechter der Kandidaten berichteten, soll im Folgenden aufgezeigt werden.

Bisherige Forschungen zur Darstellung von weiblichen und männlichen Kandidaten und zum Einfluss des Geschlechts auf den Wahlausgang stammen in erster Linie aus den USA (insbesondere Wahlen für den Senat, das Abgeordnetenhaus oder das Gouverneursamt). Hier wurde in diversen Studien nachgewiesen, dass weibliche Kandidaten in den Medien weniger präsent sind als ihre männlichen Kontrahenten und häufiger in Verbindung mit weichen Themen dargestellt und mit weiblichen Merkmalen charakterisiert werden als Männer (vgl. z. B. Burrell, 1990; Kahn & Goldenberg, 1991; Fox & Smith 1998; Bystrom & Miller, 1999; dazu auch Holtz-Bacha, Mit den Waffen..., in diesem Band).

In Deutschland gibt es kaum Untersuchungen, welche die Medienberichterstattung über weibliche und männliche Kandidaten vergleichen. Ein Grund dafür ist unter anderem, dass in der Bundesrepublik Kandidaturen von Frauen für höchste politische Ämter eine Rarität sind; Ausnahmen hiervon waren zum Beispiel die Wahl von Heide Simonis zur Ministerpräsidentin oder die "Wahlkämpfe" von insgesamt sechs für das Amt der Bundespräsidentin nominierten Kandidatinnen, die jedoch stets durch diejenige Fraktion bestimmt wurden, die keine Mehrheit in der Bundesversammlung hatte (vgl. dazu auch den Beitrag von Drinkmann & Caballero, in diesem Band). Bis vor fünf Jahren hatten sich lediglich einige Studienabschlussarbeiten mit dem Thema auseinandergesetzt. Diese Lücke in der deutschen Genderforschung wird seit der Kandidatur von Angela Merkel für das Amt der Bundeskanzlerin allmählich geschlossen. Erste Inhaltsanalysen erheben genderspezifische Aspekte der Berichterstattung während des Wahlkampfes (vgl. z. B. Boomgaarden & Semetko, 2006; Schulz & Zeh, 2006) oder während der Amtszeit als Bundeskanzlerin (vgl. Journalistinnenbund, 2005).

Zentrales Ergebnis der Studien über die Wahlkampfberichterstattung ist, dass sich bei den Themenkontexten keine geschlechtertypische Stereotypisierung erkennen ließ: "Weder wird Merkel häufiger als Schröder im Kontext von vermeintlich weiblichen oder 'weichen' Themen wie Bildung oder Kultur dargestellt, noch kommen in Schröder-Bezügen 'harte' Themen wie

Wirtschaft und Finanzen öfter vor als in Merkel-Bezügen" (Schulz & Zeh, 2006, S. 290). Ähnliches zeigt sich bei Boomgaarden und Semetko (2006, S. 18), die nur äußerst marginal nachweisen können, dass Merkel eher im Kontext mit den so genannten "weichen Themen" dargestellt wurde. Die Erwartung, dass eine Frau verstärkt in weichen thematischen Kontexten dargestellt werden würde, wie verschiedene Studien aus den USA vermuten ließen, haben sich somit nicht bestätigt.

Auch bei der Bewertung spielen geschlechtertypische oder klischeehafte Urteile über Merkel in den Fernsehnachrichten keine nennenswerte Rolle. Schulz und Zeh vermuten, dass "sich bei der Darstellung von Angela Merkel die mit ihrer Rolle (als Spitzenkandidatin und mögliche Kanzlerin) verbundenen Statusfaktoren vor den 'Nachrichtenfaktor Geschlecht' geschoben" haben (Schulz & Zeh, 2006, S. 301). Boomgaarden und Semetko stellen zwar fest, dass Schröder eher anhand von männlichen Charaktereigenschaften dargestellt wurde und das Geschlecht der Kandidaten nur dann Gegenstand der Berichterstattung war, wenn Merkel alleine oder beide Kandidaten im Bericht vorkamen, nicht jedoch, wenn Schröder alleine thematisiert wurde, doch auch hier kommen die Autoren zu dem Schluss, dass das Geschlecht zwar thematisiert wurde, doch "für die Art der Berichterstattung nicht von Belang war" (2006, S. 21).

Welche Gründe letztlich verantwortlich waren, dass geschlechtertypische Merkmale in den Fernsehnachrichten während des Wahlkampfes kaum zum Tragen kamen, ist nicht ganz zu klären. Zum einen lag es wohl an den Strategien der Parteien und auch an Angela Merkel selbst, die sich nicht 'als Frau' in den Fokus stellen wollte. Andererseits hatten die Journalisten ebenfalls kein Interesse daran, einen Geschlechterkampf zu inszenieren. Ob dieses Ergebnis auch für die Berichterstattung der Presse zutrifft, wäre noch zu überprüfen. Schulz und Zeh (2006, S. 300) resümieren: "Für die Vermutung, dass eine Frau, die für das Amt des Bundeskanzlers kandidiert, in den Nachrichten schlechter wegkommt als ihr männlicher Kontrahent, bietet unsere Analyse keine Anhaltspunkte".

Ob die Tatsache, dass mit Merkel eine Frau kandidierte, für die Wahl positiv, negativ oder gleichgültig war, wird kontrovers diskutiert. Boomgaarden und Semetko (2006, S. 22) kommen zu dem Ergebnis, dass "die CDU/CSU weder von dem Novum einer weiblichen Kanzlerkandidatin profitieren konnte, noch dass es ihr augenscheinlich geschadet hätte". Gellner mutmaßt hingegen, der "Faktor Frau" habe Wählerstimmen gekostet:

Immer nur die Frisur?

"Die vier oder fünf Prozent, die Frau Merkel auf wundersame Weise verloren hat, dürften auf grundsätzliche Ressentiments gegenüber einer Frau an der Spitze des deutschen Staates zurückzuführen sein" (zitiert nach Köppl, 2005, S. 26). Und auch Holtz-Bacha (im Druck) vermutet, dass Angela Merkel Bundeskanzlerin wurde "nicht weil, sondern obwohl sie eine Frau ist". Dass sich Merkels Weiblichkeit positiv ausgewirkt haben könnte, nimmt kein einziger Autor an.

2.5 Privatleben und Performance

Bei der Berichterstattung zum Wahlkampf 2002 stellen Wilke und Reinemann (2003) fest, dass das Auftreten, die rhetorischen Fähigkeiten und die äußeren Merkmale der Kandidaten eine viel zentralere Rolle einnahmen, als dies in früheren Bundestagswahlkämpfen der Fall war. Dieser Trend der Berichterstattung, den die Autoren vor allem auf die beiden Fernsehduelle 2002 zurückführen, welche die Medien ausführlich thematisierten, setzt sich auch im Wahlkampf 2005 fort: Wiederum unterlagen die Performance-Qualitäten der Kandidaten einer intensiven Bewertung (Wilke & Reinemann, 2006, S. 323). Auch wenn es im Wahlkampf 2005 nur ein Fernsehduell gab, war dieses wiederum wesentlicher Grund für die große Bedeutung der Performance in der Berichterstattung. In der an das TV-Duell anschließenden Printberichterstattung entwickelten sich kaum Diskussionen über Sach- oder Kompetenzfragen, sondern insbesondere über das Auftreten der Kandidaten (vgl. Wilke und Reinemann, 2006, S. 323). Die Autoren untersuchen allerdings nicht, wessen Performance-Qualitäten in den Printmedien positivere bzw. negativere Bewertung erfuhren. Dies analysiert Wagner (2006) für die Berichterstattung von *Bild*. Sie stellt fest, dass Schröder hinsichtlich seiner Performance leicht negativ bewertet wurde, die wenigen Aussagen über Merkel hingegen eine deutlich positive Tendenz hatten. Insgesamt war in der Boulevardzeitung das Auftreten Schröders ein wesentlich zentraleres Thema als das Merkels (Wagner, 2006, S. 14). Zu diesem Ergebnis kommen auch Schulz und Zeh (2006, S. 296) für die Berichterstattung der Fernsehnachrichten: "Anders als man vermuten könnte, wurde das Aussehen und Auftreten von Schröder häufiger beurteilt als das von Merkel."

Während die Performance in der Berichterstattung über Merkel (und Schröder) eine zentrale Rolle einnahm, wurde das Privatleben (operationalisiert durch die Nennung von Alter, Familienstand und Konfession) beider Kandidaten in den Fernsehnachrichten überhaupt nicht thematisiert (vgl. Schulz & Zeh, 2006, S. 297). Auch in *Bild* war das Privatleben von Merkel kaum ein Thema, und wenn, wurde hauptsächlich darüber berichtet, dass sie es nicht publik machen möchte und ihr Ehemann nicht gewillt sei, öffentlich aufzutreten – dies allerdings in einem etwas negativen Ton (Wagner, 2006, S. 14). Über Schröders Privatleben wurde in *Bild* leicht positiv und – bezogen auf die Zahl der Aussagen – doppelt so viel berichtet wie über Merkel. Wagner (2006, S. 14) erklärt dies auch mit dem "Drängen Schröder-Köpfs in die Öffentlichkeit". Die Darstellung des Privatlebens in Tageszeitungen und Unterhaltungsillustrierten wurde bislang nicht untersucht.

Obwohl zahlreiche US-Studien zeigen, dass Aussehen, Frisur und Kleidung von weiblichen Kandidaten viel ausgiebiger kommentiert werden als bei Männern (vgl. z. B. Bystrom, 2006; Witt, Paget & Matthews, 1995), ist dies bei Merkel während des Wahlkampfes nicht der Fall. Merkels Auftreten und Aussehen war weder in den Fernsehnachrichten noch in *Bild* ein so zentrales Thema wie bei ihrem Kontrahenten Schröder. Ein Grund dafür könnte sein, dass Angela Merkel sich bemühte, ihre private Seite weitgehend aus dem Wahlkampf herauszuhalten (Holtz-Bacha, 2006, S. 17). Auch hier lassen sich die erwarteten Muster einer genderspezifischen Berichterstattung nicht finden.

Eine Zusammenfassung aller relevanten Ergebnisse zur Berichterstattung über Merkel im Wahlkampf findet sich unter Punkt 3.3.

3 Darstellung Merkels von 1999 – 2006

Eine Untersuchung darüber, inwiefern sich die Darstellung von Angela Merkel in den Medien über die Jahre geändert hat, existiert (noch) nicht. Für eine solche Studie wäre der Zeitraum von Merkels Wahl in den Bundestag 1990 bzw. ab Merkels Vereidigung als Ministerin im Januar 1991 bis zu ihrem ersten Jahr als Kanzlerin (derzeitig) interessant. Fragestellungen, die im Rahmen einer solchen Analyse beantwortet werden könnten, sind: Wie haben die Medien den Weg "von Kohls Mädchen zur Radikalreformerin" (Journalistinnenbund, 2005) verfolgt? Wie hat sich die Fotoberichterstattung in diesem Zeitraum geändert? Welche Unterschiede lassen sich in der Berichterstattung über Merkel als Bundesministerin und als Bundeskanzlerin

Immer nur die Frisur? 157

finden? Die Darstellung von Merkels Privatleben und ihrer Performance sowie Personalisierung und Genderaspekte in der Berichterstattung könnten in einer solchen Studie über 16 Jahre hinweg verglichen werden. Die früheste Inhaltsanalyse, die sich mit Merkel beschäftigt, setzt jedoch erst 1999 ein; davor existieren keine Daten. Hier besteht noch reichlich Forschungsbedarf.

Im Folgenden wird zunächst eine Diplomarbeit vorgestellt, welche die Berichterstattung über Merkel während der Wahl zur Parteivorsitzenden der Union 1999/2000 untersucht (3.1). Kapitel 3.2 berichtet die Ergebnisse einer Diplomarbeit und einer Bildanalyse, die beide im Zeitraum der so genannten K-Frage der Union 2001/2002 entstanden sind. Punkt 3.3 fasst die zentralen Befunde der Wahlkampfzeit zusammen, und der folgende Teil stellt die ersten Studien, die sich mit Merkels Kanzlerschaft beschäftigen, vor (3.4).

3.1 *Wahl des Parteivorsitzes der Union (Oktober 1999 – April 2000)*

Wille (2001) untersucht die Konstruktion des Images von Angela Merkel in der *Frankfurter Allgemeinen Zeitung* und der *Süddeutschen Zeitung* im Zeitraum vom 18. Oktober 1999 bis zum 10. April 2000. Schwerpunktthemen der Berichterstattung sind die bevorstehende Wahl eines Parteivorsitzenden und die Spendenaffäre der CDU. Um Vergleiche ziehen zu können, wurde auch die Berichterstattung über Volker Rühe, Konkurrent Merkels um den Parteivorsitz, untersucht. Im Fokus der Arbeit stehen Persönlichkeitseigenschaften und geschlechterspezifische Unterschiede der beiden Kontrahenten sowie die Themen der Berichterstattung. Durch eine multivariate Analyse identifiziert und wertet Wille die verschiedenen Einflussfaktoren auf die Beurteilung der beiden Kandidaten.

Während die Bewertung Rühes vor allem von der redaktionellen Linie der jeweiligen Zeitung abhing, zeigte sich, dass bei der Beurteilung Merkels in beiden Tageszeitungen ihre persönlichen Eigenschaften den größten Einfluss hatten (Wille, 2001, S. 106). "Entscheidendes Konstruktionskriterium für das Image Merkels waren die individuellen Eigenschaften ihrer Person und deren Bewertung durch die Journalisten. Mehr oder weniger unabhängig von thematischen Bezügen flossen so Wertungen über die Person Merkels in die Berichterstattung mit ein, die die Darstellung des 'Menschen Merkel' entscheidend beeinflußten" (Wille, 2001, S. 107). Merkels Charaktereigenschaften wurden von Journalisten eher positiv beurteilt; Glaubwürdigkeit und Mut Merkels wurden von beiden Zeitungen besonders positiv hervorgehoben (Wille, 2001, S. 87). Merkels Beurteilung verbesserte sich über die sechs Monate kontinuierlich, und insbesondere in der letzten Phase des Zeitraums berichteten beide Zeitungen tendenziell positiv über Merkel. Rettich (2005, S. 13) mutmaßt: "Ohne die 'Angie-Mania' zur Hochphase der CDU-Finanzaffäre wäre sie im Frühjahr 2000 vermutlich kaum zur CDU-Vorsitzenden gewählt worden", und behauptet, Merkel sei von den Medien bewusst unterstützt worden. Diese Vermutungen basieren jedoch nicht auf Ergebnissen einer Untersuchung.

Merkel und Rühe wurden im untersuchten Zeitraum beide in stereotyp männlichen Eigenschaftszuschreibungen dargestellt; stereotyp weibliche Zuschreibungen betrafen allerdings lediglich Merkel. So wurde zur Bewertung Merkels beispielsweise Attraktivität – als klassisch feminine Eigenschaftszuschreibung – herangezogen, was bei Rühe nie der Fall war (Wille, 2001, S. 87). Familienstand bzw. Kinder(-losigkeit) wurden – wenn auch sehr selten – nur bei Merkel, nicht aber bei Rühe erwähnt. "Eine unmittelbare geschlechterspezifische Berichterstattung oder gar eine Benachteiligung" erkannte Wille (2001, S. 108) nach den von ihr angelegten Maßstäben allerdings kaum. Die Journalisten thematisierten und kommentierten zwar die Tatsache, dass Merkel als erste Frau Vorsitzende einer großen Partei in Deutschland werden konnte, doch das Geschlecht wurde eher beiläufig erwähnt und kaum zur Bewertung herangezogen.

3.2 K-Frage der Union (Dezember 2001 – Januar 2002)

Zwei Studien analysieren während der so genannten K-Frage der Union (ob Merkel oder Stoiber bei der Bundestagswahl gegen Schröder 2002 antreten soll) die Berichterstattung über Merkel: Rail (2003) untersucht die Images von Merkel und Stoiber in sechs überregionalen Tageszeitungen (*Süddeutsche Zeitung, Frankfurter Rundschau, Tageszeitung, Welt, Frankfurter Allgemeine Zeitung, Bild*; der Untersuchungszeitraum begann am 1. Dezember 2001 und endete am 19. Januar 2002). Insbesondere Herkunft und Geschlecht der Kandidaten stehen im Fokus der Inhaltsanalyse. Fleissner (2004) untersucht die Pressebilder von Merkel und Stoiber in vier ausgewählten Printmedien (*Süddeutsche Zeitung, Frankfurter Allgemeine Zeitung, Der Spiegel, Focus*) im Zeitraum vom 1. Oktober 2001 bis zum 28. Februar 2002. Auch Fleissner erforscht schwerpunktmäßig genderspezifische Unterschiede in der Darstellung. Rail (2003, S. 104) kommt zu dem Ergebnis, dass das Geschlecht Merkels eine wichtige Rolle in der Berichterstattung spielte; dass zum ersten Mal eine Frau für das Bundeskanzleramt kandidieren könnte, fand Erwähnung, blieb jedoch ohne Wertung, weshalb "eine geschlechtsspezifische Beurteilung der beiden Kandidaten [...] im Rahmen der Berichterstattung zur K-Frage nicht festgestellt werden" konnte. Bei der Beurteilung Merkels wurde die Tatsache, dass sie CDU-Politikerin ist, stärker berücksichtigt als ihr Geschlecht oder ihre Herkunft. Stoibers Herkunft aus Bayern wurde sogar doppelt so häufig erwähnt wie die Weiblichkeit Merkels, so dass Rail (2003, S. 102) resümiert: "Die Tatsache, dass ein CSU-Politiker aus Bayern gegen Bundeskanzler Gerhard Schröder antreten könnte, wurde von den Zeitungen damit offensichtlich als bemerkenswerter empfunden, als die Tatsache, dass eine Frau den Kanzler herausfordern könnte." Auch ergaben sich kaum genderspezifische Unterschiede zwischen Merkel und Stoiber bei der Analyse einzelner geschlechterstereotyper Eigenschaftszuschreibungen: Bewertungen sowohl von Stoiber wie auch von Merkel erfolgten vor allem anhand stereotyp männlicher Eigenschaften. Interessanterweise wurde Stoiber "fast doppelt so häufig anhand 'weiblicher' Eigenschaften bewertet" wie Merkel (Rail, 2003, S. 102). Die Gründe hierfür sieht Rail vor allem in der stereotyp weiblichen Eigenschaft "politische Vorsicht/Zurückhaltung", die Stoiber oft zugeschrieben wurde. Merkel wurde auch "nicht häufiger als Stoiber hinsichtlich ihrer Ausstrahlung und ihres Auftretens sowie ihres Privatlebens beurteilt" (Rail, 2003, S. 74).

Fleissner (2004) kann nachweisen, dass vor der Nominierung Edmund Stoibers zum Kanzlerkandidaten der Union von Merkel mehr Bilder gedruckt wurden als von Stoiber (57% zu 43 %); erst nach der Nominierung dreht sich dieses Verhältnis um. Im Vergleich zu Edmund Stoiber unterlag Angela Merkel auf Bildern eher einer negativen Darstellung, wobei es sich hier (insbesondere vor der Nominierung Stoibers) um geringe Unterschiede handelt; nach der Nominierung Stoibers vergrößert sich dieser Unterschied noch. Zudem überprüfte Fleissner, ob Merkel femininer dargestellt wurde als Stoiber, indem sie Aspekte geschlechterspezifischer Körpersprache und Erkenntnisse der kommunikationswissenschaftlichen Gender-Forschung zur Analyse der Fotos heranzog. Die Auswertung zeigt, dass sowohl Merkel als auch Stoiber "häufiger mit ihrem biologischen Geschlecht zugeordneten

Merkmalen abgebildet" wurden als umgekehrt, zum Beispiel wurde Merkel häufiger mit Knick in der Hüfte, Stoiber öfter mit aggressiv-dominanten Gesten dargestellt (S. 144). Allerdings räumt Fleissner ein, dass genderspezifische Unterschiede in der Abbildung der beiden Kontrahenten insgesamt keine große Rolle spielten und sich ein eher neutrales Bild ergab.

3.3 Bundestagswahlkampf (August – September 2005)

Die Berichterstattung über Angela Merkel im Wahlkampf wurde bereits in Kapitel 2 ausführlich dargestellt. Daher folgt hier nur eine Zusammenfassung der zentralen Ergebnisse: Mehrere Studien konnten nachweisen, dass sie in den Medien ebenso präsent war wie der damals amtierende Kanzler Schröder (vgl. Boomgaarden & Semetko, 2006; Schulz & Zeh, 2006; Wilke & Reinemann, 2006). Es gab demnach weder den so genannten Kanzlerbonus, noch wurde Merkel, weil sie eine Frau ist, weniger beachtet, wie Studien aus den USA hätten vermuten lassen. Auch in der Bewertung der Kandidaten gab es kaum Unterschiede, Merkel und Schröder wurden sowohl in Fernsehnachrichten als auch in Tageszeitungen annähernd gleich bewertet – nur die Berichterstattung von *Bild* lässt leichte Vorteile für Merkel erkennen. Der von Schröder geäußerte Vorwurf der Medienmanipulation ließ sich somit in den bisherigen Studien nicht nachweisen.

Geschlechterspezifische Merkmale spielten in der Berichterstattung der Fernsehnachrichten während des Wahlkampfes praktisch keine Rolle. Die Journalisten berichteten zwar, dass Angela Merkel als erste Frau für das Bundeskanzleramt kandidiert, bewerteten diese Tatsache jedoch nicht. Auch stand die Darstellung von Angela Merkel nicht häufiger im Zusammenhang mit so genannten "weichen" Themen. Für die Berichterstattung der Printmedien liegen zu diesem Aspekt bislang noch keine Daten vor. Das Privatleben Angela Merkels spielte in den Fernsehnachrichten fast keine Rolle, und auch BILD berichtete darüber wesentlich weniger als über das Schröders. Dies trifft auf das Auftreten und Aussehen der Kandidaten ebenfalls zu: Auch hier wurde Schröder – wider Erwarten – häufiger beurteilt als Merkel; insgesamt war die Performance im Wahlkampf ein zentrales Thema der Berichterstattung.

3.4 Kanzlerschaft (ab November 2005)

Der Journalistinnenbund (2005) untersucht die mediale Darstellung Angela Merkels in ihren ersten Tagen als Kanzlerin. Dazu analysiert er 300 Artikel, die "nach eigenen Kriterien" ausgewählt wurden. Das Material, das als "besonders aufschlussreich" galt, ging in die Analyse ein. Dass diese eigenwillige Auswahl nicht den wissenschaftlichen Standards entspricht, räumen die Autorinnen zwar ein, beanspruchen aber dennoch "allein durch die große Zahl der vorliegenden Presseartikel" Repräsentativität. Der Begriff wurde augenscheinlich allzu leichtfertig benutzt. Die Ergebnisse sind daher mit aller gebotenen Vorsicht zu interpretieren. Zentraler Befund der Journalistinnen ist, Angela Merkel "entspreche nach Meinung vieler nicht den Erwartungen, die an eine Frau gestellt werden – und wird trotzdem in erster Linie unter dem Gesichtspunkt 'Frau' betrachtet und bewertet". Zu diesem Ergebnis kam bislang allerdings keine der anderen Studien.

Raab (2007) untersucht in ihrer Diplomarbeit die Berichterstattung über Merkel während der ersten 100 Tage der Kanzlerschaft in zwei Tageszeitungen und drei Zeitschriften (*Frankfurter Allgemeine Zeitung, Süddeutsche Zeitung, Bild, Spiegel* und *Bunte*). Anhand von Vergleichen mit Studien, welche die Berichterstattung über Merkel während des Wahlkampfes analysieren, zeigt Raab, dass nach dem Amtsantritt ein Imagewechsel stattfand: Eigenschaften wie dynamisch, ehrlich, bescheiden, verantwortungsbewusst und modern, die ihr vor der Wahl zugesprochen wurden, fanden sich seltener, stattdessen wurde sie eher mit Eigenschaften wie tatkräftig, kompetent, sympathisch, charmant, fähig und sachlich charakterisiert. Traditionelle Rollenvorstellungen fanden sich in der Presseberichterstattung jedoch nicht – Raab mutmaßt, dass Merkel auf Grund ihrer kinderlosen Ehe hier eine Sonderstellung hat und daher die traditionelle Rolle einer Frau, die neben ihrem Beruf auch noch eine Familie zu managen hat, hier nicht zum Tragen kommt. Die Verwendung unangemessener Bezeichnungsformen, wie Frau Merkel, Frau Bundeskanzlerin oder Angie konnten in der Arbeit hingegen nachgewiesen werden. Raab stellt abschließend fest, dass die Medien sich während der ersten 100 Tage "in Zurückhaltung übten und die frauentypische Berichterstattung [...] nicht in ihrer extremsten Form zum Einsatz kam".

Rettich (2005, S. 12) analysiert ebenfalls die Berichterstattung über Merkel nach der Bundestagswahl und zeigt, dass sich Merkel nach der Wahl in der Bewertung von Tageszeitungen und Fernsehnachrichten "von der Wahlverliererin zur Kanzlerin mit Startbonus" wandelte. Während direkt nach der Wahl noch die kritischen Aussagen überwogen, verschob sich dieses Bild langsam, und knapp zwei Monate nach der Wahl dominierten die positiven Aussagen über Merkel. Diese Trendwende in der Berichterstattung belegt Rettich für nahezu alle untersuchten Medien, die nach der Wahl alle "auf die Pro-Merkel-Linie eingeschwenkt" sind (2005, S. 13). "Besonders positiv wurde die Bundeskanzlerin bewertet, wenn es um Meinungsumfragen und ihre steigende Beliebtheit, Aussagen zu ihren Führungsqualitäten und ihrer Persönlichkeit ging. Auch über Außen- und Europapolitik konnte sie in der Berichterstattung punkten", während die negativen Themen (wie Wahlkampf, Wahlergebnis oder unklare programmatische Positionen) in der Berichterstattung weitgehend ausgeklammert wurden (Rettich, 2005, S. 14). Diese überwiegend "positive und leicht positive Berichterstattung" über Merkel hielt ungefähr sechs Monate an, dann überwog in den Medien die Kritik (Rettich, 2006, S. 14). Rettich spricht sogar von einem "Absturz der Kanzlerin" und weist nach, dass sich beispielsweise im Fokus das Bild Merkels ganz gedreht habe und auch zum Beispiel im *Stern* und in der *Süddeutschen Zeitung* eine deutlich erkennbare Trendwende stattfand.

4 Resümee

Politische Information wird heute zum größten Teil über die Massenmedien verbreitet; daher hängt das, was die Bürger über Merkel wissen, welche Persönlichkeitseigenschaften sie ihr zuschreiben, wie sie ihre Performance und ihre politischen Fähigkeiten beurteilen, ob sie diese positiv oder negativ bewerten, vor allem von der medialen Darstellung Merkels ab. Wirkt die Kanzlerin Merkel immer noch wie eine Fehlbesetzung oder "ewiger Widerspruch zur Mediendemokratie", wie Kurbjuweit (2005, S. 40) im Wahlkampf noch behauptete?

Ein Vergleich der Studien im Zeitverlauf ist aufgrund der verschieden langen Zeiträume, der unterschiedlichen Medienauswahl, Fragestellungen und Codebücher nur sehr bedingt möglich; eine eindeutige Tendenz zieht sich jedoch wie ein roter Faden durch alle Untersuchungen (sieht man von der Studie des Journalistinnenbundes ab, dessen Artikelauswahl "nach eigenen Kriterien" erfolgte und daher nicht repräsentativ sein kann): Über das

Geschlecht Merkels wurde zwar berichtet, aber eine negative geschlechterspezifische Beurteilung oder eine insgesamt negative Darstellung Merkels ließ sich kaum nachweisen. Merkels Geschlechtszugehörigkeit war zwar in der Berichterstattung stets ein Thema und die Journalisten berichteten darüber, dass eine Frau erstmals Vorsitzende einer großen Volkspartei werden könnte (Wille, 2001, S. 108), dass es – ein Novum in der Geschichte der Bundesrepublik – eine Kanzlerkandidatin geben (Rail, 2003, S. 102) oder dass eine Frau Kanzlerin werden könnte (Boomgaarden & Semetko, 2006, S. 21); keine der Studien kommt jedoch zu dem Ergebnis, dass Merkel aufgrund ihrer Geschlechtszugehörigkeit benachteiligt wurde.

Merkel war "in dreifacher Hinsicht eine klare Ausnahme vom typischen christlich-demokratischen Spitzenkandidaten", da sie aus dem Osten der Bundesrepublik kommt, eine Frau und Protestantin ist (Roßteuscher, 2006). Die Frage, welche Rolle ihre Herkunft aus dem Osten in der Wahlkampfberichterstattung gespielt hat, sollte in weiteren Studien überprüft werden. Eine Analyse der Bildberichterstattung über Angela Merkel während des Wahlkampfes wäre interessant, da die Visualisierung bei der Kandidatendarstellung in den Printmedien eine immer zentralere Rolle einnimmt; Wilke und Reinemann (2006, S. 335) sprechen gar von "einer Explosion visueller Darstellungen der Kandidaten" in den Wahlkämpfen 2002 und 2005. Dennoch sollte die Forschung Abstand nehmen von der Annahme, dass es politische Information nur in Wahlkampfzeiten gibt; zukünftige Analysen sollten sich nicht nur speziell mit diesen Perioden beschäftigen, sondern darüber hinaus auch die Zeiträume vor und nach Wahlkämpfen analysieren. So mutmaßt Niedermayer (2006, S. 22), dass "schon einige Zeit vor der Neuwahlankündigung auch intensiv an einer behutsamen Modernisierung der Marke Merkel im Hinblick auf das persönliche Styling (Frisur, Make-up, Schmuck, Kleidung) gearbeitet" wurde. Den Zeitraum vor der heißen Wahlkampfphase müsste man daher in zukünftigen Untersuchungen mit einbeziehen. Ebenso ist es notwendig, die Berichterstattung während Merkels Weg als Kanzlerin im Auge zu behalten.

Welchen Einfluss hat das Geschlecht auf die Berichterstattung über Politiker(-innen)? Diese Frage birgt nach wie vor große Potenziale in sich (vgl. Pfannes, 2004, S. 103). Es zeigt sich, dass über Merkel offenbar häufig anders berichtet wird, als man dies gemeinhin bei Frauen erwartet. Die Frage, ob die Medien schon reif sind für eine Kanzlerin, die Holtz-Bacha (im Druck) aufwirft, lässt sich nicht generell beantworten. Es scheint, als wären die Medien zumindest im Wahlkampf reif für Merkel gewesen. Die Behauptung Süssmuths (2005), dass mehr über Frisur, äußere Erscheinung und Gesichtsausdruck Merkels diskutiert wurde, als dass es inhaltliche Debatten gab, lässt sich für die derzeit untersuchten Zeiträume nicht bestätigen – was nicht bedeutet, dass diese Diskussionen nie geführt wurden. Zukünftige Inhaltsanalysen sollten längere Zeiträume betrachten und die Bildberichterstattung nicht ausschließen, deren Potenzial im Bereich der politischen Genderforschung bislang viel zu wenig genutzt wurde (vgl. Pfannes, 2004, S. 103). Die Forschung über Politikerinnen in den Medien im Allgemeinen und über Merkel im Speziellen ist – insbesondere in Deutschland – nach wie vor sehr lückenhaft.

Literatur

Boomgaarden, H. G., & Semetko, H. A. (2006). *Duell Mann gegen Frau?! Geschlechterrollen und Kanzlerkandidaten in der Wahlkampfberichterstattung.* Beitrag zur Tagung "Die Bundestagswahl 2005" der DVPW-Arbeitskreise "Wahlen und politische Einstellungen", "Parteienforschung" sowie "Politik und Kommunikation", 19.-20.7.2006 am Wissenschaftszentrum Berlin.

Brettschneider, F. (2005). Bundestagswahlkampf und Medienberichterstattung. *Aus Politik und Zeitgeschichte*, (51-52), 19-26.

Burrell, B. (1990). The presence of women candidates and role of gender in campaigns for the state legislature in an urban setting: the case of Massachusetts. *Women & Politics, 10*, 85-102.

Bystrom, D. (2006). Advertising, web sites, and media coverage: Gender and communication along the campaign trail. In S. Carroll & R. Fox (Hrsg.), *Gender and elections: Shaping the future of American politics.* New York: Cambridge University Press.

Bystrom, D., & Miller, J. L. (1999). Gendered communication styles and strategies in campaign 1996: The videostyles of women and men candidates. In L. L. Kaid & D. G. Bystrom (Hrsg.), *The electronic election. Perspectives on the 1996 campaign communication* (S. 293-302). Mahwah, NJ: Lawrence Erlbaum.

Fleissner, K. (2004). Vor der Kür ist nach der Kür? Bundestagswahl 2002: Kandidatendebatte im Spiegel der Pressefotografie. In T. Knieper & M. G. Müller (Hrsg.), *Visuelle Wahlkampfkommunikation* (S. 129-147). Köln: von Halem.

Fox, R. L., & Smith, E. R.. (1998). The role of candidate sex in voter decision-making. *Political Psychology, 19*, 405-419.

Gaserow, V. (2005, 11. August). Geschichte ohne Merkel. *Frankfurter Rundschau*, S. 3.

Hilmer, R., & Müller-Hilmer, R. (2006). Die Bundestagswahl vom 18. September 2005: Votum für Wechsel in Kontinuität. *Zeitschrift für Parlamentsfragen, 37*, 183-218.

Holtz-Bacha, C. (2006). Personalisiert und emotional: Strategien des modernen Wahlkampfes. *Aus Politik und Zeitgeschichte*, (7), 11-19.

Holtz-Bacha, C. (im Druck). Die Darstellung von Politikerinnen in den deutschen Medien. In J. Dorer., B. Geiger & R. Koepl (Hrsg.), *Medien – Politik – Geschlecht. Ansätze, Befunde und Perspektiven der politischen Kommunikation*.

Journalistinnenbund (2005, 22. November). Is' was, Kanzlerin? Das Besondere an weiblicher Macht oder Wie Männer wieder richtige Männer wurden. Eine Analyse des Journalistinnenbundes zur Darstellung von Angela Merkel in den Medien. Abgerufen am 4. September 2006 von www.journalistinnen.de/aktuell/pdf/journalistinnenbund_angelawatch.pdf

Kahn, K. F. (1996). *The political consequences of being a woman: How stereotypes influence the conduct and consequences of political campaigns*. New York: Columbia University Press.

Kahn, K. F., & Goldenberg, E. N. (1991). Women candidates in the news: An examination of gender differente in U.S. Senate campaign coverage. *Public Opinion Quarterly, 55*, 180-199.

Konken, M. (2005). Medienmacht und Medienmissbrauch. *Aus Politik und Zeitgeschichte*, (51-52), 27-32.

Köppl, C. (2005). Vom Wähler abgestraft. *politik & kommunikation*, (30), 25-26.

Kurbjuweit, D. (2005, 5. September). Die scheue Kriegerin. *Der Spiegel*, S. 40.

Niedermayer, O. (2006). Der Wahlkampf zur Bundestagswahl 2005. Beitrag zur Tagung "Die Bundestagswahl 2005" der DVPW-Arbeitskreise "Wahlen und politische Einstellungen", "Parteienforschung" sowie "Politik und Kommunikation", 19.-20.7.2006 am Wissenschaftszentrum Berlin.

Pfannes, P. (2004). *Powerfrau, Quotenfrau, Ausnahmefrau…? Die Darstellung von Politikerinnen in der deutschen Tagespresse*. Marburg: Tectum Verlag.

Raab, U. (2007). *Analyse der Presseberichterstattung über Angela Merkel in den ersten 100 Tagen nach Ernennung zur Bundeskanzlerin*. Nürnberg: Wirtschafts- und Sozialwissenschaftliche Fakultät, Friedrich-Alexander-Universität (unveröffentl. Diplomarbeit).

Rail, M. (2003). *Die K-Frage in der Union. Die Darstellung von Angela Merkel und Edmund Stoiber in der überregionalen Tagespresse*. Nürnberg: Wirtschafts- und Sozialwissenschaftliche Fakultät, Friedrich-Alexander-Universität (unveröffentl. Diplomarbeit).

Rettich, M. (2005). Medienbonus für die Kanzlerin, nicht für die Koalition: Berichterstattung über Angela Merkel und ihre Koalition nach der Bundestagswahl. *Media-Tenor, 12*, (152), S. 12-25.

Rettich, M. (2006). Keine echte Trendwende, aber eine leichte Verbesserung. Das Medienbild von Kanzlerin, Regierung und Koalition 12/2005 – 11/2006. *Media-Tenor, 13*, (156), 10-15.

Roßteuscher, S. (2006). CDU-Wahl 2005: Katholiken, Kirchgänger und eine protestantische Spitzenkandidatin aus dem Osten. Beitrag zur Tagung "Die Bundestagswahl 2005" der DVPW-Arbeitskreise "Wahlen und politische Einstellungen", "Parteienforschung" sowie "Politik und Kommunikation", 19.-20.7.2006 am Wissenschaftszentrum Berlin.

Scholz, S. (2006). *Nur einer hat das Zeug zum Kanzler – Der mediale Machtkampf zwischen Angela Merkel und Gerhard Schröder im Wahlkampf 2005.* Diskussionspapier im Rahmen eines Projektseminars an der Humboldt-Universität Berlin. Abgerufen am 5. September unter www.ruendal.de/aim/tagung 06/pdfs/scholz.pdf

Schulz, W. (1997). *Politische Kommunikation. Theoretische Ansätze und Ergebnisse empirischer Forschung.* Opladen: Westdeutscher Verlag.

Schulz, W., Zeh, R., & Quiring, O. (2000). Wählerverhalten in der Mediendemokratie. In M. Klein, W. Jagodzinski, E. Mochmann & D. Ohr (Hrsg.), *50 Jahre empirische Wahlforschung in Deutschland* (S. 413-443). Wiesbaden: Westdeutscher Verlag.

Schulz, W., & Zeh, R.. (2006): Die Kampagne im Fernsehen – Agens und Indikator des Wandels. Ein Vergleich der Kandidatendarstellung. In C. Holtz-Bacha (Hrsg.), *Die Massenmedien im Wahlkampf. Die Bundestagswahl 2005* (S. 277-305). Wiesbaden: VS Verlag für Sozialwissenschaften.

Semetko, H., & Schönbach, K. (1994). *Germany's 'Unity Election': Voters and the media.* Cresskill, NJ: Hampton Press.

Süssmuth, R. (2005, 21. November). Frauen dürfen nicht werden wie Männer. *tagesschau.de.* Abgerufen am 5. September unter http://wahl.tagesschau.de/aktuell/meldungen/0,11 85,OID4974002_REF377 64_NAV_ BAB,00.html

Wagner, B. (2006). *BILD – unabhängig, überparteilich? Die Wahlberichterstattung der erfolgreichsten Boulevardzeitung Deutschlands.* Beitrag zur Tagung "Die Bundestagswahl 2005" der DVPW-Arbeitskreise "Wahlen und politische Einstellungen", "Parteienforschung" sowie "Politik und Kommunikation", 19.-20.7.2006 am Wissenschaftszentrum Berlin.

Wilke, J., & Reinemann, C. (2000). *Kanzlerkandidaten in der Wahlkampfberichterstattung. Eine vergleichende Studie zu den Bundestagswahlen 1949-1998.* Köln: Böhlau.

Wilke, J., & Reinemann, C. (2003). Die Bundestagswahlen 2002: Ein Sonderfall? – Die Berichterstattung über die Kanzlerkandidaten im Langzeitvergleich. In C. Holtz-Bacha (Hrsg.), *Die Massenmedien im Wahlkampf. Die Bundestagswahl 2002* (S. 29-56). Wiesbaden: Westdeutscher Verlag.

Wilke, J., & Reinemann, C.. (2006). Die Normalisierung des Sonderfalls? Die Wahlkampfberichterstattung der Presse 2005 im Langzeitvergleich. In C. Holtz-Bacha (Hrsg.), *Die Massenmedien im Wahlkampf. Die Bundestagswahl 2005* (S. 306-337). Wiesbaden: VS Verlag für Sozialwissenschaften.

Wille, F. (2001). *Die Darstellung von Angela Merkel in der Frankfurter Allgemeinen Zeitung und in der Süddeutschen Zeitung.* Nürnberg: Wirtschafts- und Sozialwissenschaftliche Fakultät, Friedrich-Alexander-Universität (unveröffentl. Diplomarbeit).

Witt, L., Paget, K., & Matthews, G. (1995). *Running as a woman: Gender and power in American politics.* New York: The Free Press.

Zeh, R. (2005). *Kanzlerkandidaten im Fernsehen. Eine Analyse der Berichterstattung der Hauptabendnachrichten in der heißen Phase der Bundestagswahlkämpfe 1994 und 1998.* München: Reinhard Fischer.

Eine Frau ist eine Frau ist eine Frau?
Die Berichterstattung über die Kandidaten der Bundespräsidentenwahl 2004

Nancy Drinkmann & Claudio Caballero

"Frau nach Rau" – mit diesem Slogan begaben sich die Regierungsfraktionen SPD und Grüne auf die Suche nach einer geeigneten Kandidatin für die Wahl des Bundespräsidenten 2004. Und so wurde, nachdem sich die Oppositionsfraktionen CDU, CSU und FDP auf den Volkswirt und Chef des Internationalen Währungsfonds Horst Köhler verständigt hatten, die Professorin für Politikwissenschaft und Viadrina-Präsidentin Gesine Schwan zur Kandidatin gekürt. Ähnlich wie ihren Vorgängerinnen Annemarie Renger (1979), Luise Rinser (1984), Hildegard Hamm-Brücher (1994), Dagmar Schipanski und Uta Ranke-Heinemann (1999) haftete ihr – zumindest bei ihrer Benennung – das Image einer Zählkandidatin an, da das Stimmenverhältnis in der Bundesversammlung und damit der (männliche) Sieger wie in den vorangegangenen Wahlen berechenbar waren. Jedoch war Gesine Schwan eine Kandidatin, die aus mehreren Gründen auch von den Mitgliedern der Oppositionsparteien wählbar schien. Zunächst dürfte sie als konservative SPD-Politikerin aufgrund ihrer politischen Ansichten mit einigen Unionspolitikern durchaus eine inhaltliche Schnittmenge aufgewiesen haben. Weiterhin ließen die vorhergegangenen Querelen um einen geeigneten Kandidaten, insbesondere bei der Diskussion um Wolfgang Schäuble, vermuten, dass die Parteiräson innerhalb von CDU, CSU und FDP weniger bindend ausfallen würde. Und nicht zuletzt wurde in den Medien die Möglichkeit thematisiert, dass Gesine Schwan im Zuge einer übergreifenden Frauensolidarität unabhängig von der Parteizugehörigkeit verstärkt von den weiblichen Mitgliedern der Bundesversammlung gewählt werden würde. Angesichts dieser Ausgangslage sahen manche Politiker, Journalisten und Bürger eine realistische Chance, dass zum ersten Mal in der Geschichte der Bundesrepublik Deutschland eine Frau das höchste politische Amt ausüben könnte.

Da somit für beide Kandidaten ein Wahlsieg möglich schien und zudem sowohl Horst Köhler als auch Gesine Schwan der Öffentlichkeit kaum bekannt waren, starteten sie einen "Wahlkampf light" (Nelles, 2004), den sie unter ähnlichen Voraussetzungen in der politischen Arena begannen: Das heißt, beide mussten sich zunächst vorstellen, Sympathien für sich gewinnen und die Delegierten von sich und ihren Ansichten überzeugen. Horst Köhler gewann schließlich mit einer Stimme die erforderliche absolute Mehrheit im ersten Wahlgang – 18 Delegierte von CDU, CSU und FDP hatten ihm ihre Stimme verweigert. Gesine Schwan konnte dagegen 10 Stimmen mehr, als SPD, Grüne und PDS an Delegierten stellten, für sich verbuchen. Die Medien sahen Gesine Schwan nicht als Verliererin, da sie während ihrer Kandidatur ein durchweg positives mediales Bild ihrer bis dahin der Öffentlichkeit unbekannten Persönlichkeit aufbauen konnte, während Horst Köhler als "trockener" Wirtschaftsexperte die Journalisten stärker polarisierte. So konnte sich Gesine Schwan mit ihrer "frischen" und sympathischen Art professionell über die Medien als neues politisches Talent empfehlen (z. B. Bannas, 2004). Hierbei ließ sich beobachten, dass in der Berichterstattung zur Bundespräsidentenwahl die Kandidaten einerseits durch ihre individuellen Eigenschaften, ihre politischen Einstellungen und ihre persönlichen Biografien, aber auch über die Thematisierung ihres Geschlechts voneinander abgegrenzt wurden.

Der vorliegende Beitrag untersucht auf Basis der Printberichterstattung zu beiden Kandidaten, welche Bedeutung einem möglichen Gender-Aspekt – offen thematisiert oder durch subtile Unterscheidungen – bei der Bundespräsidentenwahl 2004 zukam. Hierzu wird mittels einer empirischen Inhaltsanalyse zunächst das quantitative Verhältnis der Berichterstattung zu Horst Köhler und Gesine Schwan festgehalten. Die anschließende inhaltliche Analyse umfasst zwei Schwerpunkte. In einem ersten Schritt werden die kontextuellen Zusammenhänge analysiert, in denen die Kandidaten medial standen – hierzu wurde die Berichterstattung zunächst nach Ressorts und dann nach Themen unterschieden. In einem zweiten Schritt werden die Beschreibungen zu beiden Kandidaten näher betrachtet, die berufliche, persönliche oder private Charakteristika und Eigenarten umfassen konnten. Die gemeinsame Betrachtung aus diesen attributiven Beschreibungen und dem kontextuellen Rahmen wird zeigen, ob und inwieweit eine Frau als Kandidatin für ein wichtiges politisches Amt in Deutschland eine gleichwertige mediale Berichterstattung wie der gegnerische (männliche) Kandidat erhält und inwieweit sich hierbei ihr "Frausein" – direkt oder subtil – in der Berichterstattung niederschlägt.

Eine Frau ist eine Frau ist eine Frau? 169

1 Vorüberlegungen zur Untersuchung

Nach Ansicht der Genderforschung stellt die Variable "Geschlecht" eine unabhängige Strukturkategorie für die Forschung dar, die die Realität beeinflusst, unser Leben (vorher)bestimmt und durch die alle Lebensbereiche nachhaltig geprägt sind (Butler, 2002; Cornelißen, 1996; Döge, 2002; Holtz-Bacha, 1994; Lünenborg, 1996). Innerhalb der Kommunikationsforschung untersuchen Gender-Studien, inwieweit sich die soziale geschlechtliche Prägung bzw. Rollenzuweisung auswirkt. Die Berichterstattung über die Kandidaten der Bundespräsidentenwahl 2004 bietet die vergleichsweise seltene Möglichkeit für eine Untersuchung, bei der der Stellenwert des Geschlechts innerhalb der Berichterstattung über zwei Kandidaten – einen Mann und eine Frau – für ein bedeutendes politisches Amt näher analysiert werden kann.

Bisherige Studien zur medialen Darstellung von Frauen in der Politik legen nahe, dass die Medien verstärkt über den männlichen Kandidaten Horst Köhler berichten (Küchenhoff, 1975; Pfannes, 2004; Schmerl, 1989, 2000). Eine stärkere Berichterstattung über Horst Köhler lässt sich aber auch aufgrund der Theorien zur Nachrichtenauswahl annehmen. Demnach ist der Bundespräsident in spe Horst Köhler von vornherein von größerem Interesse als die weibliche (Zähl-)Kandidatin, da er aus Sicht der Journalisten aufgrund des zukünftigen Amtes wichtiger bzw. prominenter ist. Erst eine weitergehende Analyse zu den Inhalten der Berichterstattung kann eventuelle genderbedingte Unterschiede aufdecken, die sich durch einen Vergleich der Kandidaten offenbaren. So lässt sich aufgrund der Vorgängerstudien vermuten, dass die Kandidatin Gesine Schwan öfter hinsichtlich persönlicher Aspekte, zum Beispiel ihres Privatlebens, dargestellt worden ist, Horst Köhler dagegen häufiger mit konkreten politischen Themen in Verbindung gesetzt wurde. Diese Unterschiede würden die These "Männer handeln – Frauen kommen vor" (Küchenhoff, 1975, S. 242) bestätigen.

Weiterhin ist die genauere Betrachtung der Kandidaten-Images von Interesse, da sich aufgrund des Trends zur Personalisierung in der Politik die mediale Darstellung eines Kandidaten nicht allein auf sachorientierte Fakten beschränkt, sondern zunehmend durch die medienwirksame Vorführung persönlicher Aspekte und Eigenschaften ergänzt wird. Man kann hierbei zwischen rollennahen und rollenfernen Eigenschaften unterscheiden (Lass, 1995), zum Beispiel Sachkompetenz, Amtswürde oder Integrität einerseits, und unpolitischen Charakteristika andererseits, die nicht in Zusammenhang mit der politischen Tätigkeit stehen. Personalisierung kann als Präsentationsstrategie gesehen werden, die die Konzentration der Berichterstattung, der Politikwahrnehmung und der Selbstdarstellung auf unpolitische Fähigkeiten und persönliche Charakteristika des politischen Akteurs lenkt (Bußkamp, 2002). Gerade bei dieser Vorführung persönlicher Charakteristika in der politischen Berichterstattung wurde die traditionelle Teilung in sachlich-aktiv agierende Männer und emotional-passiv agierende Frauen immer wieder empirisch konstatiert (Cornelißen & Küsters, 1990; Döge, 2002; Mühlen Achs, 1993; Neuendorff-Bub, 1979; Pfannes, 2004; Prenner, 1995; Schmerl, 1989; 2000; Simmel, 1998; Sterr, 1997; Weiderer, 1993).

Für einen inhaltsanalytischen Vergleich zwischen der Darstellung von Politikerinnen und der Darstellung von Politikern in den Medien sollte der Einfluss von thematischen und funktionsabhängigen Unterschieden zwischen den politischen Akteuren möglichst gering gehalten werden, um überhaupt Aussagen über die eben beschriebenen Vermutungen treffen zu können, das heißt, die untersuchte Berichterstattung sollte Frauen und Männer in der Politik in gleichwertigen Funktionen und innerhalb eines ähnlichen politischen Themas darstellen, um einen möglichen genderspezifischen Einfluss abgrenzen zu können. Die Kandidaten der Bundespräsidentenwahl 2004 befanden sich tatsächlich in ähnlichen Ausgangspositionen: Horst Köhler und Gesine Schwan waren sowohl den Journalisten als auch der Öffentlichkeit nahezu unbekannt.

2 Datenbasis und Überblick

Für die vorliegende Untersuchung wurde eine empirische Inhaltsanalyse durchgeführt, deren Kategoriensystem in Abbildung 1 veranschaulicht ist. Neben gängigen Variablen, die die Merkmale auf Artikelebene erfassen, wurden im zweiten Schritt auf Aussagenebene zwei Möglichkeiten zur Codierung unterschieden: Darstellung eines Sachthema oder Darstellung eines der beiden Kandidaten. Im Falle einer kandidatenorientierten Aussage wurden mehrere Variablen erfasst wie beispielsweise der Frame und das Thema der Aussage, aber auch eine eventuell angesprochene Charakterisierung der Person über ein Attribut mit gegebenenfalls enthaltener Bewertung. Diese Variablen dienen im späteren Verlauf der detaillierten Analyse der medialen Images der Kandidaten.

Eine Frau ist eine Frau ist eine Frau?

Abbildung 1: Kategoriensystem für die Inhaltsanalyse

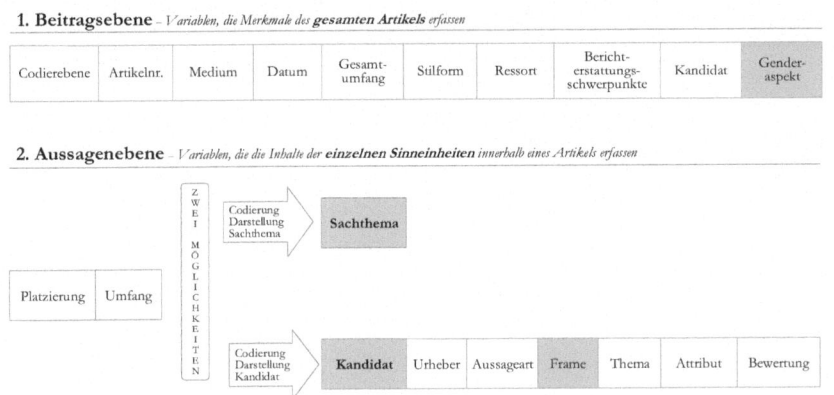

Für die Untersuchung wurde der Zeitraum vom 4. März 2004, dem Tag der offiziellen Benennung der Kandidaten, bis zum 23. Mai 2004, dem Tag der Bundespräsidentenwahl, festgelegt. Für diesen Zeitraum wurden als Untersuchungseinheiten insgesamt zwölf Medien ausgewählt, die ein möglichst breites Spektrum der deutschen Print-Medienlandschaft – von politischer Tageszeitung über Wochenmagazin bis zum Boulevardbereich – abbilden (vgl. Tabelle 1). Das so zusammengestellte Mediensample besteht aus den auflagenstärksten Publikationen der deutschen Presselandschaft, zu denen *Bild* und *Bunte* ebenso gehören wie die *Süddeutsche Zeitung* und der *Spiegel*. Untersucht wurden alle Artikel, in denen die Schlagworte "Horst Köhler" oder "Gesine Schwan" enthalten waren – insgesamt 385 Artikel sind somit in die Analyse eingeflossen.

Die Berichterstattung zu den Kandidaten der Bundespräsidentenwahl 2004 hat in den untersuchten Medien in unterschiedlicher Stärke Resonanz gefunden. Die 385 Artikel gehen zu 83 Prozent auf die politischen Tageszeitungen zurück; die restlichen 17 Prozent verteilen sich in unterschiedlicher Stärke auf das übrige Mediensample. Insgesamt lässt sich feststellen, dass in der Tagespresse am häufigsten, in der politischen Wochenpresse seltener, aber mit dem höchsten Artikelumfang und in der Boulevardpresse am wenigsten berichtet wurde. Letztere weist den geringsten Artikelumfang auf, was sicherlich auch durch einen hohen Fotoanteil bedingt ist.

Tabelle 1: Datenbasis

Gattung	Medium	Fallzahl	Prozent	Anteil
Tages-zeitungen	Frankfurter Allgemeine Zeitung	59	15.3	83.4
	Süddeutsche Zeitung	78	20.3	
	Frankfurter Rundschau	56	14.5	
	Die Welt	61	15.8	
	die tageszeitung (taz)	67	17.4	
Politische Wochen-presse	Frankfurter Allgemeine Sonntagszeitung	16	4.2	10.7
	Spiegel	18	4.7	
	Focus	7	1.8	
Boulevard-presse	Stern	4	1.0	5.9
	Bild	14	3.6	
	Bunte	5	1.3	
SUMME		385	100	100

Insgesamt liegt der Schwerpunkt der Berichterstattung während des gesamten Zeitraums auf Horst Köhler: In 228 von insgesamt 385 Artikeln wird er allein thematisiert, während dies für Gesine Schwan nur in 87 Artikeln der Fall ist (vgl. Abbildung 2). Die Darstellung beider Kandidaten wird in 70 Artikeln vorgenommen. Bei der Betrachtung des zeitlichen Verlaufs der Berichterstattung lassen sich zwei Häufungen beobachten. In den ersten drei Wochen ab der Benennung der Kandidaten und in der letzten Woche vor der Wahl war die Berichterstattung im untersuchten Mediensample jeweils am stärksten. Mit jeweils 50 bis 67 Artikeln pro Woche war in den ersten drei Wochen die mediale Vorstellung der unbekannten Gesichter von hohem Interesse. Dies ließ ab der vierten Woche nach und erhöhte sich erst wieder in der Woche des Wahlsonntags.

Erwartungsgemäß wurde über den vermeintlich sicheren Bundespräsidenten Horst Köhler mehr berichtet als über die von vornherein stimmenmäßig in der Bundesversammlung unterlegene Kandidatin Gesine Schwan.

Eine Frau ist eine Frau ist eine Frau? 173

Abbildung 2: Berichterstattung über die Kandidaten der Bundespräsidentenwahl 2004 im Zeitverlauf

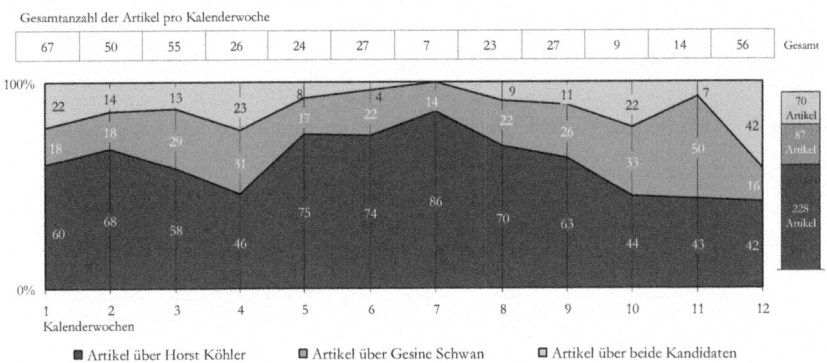

So liegt auch in den ersten Wochen der Vorstellung der Kandidaten das Hauptaugenmerk der Medien auf Horst Köhler, der in jeweils um die 60 bis 70 Prozent der Artikel in dieser Zeit allein thematisiert wird. Auch in der darauf folgenden Phase, in der insgesamt weniger über die Bundespräsidentenwahl berichtet wird, widmen sich die Journalisten zumeist Horst Köhler. Erst in den letzten drei Wochen sinkt der Anteil an Köhler-Artikeln deutlich unter 50 Prozent. In der Woche des Wahlsonntags steigt der Umfang der Berichterstattung noch einmal insgesamt an. Der Anteil der Artikel, die sich beiden Kandidaten widmen, zeigt jedoch, dass sich der anfängliche, eindeutig auf Horst Köhler liegende Focus verschoben hat in Richtung einer abschließend vergleichenden Betrachtung beider Kandidaten. Ursache hierfür ist eine rekapitulierende Darstellung des Themas "Wahlkampf", den insbesondere Gesine Schwan selbst in den Wochen zuvor immer wieder forcierte, indem sie beispielsweise ihren Gegenkandidaten zum öffentlichen Fernseh-Rededuell aufforderte.

Richtet man nun die Perspektive auf die Aussagenebene, setzt sich beim quantitativen Vergleich der Aussagen die bisher festgehaltene Tendenz fort. So entfallen 59 Prozent aller Aussagen zu Kandidaten auf Horst Köhler und 41 Prozent auf Gesine Schwan (vgl. Tabelle 2). Da aber allein die Zahl an Aussagen kein angemessenes Bild über den tatsächlichen Umfang der Berichterstattung vermittelt, wurde diese mit der jeweiligen Aussagenlänge gewichtet. Hierbei wurden die codierten Ausprägungen "Satzteil" mit dem Faktor 0.5, "ein Satz" mit dem Faktor 1, "zwei bis fünf Sätze" mit dem

Faktor 3.5 und "mehr als fünf Sätze" mit dem Faktor 8 multipliziert. Gewichtet man nun die Aussagen wie beschrieben, lässt sich beobachten, dass sich das Verhältnis verstärkt: von 62 Prozent Aussagen zu Horst Köhler zu 38 Prozent Aussagen zu Gesine Schwan. Demnach wurden Aussagen über Horst Köhler oft länger formuliert als Aussagen zu Gesine Schwan.

Tabelle 2: Quantitativer Vergleich der Berichterstattung über beide Kandidaten

	Horst Köhler % (n)	Gesine Schwan % (n)	Beide Kandidaten % (n)	Gesamt % (n)
Artikel	59 (228)	23 (87)	18 (70)	100 (385)
Kandidatenorientierte Aussagen	59 (1.473)	41 (1.021)		100 (2.494)
→ Gewichtete Werte	62 (3.557)	38 (2.179)		100 (5.736)
Durchschnittliche Wortanzahl	679	659	595	659
Maximale Wortanzahl	8.250	2.283	1.880	8.250
Minimale Wortanzahl	18	25	47	18

Als weiteres Maß für den quantitativen Vergleich dient der Gesamtumfang des Artikels, der durch die Wortanzahl erhoben wurde. Auch hier ist ein Unterschied feststellbar, wenngleich er nicht so gravierend wie die Ergebnisse der vorhergehenden Analysen ausfällt. Der Durchschnitt pro Artikel beträgt für Horst Köhler 679 Worte, der für Gesine Schwan 659 Worte – ein Unterschied von lediglich 20 Worten. Betrachtet man die Maximalwerte, so entfällt hierbei auf Gesine Schwan ein Artikel mit 2.283 Worten, während Horst Köhler dagegen einen Artikel mit stolzen 8.250 Worten im Spiegel für sich verbuchen kann.

Insgesamt wurden 2.494 kandidatenorientierte Aussagen zu Horst Köhler und Gesine Schwan codiert. Durch die Gewichtung mit den Längenfaktoren entstehen künstlich 5.736 Aussagen. Jede einzelne Aussage eines Artikels wurde zunächst daraufhin codiert, ob sie ein Sachthema (z. B. die Bundespräsidentenwahl 2004, die Reformpolitik der Regierung, die außenpolitische Haltung zum Irak-Krieg, das Thema "Frauen in der Politik" etc.) oder einen Kandidaten der Bundespräsidentenwahl fokussiert. Das Ergebnis zeigt ein Verhältnis von 40 Prozent sachthemenorientierter zu 60 Prozent kandidatenorientierter Berichterstattung. Dies spricht zunächst dafür, dass die Berichterstattung zur Bundespräsidentenwahl 2004 stärker durch personalisierte Aussagen als durch Sachthemen geprägt war. Die erneute Gewichtung der Aussagen mittels der Längenfaktoren zeigt jedoch eine gegensätzliche Verschiebung: Beachtet man die Länge der Aussagen, ergibt sich ein Verhältnis von 56 Prozent sachthemen-orientierter zu 44 Prozent kandidatenorientierter Berichterstattung. Sachthemen wurden demnach in längeren Sinneinheiten erläutert, während die Aussagen zu Kandidaten kürzer gehalten waren bzw. die Sinneinheiten schneller wechselten. Setzt man die kandidatenorientierten Aussagen gleich mit personalisierter Berichterstattung, so kann durch die Gewichtung festgestellt werden, dass deren tatsächlicher Anteil geringer ausfällt, als es die erste, ungewichtete Auswertung nahe legte. Im Gegenteil: Die Berichterstattung war stärker durch Themen geprägt, die nicht unmittelbar mit den beiden Kandidaten verknüpft waren.

Betrachtet man die bisherigen Ergebnisse zusammenfassend, ist festzustellen, dass sich die Journalisten bei der Aufbereitung des Themas Bundespräsidentenwahl 2004 insgesamt stärker auf politische Themen stützten als auf die Kandidaten selbst. Jedoch favorisierten sie eindeutig den Kandidaten Horst Köhler: Das quantitative Ungleichgewicht zwischen den Kandidaten der Bundespräsidentenwahl 2004 fällt zu seinen Gunsten aus.

3 Thematische Analyse der Berichterstattung über die Kandidaten

Die Analyse der Kontexte, die in der Berichterstattung zu den Kandidaten der Bundespräsidentenwahl thematisiert wurden, erfolgt sowohl auf Beitrags- und als auch auf Aussagenebene. Auf Beitragsebene wird zunächst eine Ressort-Analyse vorgenommen, die Aufschluss darüber geben wird, in welchem redaktionellen Umfeld die Artikel für die Kandidaten jeweils anteilig platziert waren. Die inhaltliche Analyse beginnt mit der Auswertung der Artikelschwerpunkte auf Beitragsebene. Für jeden Artikel waren bis zu drei Schwerpunkte zu codieren, die in der Analyse zu einem Mehrfachantwortenset zusammengefasst und ausgewertet wurden. Weiterhin wurde auf Aussagenebene in sachthemen- und kandidatenorientierte Aussagen unterschieden. Der Überblick über die so genannten Sachthemen zeigt, in welchen Zusammenhang die Kandidaten standen, wenn sie nicht Mittelpunkt der Aussage waren, zum Beispiel bezüglich des Sachthemas 'Innenpolitik' die nähere Erörterung der Kanzlerfrage, nachdem sich Horst Köhler öffentlich positiv zu einer möglichen Kanzlerin Angela Merkel ausgesprochen hatte. Dagegen haben kandidatenorientierte Aussagen explizit Horst Köhler und Gesine Schwan zum Inhalt, zum Beispiel ihre Haltung zum Irak-Krieg im Rahmen der deutschen Außenpolitik. Es war darüber hinaus möglich, die so genannten "Selbstthematisierungen" der Kandidaten zu untersuchen. Hierfür wurde der Anteil der Aussagen gefiltert und analysiert, bei denen die Kandidaten selbst als Urheber Themen angesprochen hatten.

Ressorts

Das Ressort, in dem ein Artikel erscheint, sagt per se nichts über die Wichtigkeit des Textes aus. Jedoch können so genannte "harte" und "weiche" Ressorts unterschieden werden, wobei die „harten" Ressorts Politik und Wirtschaft – zumindest unzweifelhaft für die Vermittlung politischer Inhalte – wichtiger als die "weichen" Ressorts des Feuilletons, Sport etc. erscheinen. Aufgrund der zu beobachtenden "Strategie der Entertainisierung" (Holtz-Bacha 2004, S. 26) nehmen Boulevardformate und -ressorts bei der medialen Aufbereitung von politischen Themen und für die Präsenz von Politikern jedoch zunehmend eine immer wichtigere Größe ein (Dörner & Vogt, 2004; Tenscher, 1998). Die Vermutung liegt nahe, dass im Rahmen von Boulevard und Unterhaltung eher auf die Darstellung persönlicher Eigenschaften und privater Umstände gesetzt wird (Dörner & Vogt, 2004). Der Vergleich der Ressorts kann daher auch als erster Indikator für die medialen Images gewertet werden, die durch die Berichterstattung über Horst Köhler und Gesine Schwan herausbildet werden.

Die Berichterstattung fand für beide Kandidaten erwartungsgemäß mit deutlicher Mehrheit im Ressort Politik statt (vgl. Tabelle 3). Innerhalb der Berichterstattung über Horst Köhler nahm das Politik-Ressort 67 Prozent ein. Für Gesine Schwan lag der Anteil sogar bei 75 Prozent aller Artikel, die

Eine Frau ist eine Frau ist eine Frau? 177

Tabelle 3: Vergleich der Ressorts

	Horst Köhler % (n)	Gesine Schwan % (n)	Beide Kandidaten % (n)	Gesamt % (n)
Politik	67.1 (153)	74.7 (65)	81.2 (57)	71.4 (275)
Wirtschaft	19.3 (44)	2.3 (2)	-	11.9 (46)
Feuilleton	5.3 (12)	14.9 (13)	5.8 (4)	7.5 (29)
Regionales	7.0 (16)	5.7 (5)	10.1 (7)	7.3 (28)
Sport	-	-	1.4 (1)	0.3 (1)
Sonstiges	1.3 (3)	2.3 (2)	1.4 (1)	1.6 (6)
SUMME	100 (228)	100 (87)	100 (70)	100 (385)

über sie verfasst wurden. Betrachtet man die übrigen Ressorts, werden deutliche Unterschiede in der Berichterstattung zu beiden Kandidaten sichtbar: Während sich weitere 19 Prozent der Berichterstattung über Horst Köhler in den Wirtschaftsteilen der Medien abspielten, war der mit 15 Prozent zweitgrößte Teil der Berichterstattung zu Gesine Schwan im Feuilleton-, Kultur- oder Gesellschaftsteil der Medien platziert. Der hohe Anteil an Wirtschaftsbeiträgen in Verbindung mit Horst Köhler lässt sich dadurch erklären, dass seine Nachfolge beim Internationalen Währungsfond häufig Anlass der Berichterstattung war und unter diesem Aufhänger seine Kandidatur für das Amt des Bundespräsidenten angerissen wurde. Die Berichterstattung in den Feuilletonteilen der Medien ist dagegen direkt auf die Bundespräsidentenwahl 2004 zurückzuführen und fiel, absolut betrachtet, zwischen beiden Kandidaten gleich hoch aus. Für die mediale Präsentation Horst Köhlers fielen die 12 Artikel prozentual weniger ins Gewicht (5 Prozent) als die 13 Artikel innerhalb der Berichterstattung über Gesine Schwan (15 Prozent). Die beiden jeweils dominierenden Ressorts decken zusammen etwa 90 Prozent der Berichterstattung zum jeweiligen Kandidaten ab, wobei die Berichterstattung über Horst Köhler somit im politisch-wirtschaftlichen, die über Gesine Schwan im politisch-feuilletonistischen Kontext präsentiert wurde.

Beitragsebene

Die Auswertung der *Artikelschwerpunkte* auf Beitragsebene zeigt, dass für beide Kandidaten die Vorstellung ihrer Person das am häufigsten behandelte Thema in der Berichterstattung zur Bundespräsidentenwahl 2004 darstellte (siehe "Kandidat" in Tabelle 4). Da beide Kandidaten zum Zeitpunkt ihrer Nominierungen der breiten Öffentlichkeit wenig bekannt waren, bestand für beide ein besonderes Interesse an den Umständen ihrer Nominierungen, ihren Qualifikationen, dem sich entwickelnden Wahlkampf und ihrem Privatleben. Schaut man sich die übrige Verteilung an, lassen sich deutliche Unterschiede erkennen: Weitere Schwerpunkte in der Berichterstattung über Horst Köhler sind mit jeweils 16 Prozent der Artikel die Bundespräsidentenwahl und innenpolitische Themen. Dass bei der Berichterstattung über Horst Köhler das Thema Bundespräsidentenwahl auftaucht, bei der Berichterstattung über Gesine Schwan jedoch nicht, liegt vermutlich daran, dass Horst Köhler aufgrund des Stimmverhältnisses in der Bundesversammlung als zukünftiger Bundespräsident so gut wie feststand und dies auch inklusive des Wahlprocederes in den Artikeln thematisiert wurde. In der Berichterstattung über Gesine Schwan bilden "Frauen und Politik" mit etwas über 17 Prozent der Artikel das zweitwichtigste Thema. Gesine Schwan wurde inhaltlich somit häufig mit Themen in Verbindung gesetzt, die in verschiedener Weise eine Gender-Perspektive aufwarfen. So wurde hierbei verstärkt die Möglichkeit einer ersten Bundespräsidentin und damit "ersten Frau im Lande" in der Geschichte der Bundesrepublik thematisiert. Gesine Schwan wurde von den Journalisten darüber hinaus jedoch auch als Aufhänger genutzt, um die Rolle von Frauen im immer noch stark männlich besetzten Bereich der Politik zu erörtern, einen Rückblick auf die unterschiedliche Geschichte von Frauen und Männern in der Politik zu werfen und über mögliche spezifisch weibliche Eigenschaften und Ansichten zu schreiben, die den 'Männerbünden' fehlen könnten.

Tabelle 4: Thematischer Vergleich: Top 5 auf allen Ebenen

Rang	Artikelschwerpunkte (bis zu 3 pro Artikel) %		Sachthemen-Aussagen %		Kandidatenorientierte Aussagen %		Selbstthematisierung der Kandidaten %	
	Horst Köhler	Gesine Schwan	Horst Köhler	Gesine Schwan	Horst Köhler	Gesine Schwan	Horst Köhler	Gesine Schwan
1	Kandidat 54,4	Kandidat 48,3	Kandidat 30,2	Innen 35,2	Kandidat 70,3	Kandidat 61,6	Kandidat 37,4	Kandidat 34,5
2	BPW Innen 16,0 / 16,0	Frauen und Politik 17,2	Innen 28,2	Frauen und Politik 19,5	BPW 11,9	BPW 11,6	Innen 23,5	Gesellsch. 24,2
3	Außen 5,8	Innen 13,8	BPW 19,5	Kandidat 16,1	Innen 8,4	Gesellsch. 11,4	BPW 18,2	Innen 15,7
4	Gesellsch. 5,1	BPW 9,2	Gesellsch. 11,1	Gesellsch. 15,4	Gesellsch. 5,2	Innen 7,9	Gesellsch. 12,8	BPW 14,3
5	sonstiges 1,9	Gesellsch. 6,9	sonstiges 5,4	BPW 10,0	Außen 3,4	Frauen und Politik 5,6	Außen 6,6	Frauen und Politik 6,5
n	412 in 228 Artikeln	174 in 87 Artikeln	4.877 Aussagen	1.136 Aussagen	3.255 Aussagen	1.861 Aussagen	1.002 Aussagen	875 Aussagen

Insgesamt wurden 2.494 Kandidatenorientierte Aussagen zu Horst Köhler und Gesine Schwan codiert Die Analyse der Aussagenebene erfolgt mit Gewichtung durch die Längenfaktoren. Dadurch entstehen künstlich 5.736 Aussagen. Da in dieser Tabelle nur die Top 5 der Themen ausgewiesen werden, weicht die Summe von diesen Prozentwerte addieren ab und die Prozentwerte addieren sich nicht zu 100. (Erklärung der Abkürzungen: "Kandidat": Kandidat der Bundespräsidentschaftswahl, "BPW": Bundespräsidentenwahl, "Innen": Innenpolitik, "Gesellsch.": Gesellschaft, "Außen": Außenpolitik, "sonstiges": sonstige Themen.)

Aussagenebene

Betrachtet man auf der Aussagenebene zunächst die *Sachthemen*, ergibt sich für sie eine ähnliche Themenverteilung wie bei der zuvor vorstellten Rangfolge der Artikelschwerpunkte. So wurden in Köhler-Artikeln mit jeweils um die 30 Prozent das Thema Kandidat und innenpolitische Themen erörtert. Hierbei wurden für das Thema Kandidat die Anforderungen formuliert, die ein Bewerber für das Bundespräsidentenamt allgemein mitbringen sollte. Erst nach diesen beiden Sachthemen folgen Darstellungen zur Bundespräsidentenwahl mit fast 20 Prozent. Demgegenüber rutscht in den Artikeln zur Kandidatin Gesine Schwan das Thema "Kandidat" mit 16 Prozent von Platz 1 auf Platz 3 der Sachthemen-Rangfolge, wobei innenpolitische Themen nun mit über 35 Prozent am stärksten erörtert werden. Die allgemeinen Kandidaten-Anforderungen scheinen in den Schwan-Artikeln somit weniger bedeutsam zu sein. Die Vermutung liegt nahe, dass der Grund dafür in dem von vornherein eher unwahrscheinlichen Wahlerfolg Gesine Schwans lag. Mit fast 20 Prozent sind "Frauen und Politik" auch auf dieser Ebene auf dem zweiten Rang der Themenagenda. Insofern lässt sich empirisch feststellen, dass in den Artikeln zu Gesine Schwan genderspezifische Themen eine starke Position einnehmen. Es ist daher anzunehmen, dass sie als mögliche weibliche Bundespräsidentin das Interesse der Journalisten auf genderspezifische Themen gelenkt hat.

Auch die durch die *kandidatenorientierten Aussagen* aufgestellte Agenda entspricht bei Horst Köhler in etwa den Sachthemen. Der Hauptanteil entfällt mit 70 Prozent auf das Thema Kandidat; Horst Köhler und Gesine Schwan werden in diesem Anteil nicht in den Kontext anderer Themen gestellt. Mit knapp 62 Prozent steht für Gesine Schwan in etwas geringerem Ausmaß das Thema Kandidat im Mittelpunkt. Der zweite Platz – das Thema Bundespräsidentenwahl – ist in der Berichterstattung für beide Kandidaten etwa gleich wichtig. Das drittwichtigste Thema zeigt im Vergleich der Kandidaten eine unterschiedliche thematische Kontextsetzung für Horst Köhler und Gesine Schwan: Horst Köhler steht in Bezug zur Innenpolitik, Gesine Schwan dagegen ist thematisch in gesellschaftsrelevante Zusammenhänge eingebunden. Ein Blick in einzelne Artikel offenbart, dass Horst Köhler hierbei in Bezug zu aktuell "brennenden" Fragen der Innenpolitik steht, während Gesine Schwan dagegen mit langfristig zu beobachtenden Entwicklungen in der Gesellschaft in Verbindung gebracht wird. Dieser

Unterschied deckt einen subtilen Gender-Aspekt in der Berichterstattung auf. Nach Rebenstorf (1990) und Hoecker (1999) agieren männliche Politiker als Spezialisten von außen, die zielorientiert, komplexitätsreduzierend und ressortspezifisch vorgehen, während sich Politikerinnen eher der Analyse und Verbesserung gesellschaftlicher Prozesse verschreiben und dabei ressortübergreifend denken. Der offen erkennbare Gender-Aspekt verliert auf dieser Aussagenebene dagegen an Gewicht: Stand für die Berichterstattung über Gesine Schwan in den sachthematischen Passagen der Artikel das Thema "Frauen und Politik" an zweiter Stelle, rutscht es mit nur noch etwa 6 Prozent der kandidatenorientierten Aussagen zu Gesine Schwan auf Platz 5. Es stellt aber weiterhin einen thematischen Unterschied zur Berichterstattung über Horst Köhler dar.

Betrachtet man im letzten Schritt den Anteil der Aussagen, die durch die Kandidaten selbst geäußert wurden (*Selbstthematisierungen*), so stimmen Horst Köhlers Äußerungen mit der Sachthemen-Agenda überein. Die Agenda der Journalisten und Horst Köhlers Äußerungen stimmen in hohem Maße überein. Im Unterschied zu seiner Mitstreiterin beziehen sich Horst Köhlers Äußerungen vermehrt genau auf die Themen, die durch die aktuellen Ereignisse bereits in den Medien diskutiert werden: die bisherige Reform-Politik, die Kanzlerfrage, der Irak-Krieg. Abstraktere gesellschaftliche Fragen, die nicht unmittelbar durch bestimmte Ereignisse gekennzeichnet sind und die durch ihre größere Komplexität – gemäß der Theorie der Nachrichtenfaktoren – seltener in der Medienrealität reflektiert werden, wurden von ihm im Vergleich weniger häufig selbst thematisiert. Diese spielen auf Gesine Schwans Agenda eine stärkere Rolle: In fast einem Viertel ihrer Äußerungen thematisiert sie insbesondere das verlorene Vertrauen der Menschen in die Gesellschaft und damit in die Politik, welches es wieder zu erringen gälte. An dritter Stelle ihrer Agenda stehen mit knapp 16 Prozent ihrer Aussagen innenpolitische Themen. Jedoch zeigt auch hier der detaillierte Blick, dass sie andere Themen platziert als Horst Köhler. Sie thematisiert nicht wie Horst Köhler die zu diesem Zeitpunkt bereits in den Medien aufgegriffenen Themen, sondern äußert sich hauptsächlich über Probleme, die ihren Ursprung in der Geschichte Deutschlands haben, wie zum Beispiel die Vertriebenen-Politik und die Beziehungen zwischen Deutschland und Polen. In diesem Zusammenhang spricht sie sich wiederholt für die Förderung der Beziehungen Deutschlands zu Polen aus. Hierbei spielen ihre Erfahrungen und Ziele als Viadrina-Präsidentin eine große Rolle. Nur in etwa sieben Prozent ihrer Aussagen spricht sie über ihre eigene Sicht zu "Frauen und Politik" und erörtert spezifisch weibliche Eigenschaften, die in die Politik positiv einfließen könnten. Sie thematisiert zudem die mögliche Chance und auch ihren Ehrgeiz, als erste Frau Bundespräsidentin zu werden. Insgesamt gesehen nimmt dieser Themenkomplex jedoch auf der Themenagenda Gesine Schwans eine untergeordnete Rolle ein.

Zusammenfassend betrachtet wurde Horst Köhler verstärkt in den Kontext aktueller Themen gestellt, da die Medien bei ihm als Bundespräsidenten in spe bereits vor dem Amtsantritt seine inhaltliche Positionierung zu verschiedenen Bereichen diskutierten bzw. antizipierten. Insofern wies die Themen-Analyse der verschiedenen Codier-Ebenen eine hohe Konvergenz auf. Auch die Selbstthematisierungen Horst Köhlers durchbrachen das angelegte Muster nicht. Dem fragenden Blick der (Medien-)Öffentlichkeit galt es, genaue Standpunkte zu liefern, um sich für dieses repräsentative Amt auch bei den Bürgern zu empfehlen. Dies war zwar auch Bestandteil der Berichterstattung über Gesine Schwan, jedoch spielte das "Frau-sein" eine feste Rolle in der mit ihr verbundenen Themenpalette. Einerseits wurde sie hierbei als Anlass von den Journalisten genutzt, den Gender-Aspekt in der Politik öffentlich zu diskutieren. Andererseits wird sie durch diese Schwerpunktsetzung in der Berichterstattung als "Abweichung von der als Norm geltenden Rolle des männlichen Politikers"(Holtz-Bacha, 2003, S. 48) gekennzeichnet. Weiterhin hat sie sich – wie die Analyse zur Selbstthematisierung zeigt – verstärkt zu gesellschaftlichen Themen geäußert, die zwar kaum dem gängigen Medienmainstream entsprachen, aus ihrer Sicht aber einer öffentlichen Diskussion bedürfen. Im Unterschied zum stärker in die Innenpolitik eingebundenen Gegenkandidaten lässt sich hierin durchaus ein weiterer, subtiler Genderaspekt formulieren: die in der Gender-Forschung häufig beobachtete, unterschiedliche Einschätzung zwischen Politikerinnen und Politikern, welche politischen Themen als besonders relevant betrachtet werden (Hoecker, 1999; Schöler-Macher, 1994).

4 Der Gender-Aspekt in der medialen Inszenierung der Kandidaten

Die bisherige thematische Analyse widmete sich dem Blick auf die augenscheinlichen Inhalte. Dabei erwies sich der Themenbereich "Frauen und Politik" als offensichtlichste genderspezifische Facette in der Berichterstattung über die Kandidaten zur Bundespräsidentenwahl 2004, die die Berichterstattung über die weibliche Kandidatin von der über den männlichen unterschied. Um jedoch auch den subtileren Färbungen im Text auf die Spur zu kommen, wurden Variablen für weitere Auswertungen im Codebuch vorgesehen: Auf Beitragsebene wurde für den gesamten Artikel entschieden, wie stark ein möglicher Gender-Aspekt im Text ausgeprägt war. Hierbei wurde neben der direkten Thematisierung des "Frau-seins" auch die Verwendung von klischeehaften bzw. geschlechtsspezifischen Beschreibungen berücksichtigt (z. B. Beschreibungen zu Schwans weiblichem Charme oder ihr attraktives Äußeres etc.) Auf Aussagenebene wurde zudem für jede einzelne kandidatenorientierte Aussage eine Frame-Codierung vorgenommen, bei der vier Frames – Politik-Frame, Persönlichkeits-Frame, Privatleben-Frame und Gender-Frame – unterschieden wurden. Durch diese Variable konnte in der Codierung der Inhalt jeder Aussage noch genauer codiert werden, da der Frame die übergeordnete Konnotation der Aussage erfasst. Die Variable "Frame" ist daher stärker abstrahierend als die Themen-Variable. Ein Beispiel soll dies verdeutlichen: Das Thema "Nominierung der KandidatIn" steht je nach Frame in einem bestimmten Kontext. Unter dem Politik-Frame dargestellt kann die Aussage beispielsweise die politische Prozedur der Nominierung der Bundespräsidentschaftskandidaten beinhalten. Der übergeordnete Frame ist damit die Politik. Das gleiche Thema kann jedoch auch durch die Beschreibung des Stellenwerts des Geschlechts der Kandidatin für ihre Nominierung geprägt sein. Dann ist nicht die Politik der übergeordnete Frame, sondern der Gender-Frame.

Beitragsebene

Die Stärke des Gender-Aspekts im Artikel konnte durch die Ausprägungen "Schwerpunkt", "einer von mehreren Schwerpunkten", "kurze Erwähnung" oder "wurde im Artikel nicht angesprochen" erfasst werden. Die Auswertung zeigt, dass sein Anteil innerhalb der Berichterstattung insgesamt etwa 17 Prozent der Artikel einnimmt (vgl. Tabelle 5). In ca. 83 Prozent der gesamten Berichterstattung sind die Artikel weder offen, noch subtil genderspezifisch gefärbt.

Tabelle 5: Stärke des Gender-Aspekts im Artikel

	Horst Köhler % (n)	Gesine Schwan % (n)	Beide Kandidaten % (n)	Gesamt % (n)
Schwerpunkt	-	9.2 (8)	-	2.1 (8)
Einer von mehreren Schwerpunkten	1.3 (3)	16.1 (14)	7.1 (5)	5.7 (22)
Kurze Erwähnung	3.1 (7)	16.1 (14)	21.4 (15)	9.4 (36)
Nicht angesprochen	68.3 (218)	58.6 (51)	71.4 (50)	82.9 (319)
SUMME	100 (228)	100 (87)	100 (70)	100 (385)

Bereits die thematische Analyse der Berichterstattung über die Bundespräsidentenwahl 2004 zeigte, dass der Themenkomplex "Frauen und Politik" für die Kandidatin Gesine Schwan den zweithäufigsten Artikelschwerpunkt darstellte. Entsprechend fällt das nach Kandidaten gesplittete Ergebnis der Variablen nicht überraschend aus. So gibt es innerhalb des insgesamt geringen Anteils eindeutige Unterschiede zwischen der Darstellung Horst Köhlers und Gesine Schwans. Während über 40 Prozent der Schwan-Artikel durch einen offenen oder subtilen Gender-Bias geprägt sind, ist sein geringer Anteil in der Berichterstattung über Horst Köhler zu vernachlässigen.

Aussagenebene

In der Berichterstattung über Politiker lassen sich relativ klar abzugrenzende Rahmungen feststellen, durch die die Image-Konstruktion einer politischen Person gelenkt wird. Dabei kommen Frames zum Einsatz, die den Hintergrund bezeichnen, vor dem ein Thema respektive ein Kandidat dargestellt werden. Ausgangspunkt für diesen Forschungsansatz ist die Annahme, dass Journalisten über ein Thema immer aus einer bestimmten Perspektive berichten (Bonfadelli, 2003). Für die mediale Darstellung eines Politikers können drei Frames angenommen werden: der Frame "Politik", der Frame

"Persönlichkeit" und der Frame "Privatleben". Unter ersteren fallen alle Darstellungen, in denen die politische Arbeit, die politischen Einstellungen oder rollennahe Eigenschaften des Politikers thematisiert werden. Der Frame "Persönlichkeit" liegt dagegen in der Berichterstattung vor, wenn persönliche, rollenferne Eigenschaften und Eigenheiten oder das Aussehen der politischen Person dargestellt werden, die in keinem Zusammenhang mit der politischen Arbeit der Person stehen (Lass, 1995). Der Frame "Privatleben" fasst alle Darstellungen der privaten Lebensumstände der politischen Person, zum Beispiel biografische Darstellungen der Kandidaten. Für die vorliegende Untersuchung wurde von einem weiteren Frame in der Berichterstattung zu den Kandidaten der Bundespräsidentenwahl 2004 ausgegangen: der Gender-Frame. Dieser Frame wurde für Gesine Schwan schon durch die Regierungsfraktionen selbst im Vorfeld ihrer Kandidatur durch das Motto "Frau nach Rau" gesetzt. Daher konnte man davon auszugehen, dass das "Frau-sein" bei der medialen Image-Konstruktion von Gesine Schwan immer wieder, offen angesprochen oder subtil durch die Nutzung von traditionellen Rollenklischees, eine Rolle spielen könnte.

Betrachtet man nun die Verteilung der Frames in der Berichterstattung über den Kandidaten Horst Köhler, so nehmen Aussagen unter dem Politik-Frame mit über 50 Prozent den größten Anteil ein (vgl. Tabelle 6). In weiteren knapp 31 Prozent der Aussagen über ihn stand seine Persönlichkeit als Frame über der Aussage, indem – am häufigsten durch Beschreibungen seines beruflichen Werdegangs – persönliche Eigenschaften Köhlers vermittelt wurden. Weitere knapp 18 Prozent an Aussagen zu ihm standen unter dem Frame seines Privatlebens. Unter diesem Blickwinkel wurden seine private, familiäre Situation, die Vertreibung seiner Eltern, aber auch seine private Meinung zu politikfernen Themen dargelegt. In der Frame-Verteilung für die Kandidatin Gesine Schwan nimmt ebenfalls der Politik-Frame den größten Anteil für die über sie getroffenen Aussagen ein, mit 54 Prozent sogar einen etwas größeren als in der Berichterstattung über Horst Köhler. Auch der Anteil des Persönlichkeits-Frames fällt mit ca. 29 Prozent ähnlich hoch wie für Horst Köhler aus. Aussagen unter dem Blickwinkel des Privatlebens nehmen etwa zehn Prozent der Aussagen zu Gesine Schwan ein. Der Gender-Frame ist mit sieben Prozent am geringsten in der Darstellung Gesine Schwans vertreten.

Tabelle 6: Frame-Analyse

	Horst Köhler % (n)	Gesine Schwan % (n)	Gesamt % (n)
Politik-Frame	50.9 (1.800)	54.1 (1.171)	52.1 (2.971)
Persönlichkeits-Frame	30.8 (1.090)	29.1 (630)	30.2 (1.720)
Privatleben-Frame	17.8 (630)	9.8 (213)	14.8 (843)
Gender-Frame	0.5 (16)	7.0 (152)	2.9 (168)
SUMME	100 (3.536)	100 (2.166)	100 (5.702)

Insgesamt wurden 2.494 kandidatenorientierte Aussagen codiert, die durch Gewichtung auf den Wert 5.777 kamen. Die Differenz zur Summe der Gesamtanzahl der Frames in dieser Tabelle ergibt sich, da die Residualkategorie der Frame-Codierung "nicht entscheidbar" für die Auswertung als missing definiert wurde.

Der Frame-Vergleich nach Kandidaten zeigt, dass Aussagen unter dem Politik-Frame und unter dem Persönlichkeits-Frame für beide ähnlich ins Gewicht fallen; die Anteile erreichen bei beiden Kandidaten ähnliche Umfänge. Unterschiede lassen sich dagegen hinsichtlich des Gender- und des Privatleben-Frames beobachten. Der Gender-Frame tritt fast nur in Aussagen über die Kandidaten Gesine Schwan auf, für Horst Köhler prägt er nur wenige Aussagen. Für seine Darstellung ist der Privatleben-Frame dagegen von vergleichsweise größerer Bedeutung als für die Darstellung der weiblichen Kandidatin. Bei der Betrachtung der prozentualen Anteile fällt auf, dass der Privatleben-Frame für Horst Köhler in etwa den gleichen Umfang bei seiner Darstellung einnimmt, wie Gender- und Privatleben-Frame zusammen für die Darstellung Gesine Schwans erreichen. Die Vermutung liegt nahe, dass es sich hierbei um eine Art 'medialen Ausgleich' handelt. Diesem Begriff liegt die Vermutung zu Grunde, dass die politische Inszenierung der Kandidaten durch Darstellungen interessanter unpolitischer Details aufgelockert wird, um den Bürgern/Rezipienten einen umfassenderen und auch menschlichen Eindruck des möglichen zukünftigen höchsten Repräsentanten zu vermitteln.

Eine Frau ist eine Frau ist eine Frau? 187

Dies geschah für Gesine Schwan bereits zu einem bestimmten Teil über den Gender-Frame, der sie in verschiedener Hinsicht über ihr "Frau-sein" charakterisierte. Der Privatleben-Frame vervollständigte den Anteil der "menschlichen" Komponente in der Berichterstattung, die das mediale "Gesicht" Gesine Schwans prägte. Da nun die Gender-Thematik insgesamt in der Berichterstattung nur mit der weiblichen Kandidatin verbunden war, spielte sie auch auf Frame-Ebene für die mediale Darstellung Horst Köhlers keine Rolle. Um den Anteil der "menschlichen" Komponente innerhalb der medialen Inszenierung Horst Köhlers auf einem ähnlichem Level zu halten wie bei Gesine Schwan, nahmen bei ihm verstärkt Darstellungen zum Privatleben Raum ein.

Tabelle 7: Aussagen-Urheber im Kandidatenvergleich

	Horst Köhler % (n)	Gesine Schwan % (n)	Gesamt % (n)
Journalisten	55.3 (1.949)	46.5 (1.014)	52.0 2.963
Horst Köhler / Gesine Schwan	28.4 (1.001)	40.1 (873)	32.9 1.874
SPD/Grüne	1.7 (59)	5.1 (111)	3.0 (170)
CDU/CSU/FDP	7.5 (264)	1.1 (25)	5.1 (289)
Andere Politiker	3.1 (108)	4.0 (87)	3.4 (195)
Personen aus dem Privatleben	4.0 (141)	3.2 (69)	3.7 (210)
SUMME	100 (3.522)	100 (2.179)	100 (5.701)

Insgesamt wurden 2.494 kandidatenorientierte Aussagen codiert, die durch Gewichtung auf den Wert 5.777 kamen. Die Differenz zur Summe der Gesamtanzahl der Urheber in dieser Tabelle ergibt sich, da die Residualkategorie der Urheber-Codierung "sonstige" für die Auswertung als missing definiert wurde.

Um detaillierter prüfen zu können, wer die verschiedenen Frames in den Darstellungen von Horst Köhler und Gesine Schwan aktiv einbringt, veranschaulicht Abbildung 2 die Analyse der Aussagen-Urheber. Hierbei wurden neben den Journalisten (Verfasser der Artikel) und den Kandidaten selbst die beiden Fraktionen, die die Kandidaten nominiert hatten – SPD/Grüne und CDU/ CSU/FDP –, sonstige Politiker und Personen aus dem Privatleben der Kandidaten unterschieden. Betrachtet man nun für jede einzelne Urhebergruppe die Frame-Verteilung, die aus der Gesamtheit ihrer Aussagen resultierte, lassen sich Unterschiede zwischen ihnen festhalten (vgl. Tabelle 7 und Abbildung 3).

Den Journalisten kam mit über 55 Prozent aller Aussagen über Horst Köhler erwartungsgemäß die quantitativ bedeutsamste Rolle bei der Darstellung des Kandidaten zu. Sie setzten den Schwerpunkt mit rund 40 Prozent ihrer Aussagen auf den Persönlichkeits-Frame. Erst danach folgt mit 36 Prozent der Politik-Frame und mit ca. 24 Prozent der Privatleben-Frame. Der Kandidat Horst Köhler stellt sich selbst in rund 74 Prozent seiner Äußerungen unter dem Politik-Frame dar und spricht hierbei über seine politischen Ansichten zu verschiedenen Themen und seine Ziele und Visionen für sein zukünftiges Amt. In jeweils ca. 13 Prozent seiner eigenen Aussagen stellt er seine Person unter dem Persönlichkeits-Frame und dem Privatleben-Frame dar. Die Fraktionen, die Horst Köhler nominiert hatten, äußerten sich häufiger über seine Person unter dem Blickwinkel des Politik-Frames: 87 Prozent ihrer Aussagen stellten ihren Kandidaten im politischen Rahmen dar und in etwas über 10 Prozent unter dem Persönlichkeits-Frame. Die restlichen drei Prozent entfielen auf Thematisierungen des Gender-Frames. Hierbei ging es jedoch überwiegend um negative Äußerungen von Politikerinnen der CDU, die sich mit der Nominierung eines männlichen Kandidaten nicht einverstanden zeigten.

Die Vertreter von SPD und Grünen nahmen mit knapp zwei Prozent eine unbedeutende Rolle bei der Imageprägung Horst Köhlers ein und legten bei ihren Aussagen über Horst Köhler mit fast 92 Prozent am stärksten von allen Urhebern den Schwerpunkt auf den Politik-Frame. In den restlichen knapp neun Prozent ihrer Aussagen äußerten sie sich über den Kandidaten unter dem Persönlichkeit-Frame. Andere Politiker, hierunter Vertreter von PDS und sonstigen politisch aktiven Personen, setzten dagegen mit fast 30 Prozent ihrer Aussagen mehr Gewicht auf die Persönlichkeit Horst Köhlers. Gleichzeitig nahm bei ihnen auch der Privatleben-Frame mit fast 15 Prozent eine größere Rolle als bei den zuvor genannten Parteien ein. Am stärksten wird der Persönlichkeits-Frame jedoch von Personen aus seinem

Eine Frau ist eine Frau ist eine Frau?

Privatleben angewandt: In 69 Prozent ihrer Aussagen ergänzten sie das mediale Bild Horst Köhler durch Aussagen über seine Persönlichkeit. Zudem beleuchteten sie das private Umfeld in fast 23 Prozent ihrer Aussagen.

Abbildung 3: Frame-Verteilung nach Urhebern

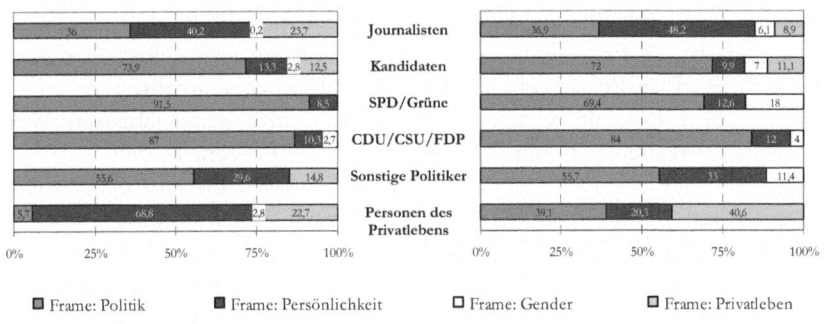

In der Berichterstattung über Horst Köhler lassen sich somit zwei Gruppen unterscheiden, die verschiedene Akzente für die mediale Darstellung des Kandidaten setzten und damit ergänzend das mediale Image prägten. Der Kandidat selbst, SDP und Grüne, CDU/CSU und FDP nahmen fast 38 Prozent ein und prägten vor allem sein "politisches" Gesicht. In etwa 74 Prozent bis sogar über 91 Prozent ihrer Aussagen wurde der Politik-Frame genutzt. Die Journalisten, andere Politiker und Personen aus dem Privatleben nahmen innerhalb der Berichterstattung über Horst Köhler zwar einen größeren Platz als die eben genannten Urheber ein (62 Prozent), stellten jedoch stärker den Persönlichkeits- und Privatleben-Frame dar. Sie lieferten in der Berichterstattung über Horst Köhler die "menschliche" Komponente und ergänzten sein Medien-Image diesbezüglich.

Die Frame-Setzung der Urheber von Aussagen zu Gesine Schwan weist einige Unterschiede zu den eben erläuterten Ergebnissen für Horst Köhler auf. Die Journalisten waren – mit knapp 47 Prozent in etwas geringerem Ausmaß als bei Horst Köhler – die häufigsten Urheber von Aussagen. Sie legten mit fast 37 mit ihrer Aussagen einen ähnlich ausgeprägten Akzent auf den Politik-Frame. Jedoch thematisierten sie den Persönlichkeits-Frame in ihren Aussagen über Gesine Schwan mit über 48 Prozent stärker als für Horst Köhler. Gleichzeitig wurde der Gender-Frame mit über sechs Prozent ihrer Aussagen zwar in insgesamt geringem Ausmaß, aber im Unterschied zu Horst Köhler wiederum stärker formuliert. Der Privatleben-Frame wird im Vergleich zu den Köhler-Aussagen dagegen von den Journalisten mit etwa neun Prozent weit weniger stark genutzt. Die Kandidatin selbst nimmt mit 40 Prozent der Aussagen bei der Inszenierung ihres medialen Images ein stärkeres Gewicht ein, als dies Horst Köhler vermag. Sie legt in ihren Aussagen ein ähnlich starkes Gewicht auf den Politik-Frame wie ihr Mitstreiter: In 72 Prozent ihrer Aussagen stellt sie sich selbst in diesem Rahmen dar. Der Persönlichkeits-Frame wird dagegen in ihren Aussagen mit fast zehn Prozent weniger thematisiert. Einen vergleichbaren Wert nimmt der Privatleben-Frame mit etwas über elf Prozent in den Aussagen Gesine Schwans ein. Der Gender-Frame ist in sieben Prozent ihrer Aussagen enthalten – etwas häufiger als die Journalisten ihn nutzen. Gesine Schwans Aussagen beziehen sich hierbei auf konkrete Gender-Thematiken: "Frau als Bundespräsidentin" und "spezifisch weibliche Eigenschaften von Frauen in der Politik". Während ähnliche Thematisierungen auch von allen anderen Politikern über die weibliche Kandidatin erfolgen, wird der Privatleben-Frame von keinem Politiker für Gesine Schwan angesprochen. Politiker von SPD und Grünen stellen in fast 70 Prozent ihrer Aussagen die Kandidatin unter dem Politik-Frame dar. In hervorstechenden 18 Prozent erfolgte ihre Darstellung durch die Parteien, die sie auch nominiert hatten, unter dem Gender-Frame. Von ihnen wurde – gemäß dem vor der Nominierung formulierten Slogan "Frau nach Rau" – das "Frau-sein" besonders betont. Politiker der Gegenseite äußerten sich mit einem Prozent nur in 25 Fällen über die Kandidatin. Dagegen wurden andere Politiker, zum Beispiel von anderen Parteien oder Organisationen, mit vier Prozent etwas stärker eingebunden. Betrachtet man deren Frame-Setzung erfolgen ca. 56 Prozent ihrer Aussagen über Gesine Schwan unter dem Politik-Frame, 33 Prozent stellen den Persönlichkeits-Frame dar und etwa 11 Prozent thematisieren den Gender-Frame. Damit legt diese Gruppe nach den Journalisten den größten Schwerpunkt in ihren Darstellungen auf die Persönlichkeit Gesine Schwans. Personen aus dem Privatleben stellen die Kandidatin als einzige Gruppe in keiner ihrer Aussagen unter dem Gender-Frame dar. Jedoch nimmt in ihren Äußerungen der Privatleben-Frame mit fast 41 Prozent den größten Stellenwert beim Vergleich der Urheber ein. Er ist sogar etwas stärker in ihren Aussagen vertreten als der Politik-Frame mit 39 Prozent. Damit stellen Lebenspartner, Freunde und Weggefährten am stärksten von allen

Urhebergruppen das private "menschliche" Gesicht der Kandidatin dar und betonen gleichzeitig in ähnlichem Ausmaß die politische Seite Gesine Schwans.

Innerhalb der Aussagen-Urheber zu Gesine Schwan lassen sich einige Unterschiede hinsichtlich der medialen Inszenierung des "politischen" und des "menschlichen" Gesichts der Kandidatin feststellen. So fällt der prozentuale Anteil an Aussagen unter dem Politik-Frame von SPD und Grünen geringer für die Kandidatin als für Horst Köhler aus. Die beiden Parteien legen offensichtlich stärkeren Wert auf die Akzentuierung des Gender-Frames, der mit 18 Prozent in ihren Aussagen vertreten ist. Dies legt die Vermutung nahe, dass die stimmenmäßig in der Bundesversammlung unterlegenen Parteien das Geschlecht ihrer Kandidatin immer wieder ins Gespräch brachten, um es ganz bewusst als Unterschied zum chancenreicheren Kandidaten der Gegenparteien zu instrumentalisierten. Die Gegenfraktionen stellten die Kandidatin mit vier Prozent dagegen unterdurchschnittlich häufig unter dem Gender-Frame dar – ein plausibles Ergebnis, da sie die von SPD und Grünen ins Spiel gebrachte "Besonderheit" nicht zu stark herausstellen wollten. Die zweite Gruppe, die eine andere Frame-Verteilung für Gesine Schwan stärker prägt als für Horst Köhler, sind die Personen aus dem Privatleben. Während diese für Horst Köhler einen deutlichen Schwerpunkt auf den Persönlichkeits-Frame legen und damit einen Gegenpol zu den beiden Fraktionen und dem Kandidaten selbst darstellen, äußern sich Privatpersonen zur Gesine Schwan in nahezu gleichen Anteilen unter dem Politik- und dem Privatleben-Frame. Der Persönlichkeits-Frame folgt mit etwas über 20 Prozent erst an dritter Stelle. Da der Privatleben-Frame sonst im Fall Gesine Schwan von fast allen Urhebern (die Kandidatin selbst ausgenommen) in viel geringerem Maße thematisiert wird, scheint den Personen aus dem Privatleben in dieser Hinsicht eine kompensatorische Funktion zuzukommen.

Medienvergleich

Interessant erscheint an dieser Stelle der genauere Blick auf die Medien. Zur Vereinfachung der Ergebnisdarstellung wurden die Medien nach Gattungen zusammengefasst. Die Tageszeitungen stellten die Kandidaten mit jeweils knapp 60 Prozent wie erwartet am häufigsten unter dem Politik-Frame dar (vgl. Abbildung 4). In den politischen Wochenzeitschriften war dagegen der Anteil des Persönlichkeits-Frame für beide Kandidaten bedeutender. Der Anteil des Frames "Privatleben" ist in den Boulevardmedien im Vergleich zu den anderen Mediengattungen überdurchschnittlich oft vertreten. Diese Ergebnisse sind nicht überraschend.

Abbildung 4: Frame-Vergleich nach Mediengattungen

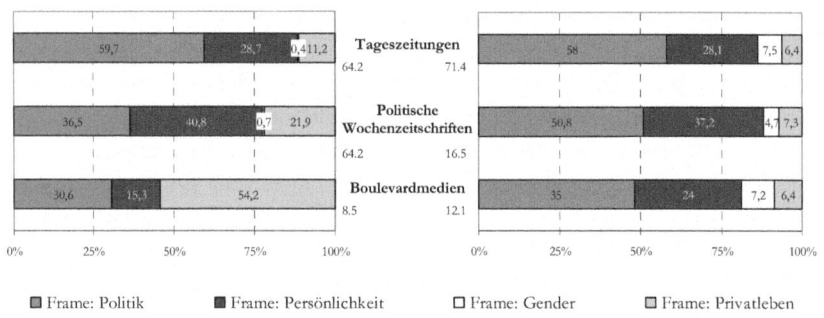

Insgesamt wurden 2.494 kandidatenorientierte Aussagen codiert, die durch Gewichtung auf den Wert 5.777 kamen. Die Differenz zur Summe der Gesamtanzahl der Urheber in dieser Tabelle ergibt sich, da die Residualkategorie der Urheber-Codierung "sonstige" für die Auswertung als missing definiert wurde.

Im Vergleich der Kandidaten ist für die Tageszeitungen festzustellen, dass sie Gesine Schwan und Horst Köhler gleichermaßen hinsichtlich des Politik- und des Persönlichkeits-Frames darstellten. Für den Privatleben- und Gender-Frame lässt sich dagegen der schon vorhergehend angesprochene mediale Ausgleich beobachten: So wird die "menschliche" Darstellung Horst Köhlers mit elf Prozent über einen größeren Anteil des Privatleben-Frames hergestellt, während die Tageszeitungen für Gesine Schwan fast zu gleichen Teilen – knapp acht Prozent bzw. etwas über sechs Prozent – auf Privatleben- *und* Gender-Frame zurückgreifen.

Die Frame-Verteilung der Kandidaten in den politischen Wochenzeitschriften weist eine stärkere unterschiedliche Gewichtung auf. So wird der Politik-Frame für Gesine Schwan mit über der Hälfte der Darstellungen stärker betont, als es mit nur ca. 37 Prozent für Horst Köhler der Fall ist. Er wird in dieser Mediengattung mit etwas über 40 Prozent stärker unter dem

Persönlichkeits-Frame dargestellt. Die prozentual stärkste Differenz zeigt sich jedoch hinsichtlich des Privatleben-Frames: *Spiegel* und Co. nutzen ihn mit etwa 22 Prozent häufiger für Horst Köhler, während Gesine Schwan nur in etwas über 7 Prozent der Darstellungen dieser Gattung unter dieser Perspektive dargestellt wird. Knapp fünf Prozent entfallen auf Aussagen über Gesine Schwan unter dem Gender-Frame. Insgesamt fällt damit der Anteil von Privatleben- und Gender-Frame mit zwölf Prozent sehr viel geringer für die weibliche Kandidatin aus als für Horst Köhler. Sie wird damit in den politischen Wochenzeitschriften stärker mit politischen und persönlichkeitsbezogenen Aspekten verbunden als der zukünftige Bundespräsident. Bei seiner Inszenierung spielen Aspekte aus dem Privatleben oder auch rein private Lebenseinstellungen eine größere Rolle.

Die Boulevard-Medien legen für beide Kandidaten erwartungsgemäß geringeren Wert auf den Politik-Frame. Mit über 50 Prozent fokussieren diese Medien eindeutig die Privatperson Horst Köhler. Der Politik-Frame nimmt etwas über 30 Prozent, der Persönlichkeits-Frame ca. 15 Prozent der Berichterstattung ein. Gesine Schwan wird in *Bild*, *Bunte* und *Stern* dagegen zu fast gleichen Anteilen – 35 bzw. 34 Prozent – unter dem Politik- und dem Privatleben-Frame dargestellt. Stärker als für Horst Köhler wird für Gesine Schwan der Persönlichkeits-Frame genutzt: Ein Viertel der Aussagen in den Boulevardmedien widmen sich ihren persönlichen Eigenschaften, die für ihre politische Arbeit von untergeordneter Bedeutung sind.

Insgesamt zeigt sich bei der Auswertung der Frames für die Mediengattungen eine leicht unterschiedliche Rahmensetzung für die Kandidaten. Der Gender-Frame spielt in allen Gattungen nur für die Inszenierung Gesine Schwans eine feste, wenn auch geringe Rolle. Interessanterweise wird er mit jeweils um die sieben Prozent sowohl von den (seriösen) Tageszeitungen als auch von der Boulevardpresse bedient. Somit hebt sich die seriöse Tagespresse in diesem Punkt nicht von den Boulevardmedien ab, sondern stolpert in ähnlichem Ausmaß immer wieder über die "Besonderheit", dass mit Gesine Schwan eine Frau als Kandidatin für das Bundespräsidentenamt angetreten ist. In beiden Gattungen ist diese Tatsache ähnlich wichtig wie das Privatleben der Kandidatin. Insgesamt ist der Anteil der Darstellung ihres Privatlebens in allen Gattungen weniger stark ausgeprägt, als es für Horst Köhler der Fall ist. Tageszeitungen und politische Wochenzeitschriften setzen eine relativ einheitliche Frame-Verteilung in ihrer Berichterstattung über Gesine Schwan (mit dem eindeutigen Schwerpunkt auf dem Politik-Frame).

Bei der medialen Inszenierung Horst Köhlers teilen sich die Gattungen auf, um zwei Funktionen zu erfüllen: Die Tageszeitungen konturieren das "politische" Gesicht Horst Köhlers, während die politischen Wochenzeitschriften die "menschliche" Seite des Kandidaten durch verstärkte Beschreibungen seines Charakters und die Thematisierung seines Privatlebens betonen. Die Boulevardmedien ergänzen den zuletzt genannten Aspekt durch ihren hohen Anteil des Privatleben-Frames, durch den das Image Horst Köhler noch stärker emotionalisiert wird. Damit folgen die Medien im Falle Horst Köhlers den jeweiligen erwartungsgemäßen Ansprüchen, während sie bei ihrer Berichterstattung über Gesine Schwan die gewohnten Pfade verlassen: Die Tageszeitungen thematisieren das "Frau-sein" genauso stark wie die Boulevardmedien und erweisen sich damit in diesem Anteil ihrer Berichterstattung als überraschend entpolitisierend. Die Boulevardmedien sind dagegen hinsichtlich Gesine Schwan weniger am Privatleben und vielmehr an ihrer Persönlichkeit interessiert.

5   Analyse der medialen Images der Kandidaten

Bei der personalisierenden Inszenierung von Politik werden anhand der politischen Themen gleichsam Integrität und Kompetenz des politischen Akteurs vermittelt. (Weiß, 2002). Medial gesehen sind politisch-programmatische Darstellungen politischer Akteure jedoch nicht ausreichend, um ein positives Gesamt-Image zu kreieren. So sind persönliche Charakteristika die zweite Säule in der Berichterstattung: "Der Kandidat selbst ist die Botschaft" (Falter & Römmele, 2002). Aus all diesen Komponenten entsteht ein mediales Gesamt-Image, das die Medien durch Reflektion, Kommentierung, Akzentuierung oder explizite Bewertung vermitteln und lenken (Kindelmann, 1994). Politiker stellen – dem Anspruch der Mediengesellschaft folgend – bewusst und unbewusst Eigenschaften und Leistungen dar, die die Journalisten wahrnehmen und weitergeben. Entscheidend sind hierbei nur die Leistungen und Eigenschaften, die in der Berichterstattung beschrieben werden, die aber nicht notwendigerweise mit der Realität übereinstimmen müssen (Kepplinger, 1994).

Speziell im Fall der eher unbekannten Kandidaten für die Bundespräsidentenwahl 2004 war die Vorstellung der Personen von medialem Interesse, handelt es sich doch schließlich um das Amt des höchsten Repräsentanten in der Bundesrepublik. Gerade bei der Darstellung von persönlichen Eigenschaften von Politikern und Politikerinnen – als "Human Touch"-Ergänzung zum trockenen politischen Inhalt – liegt der journalistische Griff zu geschlechterspezifischen Klischees jedoch besonders nah, wie Vorgängerstudien belegen konnten (Pfannes, 2004; Schmerl, 1989; Sterr, 1997). Der empirische Blick auf diesen Teil der Berichterstattung, den dargestellten Eigenschaften der Kandidaten, im Folgenden auch "Attribute" genannt, vervollständigt damit die vorliegende Analyse.

Attributvergleich zwischen den Kandidaten

Als Attribute wurden bei der vorliegenden Untersuchung Eigenschaften und Details begriffen, die innerhalb einer kandidatenorientierten Aussage den Kandidaten in seiner beruflichen, persönlichen oder privaten individuellen Eigenheit charakterisierten. Es wurden hierbei rollennahe und rollenferne Eigenschaften unterschieden. Als rollennahe Eigenschaften wurden die Attribute zur "beruflichen Eignung", zur "politischen Persönlichkeit" und zur "medialen Präsenz" gezählt; als rollenferne Eigenschaften wurden die Attribute "Äußerlichkeiten", "Rationalität", "Emotionalität", "Privatperson" und "Geschlecht" erfasst. Aussagen dieser Art konnten wenige Worte oder auch mehrere Sätze lang sein. So wurden die Daten auch bei dieser Analyse vorab mit den Längenfaktoren gewichtet, um die Anteile der verschiedenen Attribute, speziell auch für den Vergleich zwischen den Kandidaten, ihrem realen Umfang entsprechend zu vergleichen. Bei der Codierung der Attribute wurde auch die enthaltene Bewertung des Kandidaten erfasst von "positiv" (+1) über "neutral" (0) bis "negativ" (-1). Alle nicht eindeutig zu entscheidenden Fälle wurden als Restkategorie klassifiziert und flossen nicht in die Analyse mit ein. Diese Daten ermöglichen nun einerseits die Auswertung der Bewertungen für jedes Attribut. Der Durchschnitt aller Bewertungen gibt andererseits eine Kennzahl für die mediale Bewertung der Kandidaten insgesamt. Insgesamt spielen in der Berichterstattung Attribute zur politischen Persönlichkeit mit etwa einem Drittel und zur Privatperson mit einem guten Viertel die größte Rolle in der Beschreibung der Kandidaten (vgl. Tabelle 8). Die berufliche Eignung und emotionale Charakterisierungen nehmen noch jeweils über zehn Prozent von allen attributiven Darstellungen ein.

Das Geschlecht der Kandidaten wird lediglich in etwas über zwei Prozent als erwähnenswerte Eigenschaft in die Berichterstattung eingeflochten.

Tabelle 8: Attribute im Kandidatenvergleich

	Attribute	Horst Köhler % (n)	Gesine Schwan % (n)	Gesamt % (n)
Rollennahe Eigenschaften	Berufliche Eignung	18.2 (373)	4.9 (57)	13.4 (430)
	Politische Persönlichkeit	30.8 (632)	37.8 (441)	33.4 (1.073)
	Mediale Präsenz	5.0 (103)	5.7 (67)	5.3 (170)
Rollenferne Eigenschaften	Äußerlichkeiten	2.6 (53)	8.4 (98)	4.7 (151)
	Rationalität	0.6 (13)	2.8 (33)	1.4 (46)
	Emotionalität	9.3 (190)	12.6 (147)	10.5 (337)
	Privatperson	30.8 (632)	18.8 (219)	26.5 (851)
	Geschlecht	0.4 (8)	6.2 (72)	2.5 (80)
	Sonstige	2.3 (45)	2.8 (32)	2.3 (77)
SUMME		100 (2.049)	100 (1.166)	100 (3.215)

Attribute wurden nur codiert, wenn sie in einer Aussage enthalten waren. Da nicht jede Aussage über einen Kandidaten mit einer attributiven Beschreibung verbunden war, differieren die Gesamtanzahl der Attribute und die Gesamtanzahl der kandidatenorientierte Aussagen. In 385 Artikeln wurden insgesamt 2.494 kandidatenorientierte Aussagen codiert, von denen 1.436 Attribute hinsichtlich der Beschreibung der Kandidaten enthielten. Durch die Gewichtung der Aussagen nach der Variable "Aussageumfang" erhöhte sich die Fallzahl der Attribute auf 3.215.

In der Berichterstattung über Horst Köhler waren Attribute zur politischen Persönlichkeit und zu ihm als Privatperson mit jeweils fast 31 Prozent die wichtigsten Schwerpunkte. Beschreibungen zu seiner beruflichen Eignung sind mit etwas über 18 Prozent die dritthäufigsten Attribute, die Horst Köhlers Image mitgestalten. "Emotionalität" steht mit neun Prozent an vierter Stelle. Der hohe Anteil an Attributen zu seinem Privatleben konnte jedoch ebenso emotionale Aspekte des Kandidaten vermitteln. So gingen Beschreibungen zur Geschichte der Vertreibung von Horst Köhlers Eltern nach dem Krieg und Details über die Erblindung seiner Tochter häufig mit Beschreibungen seiner Sicht dieser Geschehnisse und wie sie ihn geprägt haben, einher. Dadurch wurde das Image des Kandidaten emotionalisiert.

Für das mediale Image Gesine Schwans fielen Attribute zu ihrer politischen Persönlichkeit mit fast 38 Prozent am stärksten und im Vergleich mit Horst Köhler überdurchschnittlich ins Gewicht. Attribute zu ihrer Privatperson werden dagegen seltener als für Horst Köhler in die Berichterstattung eingeflochten: Fast 19 Prozent der Attribute zu ihrer Person – ein unterdurchschnittlicher Wert – befassen sich mit ihrem privaten Leben. Die rollenfernen Attribute "Emotionalität", "Äußerlichkeiten" und "Geschlecht" nehmen als Summe gesehen mehr Raum für die Konstruktion ihres Images ein, als es bei Horst Köhler der Fall ist. Unter dem Attribut "Emotionalität" (mit knapp 13 Prozent leicht überdurchschnittlich) wird Gesine Schwan als sympathische, offene, engagierte und Vertrauen ausstrahlende Person charakterisiert. Beschreibungen ihrer äußeren Erscheinung nahmen noch etwas über acht Prozent ein und thematisierten hierbei von den Beinen bis zur Frisur, vom Kleidungsstil bis zur Mimik und Gestik Äußerlichkeiten der Kandidatin. Über ihr "Frau-sein" wird sie zudem in über sechs Prozent der Attribute charakterisiert: So wurde hierbei entweder ihr "Frau-sein" allgemein oder ihre spezielle Situation als Zählkandidatin[1] angesprochen.

Vergleicht man nun die medialen Bewertungen der Attribute zwischen den Kandidaten, so fallen sie in fast allen Attributen zu Gunsten der Kandidatin Gesine Schwan aus (vgl. Abbildung 5). Horst Köhler erhielt für zwei Attribute sogar durchschnittlich negative Gesamtbewertungen. So wird

---

[1] Die Bezeichnung 'Zählkandidatin' für Wahlen zum Bundespräsidenten meint den Umstand, dass die Nominierung einer Frau bislang stets dann erfolgte, wenn die Fraktion(en), die sie nominiert hatten, in der Bundesversammlung von vornherein im Stimmverhältnis unterlegen waren und die Kandidatin somit keine reale Gewinnchance hatte.

Abbildung 5: Attribut-Bewertungen im Kandidatenvergleich

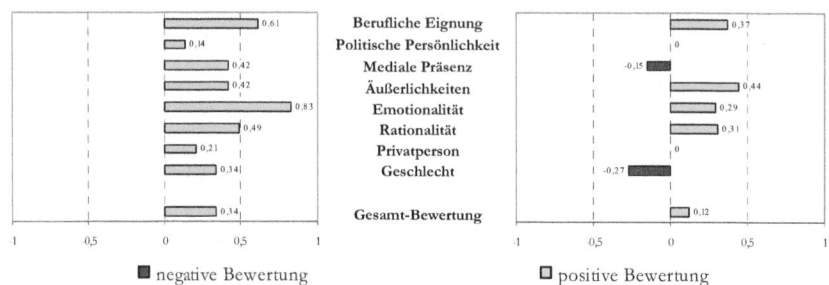

immer wieder auf den Umstand hingewiesen, dass er der Öffentlichkeit nahezu unbekannt sei. Auch seine mediale Ausstrahlung wird in diesem Zusammenhang thematisiert und kritisch bewertet. Dies drückt sich in seiner medialen Präsenz aus, die mit -0,15 insgesamt negativ bewertet wird. Auch wirdes von einigen Politikerinnen negativ bewertet, dass mit Horst Köhler zum wiederholten Mal ein *männlicher* Kandidat von der Fraktion nominiert wurde, die nach dem Stimmverhältnis Aussicht auf den Wahlerfolg hat. Dies drückt sich in der mit -0,27 negativen Bewertung des Gender-Attributs aus. Bei beiden Attributen ist jedoch die im Vergleich geringe Fallzahl zu beachten. Fast alle anderen Attribute sind für Horst Köhler ebenso mit positiven und negativen Bewertungen verbunden, so dass seine "berufliche Eignung", "Emotionalität" und "Rationalität" zwar einen positiven Durchschnittswert erhalten, der aber im Vergleich zu Gesine Schwan nicht ganz so hoch ausfällt. Da das mediale Image Horst Köhlers insgesamt durch viele größere und kleinere Kontroversen geprägt war, ergibt sich ein insgesamt uneinheitliches Bewertungsprofil. So wird seine berufliche Eignung hinsichtlich der Sachkompetenz positiv bewertet, seine Befähigung zum überparteilichen Repräsentanten dagegen in Frage gestellt, als er sich offen und direkt für eine zukünftige Kanzlerin Angela Merkel aussprach. Bezüglich einer "Emotionalität" ergaben Attribute wie "sympathisch", "engagiert", aber auch "jähzornig" ebenfalls ein uneinheitliches Bild.

Das Image Gesine Schwans ist im Vergleich mit Horst Köhler homogener und ausschließlich durch positiv bewertete Attribute in der Medienberichterstattung geprägt. Mit einem Durchschnittswert von 0,83 erreicht das Attribut "Emotionalität" für Gesine Schwan den höchsten Wert. Der quantitative Schwerpunkt wird jedoch durch Attribute zu ihr als politischer Person gebildet. Diese erreichen einen Durchschnitt von 0,14. Dieser im Vergleich mit den anderen Attributen niedrigste Wert für Gesine Schwan ist vor allem durch ihrer politische Vergangenheit und der Kontroversen, die sie innerhalb der SPD früher auslöste, begründet. Insgesamt ergeben alle Aussagen hinsichtlich dieses Attributs trotzdem einen positiven Wert. Ihre berufliche Eignung wird dagegen mit einem deutlich höheren Durchschnitt von 0,61 bewertet, der ebenfalls im Vergleich mit Horst Köhler höher liegt. Dies liegt zum großen Teil am Rückblick auf den bisherigen beruflichen Werdegang der Kandidaten: Während Horst Köhler als IWF-Vorsitzender retrospektiv auch negative Beurteilungen (insbesondere von Globalisierungsgegnern der ATTAC-Bewegung) erhält, sind die Bewertungen für Gesine Schwan fast durchgängig positiv geprägt, da ihre jahrelangen Bemühungen als Viadrina-Präsidentin um die deutsch-polnischen Beziehungen positiv in der Presse bewertet wurden. Attribute zur Kandidatin als Privatmensch nehmen mit 19 Prozent einen wesentlich kleineren Teil ein, als es für Horst Köhler (ca. 31 Prozent) der Fall ist. Während die positiven und negativen Attribute des Privatmenschen Horst Köhler sich gegenseitig aufheben und einen Durchschnittswert von Null ergeben, geht die Darstellung dieser Attribute für Gesine Schwan dagegen mit einer positiven Bewertung einher. Attribute zu ihrer äußeren Erscheinung und bewertende Darstellungen zu ihrem Geschlecht bilden weitere Image-Facetten in der Berichterstattung über Gesine Schwan. Erhielt Horst Köhler aufgrund seines "Mann-seins" negative Bewertungen, wird Gesine Schwan aufgrund ihres "Frau-seins" mit 0,34 im Durchschnitt positiv bewertet. Die letzten beiden Aspekte fallen zudem für die Berichterstattung zu Gesine Schwan quantitativ schwerer als für Horst Köhler ins Gewicht. Das Image der Kandidatin ist quantitativ betrachtet zwar insgesamt facettenreicher als das Image Horst Köhlers, jedoch sind dafür auch die Attribute verantwortlich, die man als genderspezifisch definieren kann. Gerade emotionale Aspekte und Äußerlichkeiten sind bereits in Vorgängerstudien als trivialisierend für die mediale Darstellung von Politikerinnen entlarvt worden – auch wenn die Bewertung derselben für Gesine Schwan durchweg positiv ausfallen.

6 Fazit

"Das Geschlecht kann nicht ausschlaggebend für eine solche Entscheidung sein" (Gesucht..., 2004) – so äußerte sich die CDU-Politikerin Kristina Köhler, als die Regierungsfraktionen ihr Leitmotiv "Frau nach Rau" für die Kandidatenwahl der Bundespräsidentenwahl 2004 kundtaten. Währenddessen argumentierten SPD- und Grünen-Politiker, dass es endlich an der Zeit für eine Frau an der Spitze der Politik in Deutschland sei. Die Diskussion der Politiker zeigte bereits im Vorfeld der Kandidaturen, dass das Geschlecht der Kandidaten eine feste Rolle für die Bundespräsidentenwahl spielte – genau wie bei allen Wahlen zuvor, wenn eine Frau für dieses Amt kandidiert hatte.

Insgesamt konnte durch die Untersuchung gezeigt werden, dass Unterschiede zwischen der medialen Darstellung der Kandidaten bei der Bundespräsidentenwahl 2004 bestanden, die in direkter oder subtiler Verbindung mit dem Geschlecht gesehen werden können. Beiden Kandidaten kamen bei der Bundespräsidentenwahl 2004 von Anbeginn unterschiedliche Rollen zu. Die Journalisten widmeten sich aufgrund der Erfolgschancen intensiver dem Kandidaten der CDU/CSU/FDP-Fraktionen. Die Kandidatin fand dagegen mediales Interesse eher aufgrund ihres Geschlechts und ihrer Position als Ausnahme der Regel, die im Laufe ihrer Kandidatur Sympathien auf politischer und medialer Ebene gewinnen konnte. Auch wenn im Vergleich zu Horst Köhler häufiger über die politischen Ansichten, die Visionen und Ziele von Gesine Schwan berichtet wurde, nahmen gleichzeitig triviale Beschreibungen zu ihrem Aussehen, ihrer weiblich-charmanten Art, ihrer Fröhlichkeit u. ä. einen festen Platz in der Berichterstattung ein. So fanden sich schließlich auch in den Qualitätszeitungen gendertypische Beschreibungen ihrer Frisur, ihres Gesichts, ihrer Beine, ihres Kleidungsstils gleichwertig neben Aussagen zu ihrer politischen Persönlichkeit und betonten damit ihre Andersartigkeit als "Frau" auf hoher politischer Ebene. Nicht zuletzt zeigten die Ergebnisse, dass die Politiker von SPD und Grünen selbst immer wieder das Geschlecht ihrer Kandidatin thematisierten. Damit knüpfen die Ergebnisse dieser Arbeit zum Teil an die Vorgängerstudien an. Zwar wird die politische Seite der Kandidatin genauso stark oder sogar etwas stärker betont als für den männlichen Kandidaten und das Privatleben nimmt unerwartet in der Horst Köhler-Berichterstattung einen größeren Platz ein. Der Blick auf die Politikerin bleibt trotzdem ein "männlicher" und kommt, so die Erkenntnisse dieser Studie, ohne die wiederkehrende Betonung ihres "Frau-seins" nicht aus. Beschreibungen von Äußerlichkeiten und emotionalen Wesenszügen, die im traditionellen Sinn für eine Frau als wichtig und prägend angesehen werden, lenken den Blick des Rezipienten immer wieder auf die "Besonderheit" einer Frau in der Politik.

Diese Erkenntnisse erhärteten sich zuletzt bei der Berichterstattung über die Kanzlerkandidatin und erste Bundeskanzlerin der Bundesrepublik: Auch hier wird die schreibende Zunft nicht müde, das "Frau-sein" Angela Merkels zu thematisieren, wie eine Studie des Journalistinnenbundes belegte (Journalistinnenbund, 2005). Die Ergebnisse ähneln sich auch hier und eine Schlussfolgerung liegt nahe: Ein Politiker ist einfach ein Politiker; eine Politikerin ist jedoch aus Sicht der Journalisten immer auch eine Frau.

Literatur

Bannas, G. (2004, 24. Mai). Eine Wendemarke. Erkenntnisse in der SPD, Erleichterung in der Union, Stolz in der FDP und ein ausgleichender Seiteneinsteiger. *Frankfurter Allgemeine Zeitung*, S. 3.

Bonfadelli, H. (2003). Medieninhalte. In G. Bentele, H.-B. Brosius & O. Jarren (Hrsg.), *Öffentliche Kommunikation. Handbuch Kommunikations- und Medienwissenschaft* (S. 79-100). Wiesbaden: Westdeutscher Verlag.

Bußkamp, H. (2002). *Politiker im Fernsehtalk. Strategien der medialen Darstellung des Privatlebens von Politikprominenz*. Wiesbaden: Westdeutscher Verlag.

Butler, J. (2002, 19. August). Zwischen den Geschlechtern. Eine Kritik der Gendernormen. *Aus Politik und Zeitgeschichte*, S. 6-8.

Cornelißen, W., & Küsters, K. (1990). Zur Rolle der Frau in Nachrichtensendungen. *Frauenforschung. Informationsdienst des Forschungsinstituts Frau und Gesellschaft*, 8(4), 108-119.

Cornelißen, W. (1996). Die Kategorie Geschlecht und ihr Erklärungspotential für die Aneignung von medialen Präsentationen. In G. Marci-Boehncke, P. Werner & U. Wischermann (Hrsg.), *BlickRichtung Frauen. Theorien und Methoden geschlechtsspezifischer Rezeptionsforschung* (S. 15-36). Weinheim: Deutscher Studien Verlag.

Döge, P. (2002, 19. August). "Managing Gender". Gender Mainstreaming als Gestaltung von Geschlechterverhältnissen. *Aus Politik und Zeitgeschichte*, S. 9-16.

Dörner, A., & Vogt, L. (2004). Entertainment, Talkshows und Politikvermittlung in Deutschland. In J. U. Nieland & K. Kamps (Hrsg.), *Politikdarstellung und Unterhaltungskultur. Zum Wandel der politischen Kommunikation* (S. 38-53). Köln: Herbert von Halem.

Falter, J. W., & Römmele, A. (2002). Professionalisierung bundesdeutscher Wahlkämpfe, oder Wie amerikanisch kann es werden? In T. Berg (Hrsg.), *Moderner Wahlkampf. Blick hinter die Kulissen* (S. 49-64). Opladen: Leske + Budrich.

Gesucht: eine für alle wählbare Person. (2004, 18. Januar). *Frankfurter Allgemeine Sonntagszeitung*. S. R1.

Hoecker, B. (1999). *Frauen, Männer und die Politik. Lern- und Arbeitsbuch*. Bonn: Dietz.

Holtz-Bacha, C. (1994). Am Rande der Disziplin: Weibliche Perspektiven in der deutschsprachigen Kommunikationswissenschaft. In M.-L. Angerer & J. Dorer (Hrsg.), *Gender und Medien: theoretische Ansätze, empirische Befunde und Praxis der Massenkommunikation* (S. 35-45). Wien: W. Braumüller.

Holtz-Bacha, C. (2003). Die Darstellung von Politikerinnen in den Medien. Über das Zusammenspiel von Politik, Medien und Publikum. *Frauenfragen*, (1), 47-49.

Holtz-Bacha, C. (2004). Unterhalten statt überzeugen? Politik als Entertainment. In J. U. Nieland & K. Kamps (Hrsg.), *Politikdarstellung und Unterhaltungskultur. Zum Wandel der politischen Kommunikation* (S. 24-37). Köln: Herbert von Halem.

Journalistinnenbund (2005, 22. November). Is' was, Kanzlerin? – Eine Analyse des Journalistinnenbundes zur Darstellung von Angela Merkel in den Medien. *Journalistinnenbund*. Abgerufen am 24. September 2006 von http://www.journalistinnen.de/aktuell/pdf/journalistinnenbund_angela watch.pdf

Kepplinger, H. M., Brodius, H.-B., & Dahlem S. (1994). *Wie das Fernsehen Wahlen beeinflusst. Theoretische Modelle und empirische Analysen*. München: Reinhard Fischer.

Kindelmann, K. (1994). *Kanzlerkandidaten in den Medien. Eine Analyse des Wahljahres 1990*. Opladen: Westdeutscher Verlag.

Küchenhoff, E. (1975). *Die Darstellung der Frau und die Behandlung von Frauenfragen im Fernsehen. Eine empirische Untersuchung einer Forschungsgruppe der Universität Münster unter Leitung von Professor Dr. Erich Küchenhoff*. Stuttgart: W. Kohlhammer.

Lass, J. (1995). *Vorstellungsbilder über Kanzlerkandidaten*. Wiesbaden: Deutscher Universitätsverlag.

Lünenborg, M. (1996). Geschlecht als soziales und kulturelles Konstrukt. Kritische Anmerkungen zur Geschlechterforschung in neueren Kommunikationsstudien. In C. Mast (Hrsg.), *Markt – Macht – Medien. Publizistik im Spannungsfeld zwischen gesellschaftlicher Verantwortung und ökonomischen Zielen*. (S. 363-373). Konstanz: UVK Medien.

Mühlen Achs, G. (1995). Frauenbilder: Konstruktionen des anderen Geschlechts. In G. Mühlen Achs & B. Schorb (Hrsg.) *Geschlecht und Medien* (S. 13-37), München: KoPaed.

Nelles, R. (2004, 17. Mai). Oberster Reformer. *Der Spiegel*, S. 32.

Neuendorff-Bub, B. (1979). Stereotype und geschlechtstypisches Verhalten. In R. Eckert (Hrsg.), *Geschlechtsrollen und Arbeitsteilung – Mann und Frau in soziologischer Sicht* (S. 78-96). München: Beck.

Pfannes, P. (2004). *"Powerfrau", "Quotenfrau", "Ausnahmefrau"...? Die Darstellung von Politikerinnen in der deutschen Tagespresse*. München: Tectum.

Prenner, A. (1995). *Die Konstruktion von Männerrealität in den Nachrichtenmedien*. Bochum: Brockmeyer.

Rebenstorf, H. (1990). Frauen im Bundestag – anders als die Männer?. Soziodemographische Merkmale, Rollen- und Politikverständnis. *Der Bürger im Staat, 40*(1), 17-24.

Schmerl, C. (1989). Die öffentliche Inszenierung der Geschlechtscharaktere – Berichterstattung über Frauen und Männer in der deutschen Presse. In C. Schmerl (Hrsg.), *In die Presse geraten. Darstellung von Frauen in der Presse und Frauenarbeit in den Medien* (S. 7-52). Köln: Böhlau.

Schmerl, C. (2000, 4. Dezember). "Tais-toi et sois belle!" 20 Jahre Geschlechterinszenierung in fünf westdeutschen Printmedien. *Publizistik, 47*, 388-411.

Schöler-Macher, B. (1994). *Die Fremdheit der Politik. Erfahrungen von Frauen in Parteien und Parlamenten.* Weinheim: Deutscher Studien Verlag.

Simmel, G. (1998). *Philosophische Kultur. Über das Abenteuer, die Geschlechter und die Krise der Moderne.* Berlin: Wagenbach.

Sterr, L. (1997). *Frauen und Männer auf der Titelseite. Strukturen und Muster der Berichterstattung am Beispiel einer Tageszeitung.* Pfaffenweiler: Centaurus.

Tenscher, Jens (1998). Politik für das Fernsehen – Politik im Fernsehen. In U. Sarcinelli (Hrsg.), *Politikvermittlung und Demokratie in der Mediengesellschaft* (S. 184-208) Bonn: Bundeszentrale für politische Bildung.

Weiderer, M. (1993). *Das Frauen- und Männerbild im deutschen Fernsehen. Eine inhaltsanalytische Untersuchung der Programme ARD, ZDF und RTL plus.* Regensburg: Roderer Verlag.

Weiß, R. (2002). Vom gewandelten Sinn für das Private. In R. Weiß & J. Groebel (Hrsg.), *Privatheit im öffentlichen Raum. Medienhandeln zwischen Individualisierung und Entgrenzung* (S. 27-88). Opladen: Leske + Budrich.

Sind die Politikerinnen reif für die Medien – sind die Medien reif für die Frauen?

Bettina Schausten

Die Fragestellung, die mir mit diesem Titel aufgegeben wurde, ist eine doppelte: Sind die Politikerinnen reif für die Medien? Und: Sind die Medien reif für die Frauen? Was ja gleich noch eine doppelte Frage beinhaltet: reif für die Frauen in der Politik und: reif für Frauen überhaupt?

Wenn es hier um "die Medien" geht, so bringt der Pauschalbegriff Probleme mit sich. Zwischen *Bild* auf der einen und *Frankfurter Allgemeine Zeitung* oder *Süddeutsche Zeitung* auf der anderen Seite liegen mitunter Welten, ebenso wie zwischen Boulevardmagazinen und *heute journal*. Hinzu kommt: Im bilderdominierten Massenmedium Fernsehen bietet das angenommene Gegensatzpaar "Politikerinnen" hier und "Medien" dort dann keinen klaren Gegensatz, wenn es um weibliche Medienmacher geht. Politikerinnen und TV-Journalistinnen stoßen als Agierende im Medium Fernsehen vielmehr auf ganz ähnliche Schwierigkeiten, was ihre Wahrnehmung und Bewertung in der Öffentlichkeit angeht. Ich werde später auch darauf kurz eingehen, beginne aber zunächst bei Frage Nummer eins: Sind die Politikerinnen reif für die Medien?

Spontane Antwort: Ja, selbstverständlich. Das weibliche Personal-Tableau dieser Republik macht doch etwas her. Eine Frau als Kanzlerin, Ministerinnen, die zum Teil nicht nur jahrelange Erfahrung im Amt, sondern auch mit Talkshows haben, Abgeordnete, die mühelos in der Lage sind, O-Töne passgenau in 20, 30 oder 60 Sekunden zu packen, und dann gibt es da auch noch einige junge Nachwuchstalente, sei es bei Unions- oder Grünen-Frauen. Schaut man sich die aktuelle Agenda der Themen an, so scheinen die Frauen sogar zu dominieren – Merkel, von der Leyen, Ulla Schmidt. Zumindest stehen in den Nachrichtensendungen derzeit die berühmten weichen Frauen-Themen – Familie, Soziales, Gesundheit – ganz oben, die Gerhard Schröder einst unter "Gedöns" zusammenfasste. Die SPD-Frauen im Kabinett geben in der *Süddeutschen Zeitung* zu Protokoll, dass sie sich jetzt bei Frau Merkel viel ernster genommen fühlten. Und an der

Spitze der Arbeiterpartei quittiert mit Matthias Platzeck tatsächlich ein Mann seinen Dienst, der im Fernsehen öffentlich bekennt, dass die Belastung über seine Kräfte gehe. Kurzum: Jemand der von außen kommt, um sich über Zeitungen und Fernsehen vom derzeitigen Deutschland ein Bild zu machen, bei dem dürften sich Zweifel an Einfluss oder Bedeutung deutscher Politikerinnen kaum ergeben und auch keine an ihrer Reife für irgendetwas.

Fragen wir anders: Ist Deutschland reif für eine Kanzlerin? Das war ja *die* Frage im vergangenen Bundestagswahljahr, die Frage, die sicher auch für diesen Tagesordnungspunkt Pate stand, und die die Medien immer wieder erneut genüsslich stellten. Dass sie durchaus berechtigt gestellt wurde, zeigte der Wahlabend, der ja zunächst keine eindeutige Klärung in dieser Frage brachte. Frau Merkel weit, weit unter dem erwarteten Ergebnis, Schröder über dem erwarteten Ergebnis und dermaßen hormonell siegesberauscht, dass es nur so krachte und die negative Kehrseite seines Medien-Talents geballt zum Vorschein kam. Es ist vielfach analysiert worden, dass es vermutlich dieser Auftritt war, der Angela Merkel den Weg zur Kanzlerschaft freimachte. Angesichts der anmaßenden Arroganz Schröders schlossen sich die Unions-Reihen hinter Merkel; der Moment, sie in Frage zu stellen, war verstrichen. Mit Blick auf unsere Fragestellung erwies sich Merkel an diesem Abend als ausgesprochen reif für die Medien, in dem sie einfach nichts machte – außer genauso konsterniert zu gucken wie die Fernsehnation, die in diesem Moment erkannte, dass Schröders Zeit vorbei war.

Dieses ja inzwischen berühmte Beispiel, ein schon legendärer Moment der politischen Fernsehgeschichte, beweist folgendes: Reif sein für die Medien bedeutet nicht nur, selbst bella figura zu machen, an seinen eigenen Äußerungen und, mit Blick auf die Fernsehkameras, auch an seinem eigenen Äußeren zu arbeiten. Reif sein heißt auch, mediale Wirkung einschätzen zu können, Weiterungen und Eigendynamik medialer Prozesse vorauszusehen oder zumindest einzukalkulieren. Im angeführten Beispiel der "Elefantenrunde" ist Angela Merkel dies – sicher eher unbewusst – geglückt. Zwei andere Beispiele zeigen, wie es Politikerinnen nicht geglückt ist.

Beispiel eins: Ute Vogt. In der Woche vor der Landtagswahl in Baden-Württemberg im März dieses Jahres, bei der sie als SPD-Kandidatin gegen Günther Oettinger antrat, berichtete die *Bild-Zeitung* groß auf Seite eins von der "Orgasmus-Lüge" der Ute Vogt. Was war passiert? Wochen zuvor hatte Frau Vogt dem Privatsender Antenne 1 ein Interview gegeben, war anschließend an einen Lügen-Detektor angeschlossen worden und hatte dabei die Frage, ob sie irgendwann einmal einen Höhepunkt vorgetäuscht habe, spontan mit Ja beantwortet. Nun griff also, "zufällig" wenige Tage vor der Wahl die *Bild-Zeitung* das auf und kostete es geradezu genüsslich aus. Franz-Josef Wagner durfte in seinem Brief "an die liebe Frau Vogt" schreiben, er wünsche sich "nur echte Frauen im Bett". Und der Amtsinhaber Oettinger wurde mit dem Satz zitiert, er halte Ute Vogt für eine junge, attraktive Frau, mit der er auch mal eine Nacht verbringen würde, aber "nur bis maximal ein Uhr". Anzüglichkeiten, daherkommend im Ton machohafter Altväterlichkeit – Schlimmeres kann einer jungen Frau in der Politik kaum passieren. Die *Bild-Zeitung* machte daraus unschuldig leutselig eine angebliche "Orgasmus-Lügen-Debatte", die Deutschland beschäftige, und bei den "Mainzer Tagen der Fernsehkritik" kurz darauf rechtfertigte ein Mitglied der *Bild*-Chefredaktion das Ganze ernsthaft damit, die bundesdeutsche Öffentlichkeit habe ein Anrecht, von einer solchen Äußerung zu erfahren. Sein Blatt habe hier lediglich seinem Informationsauftrag genüge getan. Zwei Tage vor dem Wahltermin selbstverständlich ohne jeden Hintergedanken.

Frau Vogt hat nicht deshalb die Wahl verloren, aber die Veröffentlichung verstärkte ihr bestehendes Grundproblem als Politikerin, dass sie im strukturell konservativen Baden-Württemberg als recht beliebt, aber zu jung und unbedarft wahrgenommen wurde. Ihre Wahlkampfstrategie, sich als frische und lebendige Alternative zu dem eher steif wirkenden Oettinger zu verkaufen, ging an dieser Stelle allerdings nach hinten los. In dem Interview vor dem Lügen-Test hatte sie betont locker von sich selbst erzählt – sie sei halt ein Typ, der kein Blatt vor den Mund nehme. Kurz darauf wurde sie Opfer ihrer eigenen Strategie. Aus ihrer selbst gewählten Rolle der jungen Spontanen kam sie nicht mehr heraus, um rechtzeitig die Notbremse zu ziehen und schlicht zu sagen: Auf solche Fragen antworte ich nicht.

Das Beispiel zeigt: Ute Vogt hat die mediale Eigendynamik, von der ich sprach, im Bemühen um ein besonders günstige mediale Eigenwirkung komplett unterschätzt. Und nicht nur *Bild-Zeitungs*-Kollegen, auch solche mit ausgesprochen seriösem Anspruch, waren der Ansicht, das Ganze sei eine notwendige Lektion unter der Überschrift: Wer so dumm ist, hat es nicht besser verdient. Eine Beispiel aus dem Medien-Lehrbuch für Jung-Politiker.

Beispiel zwei: Heide Simonis. Eigentlich ein Medien-Profi, zumindest was ihre jahrelangen Erfahrungen im politischen Geschäft angeht. Eine volksnahe und lange unumstrittene Ministerpräsidentin, als solche allein im

Sind die Politikerinnen reif für die Medien? 207

Männergeschäft, der aber längst niemand mehr die berühmte Frauen-Kompetenz-Frage stellte: "Kann die das?". Simonis konnte, und sie war in der unangefochtenen Position, sogar mit weiblichen Attributen punkten zu können. So wurde ihre Vorliebe für Hüte ihr Erkennungszeichen, und Heides Hüte zierten auch ihre Wahlplakate.

Der Abgang von Heide Simonis war dramatisch. Viermal verfehlte sie die notwendige Stimmenmehrheit bei der Wahl zur Ministerpräsidentin. "Warum tut sie sich das an?" wurde gefragt, als Simonis immer wieder zum nächsten Wahlgang antrat. In der Folge machte Heide Simonis kein Hehl daraus, dass sie den Abgang von der politischen Bühne nur schwer verkraftet. Ihre unbedachte Äußerung bei Beckmann – "Und was ist dann mit mir?" – offenbarte, dass sie ihr Amt zuletzt als etwas verstanden hatte, das ihr zustand, und nicht mehr als etwas, das vom Wähler auf Zeit anvertraut wird. Heide Simonis verließ die mediale Bühne als eine tragische Figur.

Als sie sie wieder betrat – als Kandidatin in der RTL-Tanzshow – wurde ihr das Etikett gleich wieder angeheftet. Das Tragische wurde allerdings schnell noch um das Etikett peinlich ergänzt. Hellmuth Karasek schrieb, Frau Simonis gebe die "Gigola", die sich in den "Abgrund der Lächerlichkeit" tanze, und fragte, warum es niemanden gebe, der sie vor dieser "ultimativen Peinlichkeit" bewahre.

Fakt ist, dass Heide Simonis die Bühne, die ihr RTL bot, gezielt nutzen wollte – als PR für das Hilfswerk Unicef Deutschland, dessen ehrenamtliche Vorsitzende sie ist. Die Ex-Politikerin, die im Umgang mit Medien eben nicht Unerfahrene, hielt dies vermutlich für eine geschickte Idee und eine, die zu ihrem Selbstbild zu passen schien: Gestern der Hut, heute die Rumba.

Hat Heide Simonis die mediale Wirkung, die irgendwo zwischen lustig und verächtlich machen lag, einkalkuliert? In dieser Schärfe sicherlich nicht. Vor allem hat sie eines unterschätzt: Dass die medialen Gesetze für Politikerinnen auch noch gelten, wenn sie keine mehr sind.

Warum ist Angela Merkel – ein knappes Jahr nach ihrer Wahl – ein Publikumsliebling? Kaum als Kanzlerin im Amt, erklomm sie die Spitzen der Beliebtheitsskala. Warum? Tissy Bruns nannte das im Berliner *Tagesspiegel* ein "wirklich schönes politisches Rätsel". Ein kometenhafter Start und das, obwohl Merkel, so Bruns, eben nicht Hände schüttelnd auf Straßen und Plätze gehe und sich nicht ins mediale Getümmel stürze. Also: Popularität ohne mediale Hilfe?

Jahrelang schien Angela Merkel für eines gerade nicht reif – für die Medien. Die Frisur, die Kleidung, die nicht gerade emphatische, einnehmende Sprechweise, die heruntergezogenen Mundwinkel – würde so eine Frau es je an die Spitze schaffen können? Ihr Verzicht auf die Kanzlerkandidatur 2002 schien zunächst wie eine Bestätigung dafür, dass das erwartungsgemäß nicht klappt. Aber: Für Edmund Stoiber klappte es eben auch nicht, und so verfolgten Medien und Öffentlichkeit in der Folge die Geschichte des Aufstiegs der Angela M.. Dazu gehörte die von Boulevard und Promi-Blättern fast dankbar aufgenommene äußere Wandlung der CDU-Chefin mit neuem Haarschnitt und neuen Blazern. Endlich schien da eine Frau auch die Erwartungen an eine Frau zu erfüllen, sich gefälligst um ihr Aussehen zu kümmern. Gleichzeitig registrierten die politischen Journalisten mit zunehmendem Schaudern die steigende Zahl der Männer, die Merkel "aus dem Weg" räume. Da meinte es eine ernst und machte Ernst.

Lange wurde Merkel Profillosigkeit vorgeworfen, bis zum Leipziger CDU-Parteitag, bei dem Merkel ihre Partei auf einen radikalen Reformkurs einschwor. Das berühmte Foto, dass sie in Jubelpose in einer Art Strahlenkranz zeigte, Erzengel Angela, war das mediale Symbol dazu. Überhaupt: Erfolg macht schön – ein Gesetz der Medien-Welt. Gewonnene Landtagswahlen in Folge, zuletzt Nordrhein-Westfalen. Ein schlingernder Kanzler, der mit seinem Neuwahl-Beschluss die Sache für Angela Merkel beschleunigt. Sie wird Kanzlerkandidatin, und plötzlich sind in den Zeitungen keine hängenden Mundwinkel mehr zu sehen, keine unvorteilhaften Momentaufnahmen mehr, sondern Bilder einer möglichen Kanzlerin. Da werden auch schon mal Schwitzflecken wegretuschiert. So nett können sie sein, die Medien.

Differenzierung ist angebracht. Es gab im Bundestagswahlkampf 2005, das ist vielfach diskutiert worden, einen gewissen Meinungs-Mainstream, angeführt durch *Spiegel* und *Stern*, der das Ende von Gerhard Schröder behauptete und die Notwendigkeit einer Politikwende hin zu dem von Merkel und Westerwelle skizzierten Kurs. Es gab aber vor allem die Zeitungen und Fernsehsender – und es war die Mehrheit –, die versuchten, die unterschiedlichen Politikansätze dem Leser oder Zuschauer sachlich darzustellen und transparent zu machen – so wie es ihre Aufgabe ist. Es gab ein TV-Duell, in dem nach Ansicht politischer Insider Angela Merkel gewonnen hatte, weil sie besser war als vermutet. Die Mehrheit der Bundesbürger sah freilich Gerhard Schröder vorn, der in diesem TV-Duell noch mal seine Stärken ausgespielt hatte, inklusive Liebeserklärung an seine Frau. Hier – sozusagen in der Königsdisziplin des medialen Eignungstestes eines Politikers – war Angela Merkel so reif, wie sie sein konnte. In der Sache gut, in der Haltung befriedigend, ein bisschen zu vorsichtig bemüht, nicht auf eine falsche Fährte gelockt zu werden, sich des Risikos der Veranstaltung voll bewusst. Für Menschelndes, Warmes war die Konzentration zu hoch.

Eine "eiskalte Polarexpedition" hat Michael Spreng, der frühere Stoiber-Berater, den Wahlkampf der Union später bezeichnet. Da war das miserable Ergebnis für die Union raus und allen irgendwie klar, dass da was gefehlt hatte, dass sich die Menschen vor lauter Reformwut und den möglichen Auswirkungen eben nicht für die Union und die Frau an der Spitze entschieden hatten. Diese Lektion hat Angela Merkel begriffen. Und: Sie teilte es dem Wähler mit. Verlässlichkeit wurde ihr Leit-Wort, immer wieder benutzt, den Ministern verordnet. Verlässlichkeit wurde der Oberbegriff zum allgemeinen Auftreten. Betont zurückgenommen und unprätentiös startete die Große Koalition in ihre Arbeit: Das Mögliche solle getan werden, statt großer Wurf jetzt kleine Schritte. Das war, was die Wähler sich gewünscht hatten, und es ist das, was die Kollegin Bruns als Lösung für ihr Rätsel annimmt: Dass "Demut vor dem Wählerwillen populär" macht.

Das Nüchterne, Pragmatische, Unideologische hielt Einzug in die Berliner Republik – so zumindest wurde dieser "Merkel-Stil" nun in den Medien beschrieben. Durchaus mit positivem Tenor, erinnern wir uns an die 100-Tage-Bilanz. Noch mit positivem Tenor, möchte ich sagen. Denn für die Medien ist der Zustand einer Großen Koalition, die den Streit so gar nicht nach außen tragen will, auf Dauer schwer zu ertragen. Aber es ist noch mehr: Wenn Pragmatismus zu nichts als kleinsten Kompromissen führt, wenn kleine Schritte sich als Rückschritte erweisen, werden die Medien die Wortwahl wieder ändern: Dann wird aus der Nüchternen die Ideenlose, aus der Pragmatischen die ohne Grundsätze. So funktioniert unsere Mediendemokratie.

Eine Herausforderung allerdings steht ihr unmittelbar bevor: die Fußball-WM, die Männerdomäne schlechthin. Schon für männliche Regierungschefs war das kein leichtes Feld – wir erinnern uns an Helmut Kohl, der bei der EM 1996 den kleinen Berti Vogts an seine Kanzlerbrust drückte und fast zerdrückte. Für eine weibliche Kanzlerin ist in Wort und Bild wenig zu gewinnen. Die Haltung für die Spiele, die muss sie noch finden und wird es, denn machen wir uns nichts vor: Angela Merkel arbeitet eisern an ihrem Bild, das sie als Kanzlerin nach außen abgibt. Sie muss ihren eigenen Stil prägen und als erste Frau überhaupt auch den weiblichen Stil der Macht, Gesten der Macht, Insignien der Macht. Das simpelste Zeichen der Macht ist die Zahl der Menschen, die mitkommen. Ein Tross signalisiert Bedeutung und je größer der Tross umso größer die Bedeutung. Helmut Kohl ließ Medienleute lange warten und erschien dann eher, als er ankam, an der Spitze, der Tross dahinter. Gerhard Schröder ging gern in der Mitte, vom Tross umringt, und: Er verschärfte das Tempo gewaltig. Es sollte rauschen, wenn er kam. Jetzt Merkel. Auch sie hat ihren Tross, bremst ihn aber. Sie reduziert das Tempo, und dahinter steht natürlich das Kalkül der Bilder. Es darf keinesfalls der Eindruck entstehen, sie laufe den Sicherheitsleuten hinterher und komme wohlmöglich nicht mit. Nein, sie zwingt dem Tross *ihr* Tempo auf, und das ist bewusst nicht das von Schröder. Ja, und irgendwie hat sie auch das Problem mit der Handtasche gelöst. Sie verweigert sich dem britischen Vorbild Maggie Thatcher und hat einfach keine. Zumindest nicht, wenn Kameras auf ihren Auftritt warten.

Eine Kanzlerin, die als erste Frau in Deutschland diesen Weg geht: Manchmal scheint die Frage aus der ziemlich gelungenen Radio-Parodie "Schicksalsjahre einer Kanzlerin" wirklich berechtigt zu sein: "Wird Angela die Doppelbelastung als Kanzlerin und Frau bewältigen?"

Es scheint etwas dran zu sein an der "Doppelbelastung" von Beruf und Frau: für die, die von den Medien auf Schritt und Tritt beobachtet werden, und für die *in* den Medien. Auch politische TV-Journalistinnen finden es nicht besonders prickelnd, wenn zuerst das Äußere und danach die Qualität eines Interviews beurteilt wird. Viele der bekannten und beschriebenen Mechanismen, mit denen einige Medien zuweilen noch immer Politikerinnen begegnen, gelten auch für Fernsehjournalistinnen. Auch bei ihnen spielt das Aussehen eine bedeutendere Rolle als bei den Männern, auch bei ihnen ist das Interesse am privaten und familiären Hintergrund ausgeprägter, auch bei ihnen wird im Zweifel eher etwas als Schwäche und nicht als Stärke ausgelegt. Während es bei einem Moderator eher heißen würde "Er hielt sich angenehm zurück", würde bei einer Frau die Wertung lauten: "Sie hatte die Runde nicht im Griff". Eine Frage der Begriffe – ganz ähnlich wie wir es für den politischen Bereich gesehen haben: Was negativ "profillos" ist, ist positiv plötzlich "unideologisch". Solche Begriffspaare gibt es auch für Moderatorinnen: Dasselbe Verhalten kann negativ "blass" genannt werden und positiv "souverän".

Fernsehjournalistinnen unterliegen als Frauen von gewisser Prominenz den gleichen Regeln des Mediengeschäfts. Es ist erst einige Wochen her, dass bekannte jüngere TV-Kolleginnen auf der Titelseite der *Bild-Zeitung* prangten, genau, am Pranger standen, weil sie als "Karrierefrauen" ohne Kinder mit dafür verantwortlich gemacht wurden, dass die Deutschen aussterben. Das passte gerade – angesichts des exklusiven Vorabdrucks in *Bild* des neuesten Buches "Minimum" von FAZ-Herausgeber Frank Schirrmacher, der den Deutschen die ganze Katastrophe weiblicher Verweigerung vor Augen führt. Ein Verdacht drängt sich auf. Dass eine reale Demographieproblematik, die für vielerlei interessante Diskussionen Anlass gibt, zum Deckmäntelchen für eine antiemanzipatorische Kampagne wird, mit der gleich zwei Fliegen mit einer Klappe zu schlagen wären: das Demographieproblem gelöst, und Kolleginnen, die ernsthaft Anspruch auf Chefsessel beanspruchen, wären als Konkurrenten aus dem Weg geräumt. Kann man so sehen, muss man nicht. Es bleibt ein Verdacht.

Die Tagesschau-Sprecherin Eva Herman sieht es nicht so, sondern legt im neuesten *Cicero* noch eins drauf. Die Emanzipation sei gescheitert, die Frauen ausgelaugt, die Kinder berufstätiger Mütter verwahrlost und ihre Männer durch ihrer Frauen Schuld in ihrer Männlichkeit gelähmt. Starker Tobak, zu dem einem ernsthaft wenig einfallen kann, außer dass er wunderbar in die oben vermutete Kampagne passt, die, betrachtet man es aus männlicher Sicht, viel glaubwürdiger wird, hat man noch ein prominente Frau, die selbst ins gleiche Horn bläst. Eva Herman bekam jedenfalls eine lobende Erwähnung in der *Bild-Zeitung* auf Seite 1.

Dies als kleiner Exkurs zum Thema "Sind die Medien reif für die Frauen?". Manch männlicher Medienmacher scheint ab und an durchaus das Bedürfnis zu haben, alte Zustände wieder herzustellen und trifft dabei auf ausreichend Gleichgesinnte. Auch da sind sich Politik und Medien wahrscheinlich ganz ähnlich.

Mein Fazit: Sind die Politikerinnen reif für die Medien? Ja, sie sind es. Sie machen Fehler, die mitunter besonders hart bestraft werden, sie zahlen Lehrgeld, das mitunter höher ausfällt als das, was männliche Kollegen zahlen. Aber natürlich: Sie sind reif.

Sind die Medien andersherum reif für die Politikerinnen? Hier lässt sich die Antwort nicht so eindeutig geben. Entscheidendes hängt von der Qualität des jeweiligen Mediums ab. Da gelten auf dem Boulevard, wie wir gesehen haben, andere Gesetze als im seriösen politischen Journalismus. Und auch dort gibt es noch Abstufungen. Journalist*innen* behandeln Politiker*innen* im übrigen nicht besser – zumindest nicht aus einem Grund, der weibliche Solidarität hieße. Das ist nicht die Aufgabe der Journalistinnen und kann auch nicht die Erwartung von Politikerinnen sein.

War Deutschland nun eigentlich reif für eine Kanzlerin? Absolut, es hat sich gelohnt: schon allein wegen besagter Radio-Parodie "Schicksalsjahre einer Kanzlerin". Hören Sie auch morgen wieder rein, wenn es heißt: "Angela – eine Frau geht seinen Weg".

Autorinnen und Autoren

Caballero, Claudio (Jg. 1972), M.A., Studium der Politikwissenschaft, Publizistik und Volkswirtschaftslehre an der Johannes Gutenberg-Universität in Mainz. 1994 bis 2000 wissenschaftliche Hilfskraft am Institut für Politikwissenschaft. Mitarbeit in verschiedenen Forschungsprojekten, u. a. in dem von der rheinland-pfälzischen Staatskanzlei geförderten Projekt "Die Mainzer Elitestudie". Von 2000 bis 2006 wissenschaftlicher Mitarbeiter – zunächst bei Prof. Jürgen W. Falter am Mainzer Institut für Politikwissenschaft und später in Marburg am Lehrstuhl für Politikwissenschaftliche Methoden und empirische Demokratieforschung bei Prof. Bettina Westle. Forschungsschwerpunkte im Bereich der Politischen Soziologie und der empirischen Sozialforschung, speziell in der Migrations-, der Wahl- und der Extremismusforschung. Promotionsvorhaben zur gesellschaftlichen Integration von Ausländern und deren politischer Unterstützung, welches auf eine Auftragsforschung für die rheinland-pfälzische Ausländerbeauftragte zu den kommunalen Ausländerbeiratswahlen zurückgeht. Seit Juni 2006 als Projektmanager in der Kommunikationsberatung bei PRIME research mit der Analyse der internationalen Medienberichterstattung für Kunden aus Wirtschaft und Politik betraut.

Drinkmann, Nancy (Jg. 1973), M.A., kaufmännische Ausbildung beim Axel Springer Verlag in Berlin, Studium der Publizistik, Filmwissenschaft und Hispanistik an der Johannes Gutenberg-Universität in Mainz. Neben dem Studium einerseits als freie Mitarbeiterin bei ZDF/3Sat und andererseits als Projektassistentin in der Kommunikationsberatung bei PRIME research international/F.A.Z.-Institut tätig. Dort seit Oktober 2006 als Projektmanagerin mit der Analyse der internationalen Medienberichterstattung für Kunden aus Wirtschaft und Politik betraut.

Eibner, Sigrun (Jg. 1964), Studium der Neueren Deutschen Literaturgeschichte, Kommunikationswissenschaft und Politikwissenschaft an der Friedrich-Alexander-Universität Erlangen-Nürnberg. Abschluss 1991 mit dem Titel Magister Artium. Anschließend Volontariat bei der *Nürnberger*

Zeitung. Seit 1993 Redakteurin in der Politikredaktion der *Nürnberger Zeitung*, mit Schwerpunkt Außenpolitik. Von 1998 bis 2001 Chefin vom Dienst. Seit 1996 stellvertretende Ressortleiterin Außenpolitik.

Fröhlich, Romy, Dr. phil., Professorin für Kommunikationswissenschaft am Institut für Kommunikationswissenschaft der LMU München. Studium der Kommunikationswissenschaft, Neueren Deutschen Literaturgeschichte und Theaterwissenschaft in München. Berufliche Tätigkeit: 1985-86 Wiss. Mitarbeiterin der GfK Nürnberg und 1986-93 des Instituts für Journalistik und Kommunikationsforschung der Hochschule für Musik und Theater Hannover; Promotion 1993 zum Thema "Rundfunk-PR"; Visiting Scholar 1989 an der Ohio State University in Columbus, USA, und 2002 an der University Newcastle, Australien; 1993/94 Senior Consultant bei der PR-Agentur 'Kroehl Identity Consultants' Frankfurt; 1998-2000 Professorin für Journalistik und Öffentlichkeitsarbeit an der Ruhr-Universität Bochum. Mitglied des Associate Editorial Board der wissenschaftlichen Fachzeitschrift *Feminist Media Studies* (Routledge, GB). 2002-2006 Präsidentin der Deutschen Gesellschaft für Publizistik- und Kommunikationswissenschaft (DGPuK). Schwerpunkte in Forschung und Lehre: Public Relations, Frauen in Medienberufen/Berufsrollenforschung PR, Inhalte der Medien (bes. Nachrichten und hier Kriegsberichterstattung).

Hoecker, Beate (Jg. 1954), Diplom-Soziologin, Dr. rer. soc. habil., Privatdozentin für Politische Wissenschaft an der Universität Hannover; derzeit Vertretung einer Professur für Politikwissenschaft an der Universität der Bundeswehr München. Schwerpunkte in Lehre und Forschung: Politische Partizipation, Wahl- und Parteienforschung, politischer Systemvergleich, Geschlechterforschung.

Holtz-Bacha, Christina (Jg. 1953), Dr. phil., Studium der Publizistik, Politikwissenschaft und Soziologie in Münster und Bonn. Promotion 1978 in Münster und Habilitation 1989 in Hannover. 1979 bis 1981 Pressereferentin an einem Meinungsforschungsinstitut. 1981 bis 1991 Wissenschaftliche Mitarbeiterin und Akademische Rätin am Institut für Kommunikationswissenschaft der Universität München. 1986 Gastprofessorin an der University of Minnesota in Minneapolis/USA. 1991 bis 1995 Professorin an der Ruhr-Universität Bochum. 1995 bis 2004 Professorin am Institut für Publizistik an der Johannes Gutenberg-Universität Mainz. 1999 Fellow am Shorenstein Center/John F. Kennedy School of Government, Harvard University in Cambridge/USA. Seit 2004 Inhaberin des Lehrstuhls für Kommunikationswissenschaft an der Friedrich-Alexander-Universität Erlangen-Nürnberg. Seit 1989 Mitherausgeberin der *Publizistik*. Forschungsschwerpunkte: Politische Kommunikation, Mediensystem, Medienpolitik.

Koch, Thomas (Jg. 1980), M.A., Studium der Medienwissenschaft, Psychologie und Rechtswissenschaft an der Friedrich-Schiller-Universität Jena; abgeschlossen 2005. Seit April 2006 wissenschaftlicher Mitarbeiter am Lehrstuhl für Kommunikationswissenschaft an der Friedrich-Alexander-Universität Erlangen-Nürnberg.

Koch-Mehrin, Silvana (Jg. 1970), Dr., Studium der Volkswirtschaftslehre und Geschichte in Hamburg, Straßburg und Heidelberg, Stipendiatin der Friedrich-Naumann-Stiftung. 1998 Promotion zum Thema "Historische Währungsunionen". Gründung der Unternehmensberatung Conseillé+Partners sprl, Geschäftsführerin bis 2004. Mit Conseillé+Partners sprl 2003 Partnerin bei der Unternehmensberatung Policy Action Ltd. und Lehrauftrag im MBA Studiengang Business Communication an den United Business Institutes in Brüssel. 1999-2003 Vorsitzende der Auslandsgruppe Europa der FDP. Seit 1999 Mitglied des FDP Bundesvorstandes, seit 2000 Mitglied im ELDR-Council. Im Januar 2004 Spitzenkandidatin der FDP für die Europawahl, ab Juni 2004 Vorsitzende der deutschen FDP-Delegation und stellvertretende Vorsitzende der drittgrößten Fraktion im Europaparlament, der Allianz der Liberalen und Demokraten für Europa. 2004 Auszeichnung "Frau des Jahres" der Zeitschrift Freundin und Politikaward des Helios Verlages. Seit 2006 Lehrauftrag an der Universität Oldenburg und Moderatorin der Fernsehsendung ("Silvana's Europa") bei NRW-TV. Mitglied der "Young Global Leaders" und Botschafterin der SOS-Kinderdörfer.

König-Reiling, Nina (Jg. 1975), M.A. (Kent State Univ.); Studium der Amerikanistik, Kommunikations- und Medienwissenschaft und Germanistik an der Universität Leipzig sowie Communication Studies an der Kent State University, Ohio, USA. Seit September 2001 wissenschaftliche Mitarbeiterin am Lehrstuhl für Kommunikationswissenschaft der Friedrich-Alexander-

Universität Erlangen-Nürnberg. Forschungsschwerpunkte: Mediennutzungs- und -wirkungsforschung und Politische Kommunikation.

Mensing, Katja (Jg. 1960), Studium der Theaterwissenschaft, Neueren deutschen Literaturwissenschaft und Musikwissenschaft an der Universität Erlangen. Abschluss des Studiums 1985 mit dem Magister. Im Mai 1987 Beginn eines Volontariats bei der *Nürnberger Zeitung*, im Januar 1989 Übernahme als Redakteurin im Bayern-Ressort der NZ. Ab Februar 1999 zusätzliche Übernahme von CvD-Aufgaben, insbesondere Zuständigkeit für den Bereich Technik/IT. Ab September 2000 Freistellung für Projektarbeit (Einrichtung eines Redaktionssystems), ab Juni 2002 Einführung des Redaktionssystems inkl. Schulung, Übernahme von Support und Produktionskontrolle. Im Oktober 2002 Beginn der Entwicklung eines neuen Layouts für die NZ. Offizielle Ernennung zu einem der beiden CvD der NZ im Januar 2003. Erfolgreiche Einführung des neuen NZ-Layouts im Oktober 2004.

Pantti, Mervi, Research Fellow an der Amsterdam School of Communications Research an der Universität Amsterdam. Sie arbeitet auch als freie Journalistin und veröffentlicht Film- und Fernsehkritiken. Von ihr stammen mehrere Bücher über die finnischen Medien. Ihr aktuelles Forschungsinteresse gilt der Vermittlung von Emotionen.

Roth, Claudia (Jg. 1955), Dramaturgin an den Städtischen Bühnen Dortmund und beim "Hoffmans Comic Teater", Managerin der Rock-Band "Ton Steine Scherben". 1971 bis 1990 Mitglied der Jungdemokraten, seit 1987 Mitglied von BÜNDNIS 90/DIE GRÜNEN (ehemals: DIE GRÜNEN). 1985 bis 1989 Pressesprecherin der GRÜNEN im Bundestag, 1989 bis 1998 Mitglied des Europaparlaments und ab 1994 Fraktionsvorsitzende der GRÜNEN im EP; 2001 bis 2002 und seit Oktober 2004 Bundesvorsitzende von BÜNDNIS 90/DIE GRÜNEN. Mitglied des Bundestages 1998 bis 31. März 2001 und seit Oktober 2002, bis 2001 Vorsitzende des Ausschusses für Menschenrechte und humanitäre Hilfe; von März 2003 bis Oktober 2004 Beauftragte der Bundesregierung für Menschenrechtspolitik und Humanitäre Hilfe im Auswärtigen Amt. Mitgliedschaften in Humanistische Union, Pro Asyl, Lesben- und Schwulenverband in Deutschland (LSVD), seit Juni 2004 Mitglied im Verwaltungsrat der europäischen Beobachtungsstelle gegen Rassismus und Fremdenfeindlichkeit (EUMC Management Board).

Schausten, Bettina (Jg. 1965), studierte nach einem Zeitschriften-Volontariat (1984-86) in Aachen Literaturwissenschaften, Geschichte und katholische Theologie in Köln und München. Abschluss mit M.A. 1992. 1996 wechselte sie vom SWF (heute SWR) zum ZDF und war zunächst Redakteurin in der Hauptredaktion Aktuelles. Von 1997-99 war sie Persönliche Referentin von ZDF-Chefredakteur Klaus Bresser. Von 1999 bis Ende 2002 leitete und moderierte sie das ZDF-Morgenmagazin in Berlin. Seit 2003 ist sie Leiterin der ZDF-Hauptredaktion Innen-, Gesellschafts- und Bildungspolitik. Sie moderiert die ZDF-Wahlsendungen, politische ZDF-spezial-Sendungen und das Politbarometer.

Schmidt, Renate (Jg. 1943). Ausbildung zur Programmiererin und Systemanalytikerin. Betriebsrätin in einem führenden Versandunternehmen. Von 1980 bis 1994 Mitglied des Bundestages, von 1987 bis 1990 stellvertretende Vorsitzende der SPD-Bundestagsfraktion und Vorsitzende des Arbeitskreises "Gleichstellung von Frau und Mann" der SPD-Bundestagsfraktion. Von Dezember 1990 bis Oktober 1994 Vizepräsidentin des Deutschen Bundestages. 1994 Spitzenkandidatin der Bayern-SPD, wurde als direkt gewählte Abgeordnete des Stimmkreises Nürnberg-Nord in den Bayerischen Landtag gewählt. Von 1994 bis 2000 Vorsitzende der SPD-Fraktion im Bayerischen Landtag. Von Oktober 2002 bis November 2005 Bundesministerin für Familie, Senioren, Frauen und Jugend. Seit Oktober 2005 erneut Mitglied des Deutschen Bundestages.

Simonis, Heide (Jg. 1943), Diplom-Volkswirtin. Studium der Volkswirtschaft und Soziologie an den Universitäten Erlangen-Nürnberg und Kiel. 1967/68 Lektorin für Deutsch an der Universität Lusaka (Sambia). 1969 Eintritt in die SPD. 1970/71 Tutorin für Deutsch am Goethe-Institut in Tokio/Japan und Marktforscherin bei Triumph International. 1972 bis 1976 Berufsberaterin für Abiturienten und Hochschüler beim Arbeitsamt in Kiel. 1972 bis 1976 Mitglied im Kreisvorstand der SPD in Kiel, 1971 bis 1976 Mitglied der Kieler Ratsversammlung. 1976 Wahl in den Deutschen Bundestag, zuletzt Fraktionsvorstand und Fraktionssprecherin im Haushaltsausschuss. 1992 bis 2005 Mitglied des Schleswig-Holsteinischen Landtages.

1988 bis 1991 Mitglied des Bundesvorstandes der SPD. 1993 bis 2005 Mitglied des SPD-Parteivorstandes. 1988 Ernennung zur schleswig-holsteinischen Finanzministerin. März 1993 Stellvertreterin von Ministerpräsident Björn Engholm. Mai 1993 Ministerpräsidentin Schleswig-Holsteins. Wiederwahl als Ministerpräsidentin im März 1996 und Februar 2000, Ende der Amtszeit im April 2005. 2002 Mitglied im Deutschen Komitee für UNICEF. 2005 ehrenamtliches Mitglied des Komiteevorstandes von UNICEF Deutschland. 2006 ehrenamtliche Vorsitzende von UNICEF Deutschland.

Stauber-Klein, Birgitta (Jg. 1966), M.A., Studium der Germanistik und Musikwissenschaft in Dortmund, Berlin und Freiburg. Volontariat bei der *Badischen Zeitung* in Freiburg, anschließend Tätigkeit als Politikredakteurin. 2001 Wechsel zur *Westdeutschen Allgemeinen Zeitung*. Im Politikressort zuständig für Familie, Gesundheit und Soziales.

Allgemeines Programm

Christina Holtz-Bacha (Hrsg.)
**Die Massenmedien
im Wahlkampf**
Die Bundestagswahl 2005
2006. IV, 360 S. Br. EUR 34,90
ISBN 978-3-531-15056-7

Christina Holtz-Bacha /
Nina Reiling (Hrsg.)
Politikerinnen kommen vor
Wie die Medien mit Frauen in der Politik
umgehen
2007. ca. 250 S. Br. ca. EUR 29,90
ISBN 978-3-531-15357-5

Kurt Imhof / Roger Blum / Heinz
Bonfadelli / Otfried Jarren (Hrsg.)
**Demokratie in der
Mediengesellschaft**
2006. 384 S. Br. EUR 44,90
ISBN 978-3-531-15299-8

Nikolaus Jackob (Hrsg.)
Wahlkämpfe in Deutschland
Fallstudien zur Wahlkampf-
kommunikation 1912 - 2005
2007. 352 S. Br. EUR 39,90
ISBN 978-3-531-15161-8

Olaf Jandura
**Kleinparteien in der
Mediendemokratie**
2007. ca. 400 S. Br. ca. EUR 44,90
ISBN 978-3-531-15018-5

Miriam Melanie Köhler /
Christian H. Schuster (Hrsg.)
Handbuch Regierungs-PR
Öffentlichkeitsarbeit von Bundes-
regierungen und deren Beratern
2006. 499 S. Br. EUR 49,90
ISBN 978-3-531-15192-2

Michaela Maier / Marcus Maurer /
Carsten Reinemann / Jürgen Maier
Schröder gegen Merkel
Wahrnehmung und Wirkung des TV-Duells
2005 im Ost-West-Vergleich
2007. ca. 200 S. Br. ca. EUR 19,90
ISBN 978-3-531-15137-3

Kristina Wied
**Der Wahlabend
im deutschen Fernsehen**
Wandel und Stabilität der
Wahlberichterstattung
2007. 420 S. Br. EUR 49,90
ISBN 978-3-531-15302-5

Jeffrey Wimmer
**(Gegen-)Öffentlichkeit in der
Mediengesellschaft**
Analyse eines medialen Spannungs-
verhältnisses
2007. ca. 250 S. Br. ca. EUR 29,90
ISBN 978-3-531-15374-2

Erhältlich im Buchhandel oder beim Verlag.
Änderungen vorbehalten. Stand: Januar 2007.

www.vs-verlag.de

VS VERLAG FÜR SOZIALWISSENSCHAFTEN

Abraham-Lincoln-Straße 46
65189 Wiesbaden
Tel. 0611.7878-722
Fax 0611.7878-400

Allgemeines Programm

Bernd Blöbaum / Rudi Renger / Armin Scholl (Hrsg.)
Journalismus und Unterhaltung
Theoretische Ansätze und empirische Befunde
2007. ca. 200 S. Br. ca. EUR 29,90
ISBN 978-3-531-15291-2

Nikodemus Herger
Vertrauen und Organisationskommunikation
Identität – Marke – Image – Reputation
2006. 245 S. Br. EUR 34,90
ISBN 978-3-531-15136-6

Dagmar Hoffmann / Lothar Mikos (Hrsg.)
Mediensozialisationstheorien
Neue Modelle und Ansätze in der Diskussion
2007. ca. 220 S. Br. ca. EUR 29,90
ISBN 978-3-531-15268-4

Frank Lobigs
Medienmarkt und Medienmeritorik
Beiträge zur ökonomischen Theorie der Medien
2007. ca. 370 S. Br. ca. EUR 39,90
ISBN 978-3-531-15329-2

Stephanie Lücke
Ernährung im Fernsehen
Eine Kultivierungsstudie zur Darstellung und Wirkung
2007. 355 S. Br. EUR 39,90
ISBN 978-3-531-15328-5

Dieter K. Müller / Esther Raff (Hrsg.)
Praxiswissen Radio
Wie Radio gemacht wird – und wie Radiowerbung anmacht
2007. 242 S. Br. EUR 24,90
ISBN 978-3-531-15344-5

Harald Rau
Qualität in einer Ökonomie der Publizistik
Instrumente zur Qualitätssteigerung und ihre Wirkung in journalistischen Zusammenhängen
2007. ca. 250 S. Br. ca. EUR 39,90
ISBN 978-3-531-15086-4

Jutta Röser (Hrsg.)
MedienAlltag
Domestizierungsprozesse alter und neuer Medien
2007. ca. 270 S. Br. ca. EUR 29,90
ISBN 978-3-531-15074-1

Dani Wintsch
Doing News – Die Fabrikation von Fernsehnachrichten
Eine Ethnografie videojournalistischer Arbeit
2006. 484 S. Br. EUR 49,90
ISBN 978-3-531-15117-5

Erhältlich im Buchhandel oder beim Verlag. Änderungen vorbehalten. Stand: Januar 2007.

www.vs-verlag.de

VS VERLAG FÜR SOZIALWISSENSCHAFTEN

Abraham-Lincoln-Straße 46
65189 Wiesbaden
Tel. 0611.7878-722
Fax 0611.7878-400

SPRINGER NATURE

GPSR Compliance

The European Union's (EU) General Product Safety Regulation (GPSR) is a set of rules that requires consumer products to be safe and our obligations to ensure this.

If you have any concerns about our products, you can contact us on ProductSafety@springernature.com

In case Publisher is established outside the EU, the EU authorized representative is:

Springer Nature Customer Service Center GmbH
Europaplatz 3
69115 Heidelberg, Germany

The manufacturer's authorised representative in the EU is Springer Nature Customer Service Centre GmbH, Europaplatz 3, 69115 Heidelberg, Germany. If you have any concerns regarding our products, please contact ProductSafety@springernature.com

Printed and bound by CPI Group (UK) Ltd, Croydon, CR0 4YY
23/03/2026
02076680-0003